海派俗语丛录

主编 钱乃荣 黄晓彦

上海俗语图说 续集

汪仲贤／文
许晓霞／图

SHANGHAI SUYU
TUSHUO XUJI

上海大学出版社

U0357289

图书在版编目（CIP）数据

上海俗语图说续集/汪仲贤文；许晓霞图. —上海：上海大学出版社，2021.12
（海派俗语丛录）
ISBN 978-7-5671-4346-3

Ⅰ.①上… Ⅱ.①汪… ②许… Ⅲ.①吴语－俗语－上海 Ⅳ.①H173

中国版本图书馆CIP数据核字(2021)第262393号

责任编辑　黄晓彦
封面设计　缪炎栩
技术编辑　金　鑫　钱宇坤

海派俗语丛录
上海俗语图说续集
汪仲贤/文　许晓霞/图
上海大学出版社出版发行
（上海市上大路99号　邮政编码200444）
(http://www.shupress.cn　发行热线021-66135112)
出版人：戴骏豪

*

江苏句容排印厂印刷　各地新华书店经销
开本787×960　1/16　印张20.5　字数379千
2022年1月第1版　2022年1月第1次印刷
ISBN 978-7-5671-4346-3/H·395　定价：48.00元

版权所有　侵权必究
如发现本书有印装质量问题请与印刷厂质量科联系
联系电话：0511-87871135

前　　言

　　上海话又称沪语,是吴语的代表方言,是上海本土文化的重要根基,承载着上海这座城市的历史回音、文化血脉、时代记忆。上海话是最早接受了近现代世界文明洗礼的,又汇聚了江南文化风俗的大方言,尤其在民间活跃的思维中不断创造出的大量极具海派特色的民间俗语,这些鲜活的上海话俗语,对社会生活有极大的概括力,有着深厚的文化积淀。

　　这次我们从20世纪30至40年代上海出版的小报中,囊括了当年以连载形式发表标于"上海俗语"总纲下的诠释文字,这些被当年小报上文人称作"上海俗语"的语词,是广博多彩的上海话俗语中的一小部分,反映的是上海这座大都市的方言、社会的一角面貌。

　　1932年由汪仲贤撰文、许晓霞绘图的《上海俗语图说》最早在上海小报上连载,首开把上海话的一些坊间俚言俗语以"俗语图说"连载的形式。这些俗语和漫画展现了当时上海的风土人情和上海人生百态之一部分,可谓上海"浮世绘"之一角风景。之后效颦者颇多,各种小报上洋场作家不断对上海话的一些俗语进行演绎诠释。

　　这些"上海俗语"总纲下的诠释文字,其中连载比较完整的作品有十部:《上海俗语图说》《上海俗语图说续集》(汪仲贤文、许晓霞图),《洋泾浜图说》(李阿毛文、董天野图),《上海新俗语图说》(尉迟梦文、陈青如图),《上海闲话新篇》(姜太公文),《新语林》(浅草文),《海派俗语图解》(萧萧文、江郎图),《舞场俗语图解》(亚凯文、徐润图),《舞场术语图解》(尤金文、佩卿图),《骂人辞典》(之明文)。

　　这些作品合计约190万字,共有1150多篇上海话俗语文章,插图800多幅,内容大多秉持"俗语图说"的形式,文图俱佳。根据上述作品的具体情况,现整理出版取名为《上海俗语图说》《上海俗语图说续集》《洋泾浜图说》《上海话俗语新编》《海派俗语图解》五部作品,其中前三部独立成编,后两部为作品汇编。

　　这次整理出版这些上海话俗语,本着尊重历史再现历史的原则,尽可能保持原来作品的历史面貌。主要特色如下:

　　一是全面交代了各部作品的来源,做到有典可查,便于后来者深入研究,同时对于作者也尽可能加以介绍。

二是对早年出版过的作品进行比对考证,如 1935 年版的《上海俗语图说》,其中两篇文章不是汪仲贤撰文,重新整理出版时进行了说明以防"以讹传讹";对文章发表时的变化过程也进行了说明,以有助于全面反映当时的时代背景及其发表真相。

三是完全按照文章当时刊发顺序编排,真实再现作品历史风貌及作者创作心路历程。对于个别篇目只有标题而没有正文的或序号跳跃的均加以注明。值得一提的是 1935 年版的《上海俗语图说》一书,文中涉及前面交代的内容会以"见第×篇"表述,因未按刊发顺序编排,无法找到相关内容。本次重新整理出版,完全按照刊发顺序编排,再现历史真貌。

四是除对明显错字做了更正外,语言风格、用字、标点符号等都一并按旧。对一些看不清楚的字,用"囗"符号标注。对于现今在普通话用字中作为异体字取消,但在上海方言中含义或用法不同的字,仍以原字面貌出现,如"睏、搨、揎"等字。有的字是当年的通用写法,也一应如旧,如"帐目、服贴、陪笑、搁楼、如雷灌耳"。有的词条在原文中有不同写法,均不作改动,如"小瘪三""小毕三","出风头""出锋头","吃牌头""吃排头","搅七廿三""搅七拈三"。如此则有助于了解当时的语言文字变迁,且对于语言、民俗、文化、社会等各界研究亦具有重要的文献价值。

五是把竖排繁体字改为横排简体字,书前加了目录,还配以上海话俗语篇目笔画索引方便查找,使得新版不仅具有一定的文献历史价值,更适合社会广大读者阅读。

这次整理出版的"上海话俗语系列"中的文章,原载于 20 世纪三四十年代,表现了当年上海小报文笔流畅活泼的语言风格,且反映了上海下层社会的种种文化和生活面貌,在解说中不时流露出对社会中的丑恶现象的不满,所暴露的事实对我们了解分析当年社会面貌具有深刻的认识作用。但也有作者在有些诠释中较多涉及社会的阴暗面,有些词语不免粗俗。这些缺陷,相信读者自能鉴别。还要说明的是,作者在诠释上海话俗语中,带有故事性,故对有的词语的介绍不一定是此词语的出典来历,使用的上海方言用字也未必都准确。

钱乃荣　黄晓彦
2015 年 7 月 22 日

出版说明

民国洋场作家汪仲贤和漫画家许晓霞，首开"俗语图说"形式先河。两人在"社会新史"的专题下，于《社会日报》上大篇幅刊发连载《上海俗语图说》（民国廿一年十一月廿八日至民国廿四年六月十八日），对上海方言的部分俗语进行了全面诠释。这些俗语和漫画展现了当时上海的风土人情和上海民众的人生百态之一角，留下一幅上海"浮世绘"风景。后由上海社会出版社1935年6月出版《上海俗语图说》单行本。

在之后的时间内，汪仲贤、许晓霞先生依然致力于上海话俗语的诠释。尤其是汪仲贤先生（逝世于1937年），在其有限的人生中，很多的时间花在对上海话俗语的研究与诠释中，他与许晓霞先生继续携手合作完成了《上海俗语图说续集》，对上海话的俗语研究作出了重大贡献。

一、"续集"撰写的背景与缘由

由汪仲贤撰文、许晓霞绘图的《上海俗语图说》初在《社会日报》刊发连载时，就受到广大读者欢迎，"刊载期间，大为轰动读者，深得各方好评"，"当时发现读者中每天剪贴保存，集成巨帙的颇不乏人，而因缺报茌馆补购，或重价征求的人，也户限为穿"（尉迟梦：《写在〈上海新俗语图说〉付刊之前》），不久于1935年就由上海社会出版社汇编出版单行本。

"汪先生于第一集完稿后，……惟本报以此文深荷读者之欢迎，投函补报及要求切勿中断者，日有数起，为酬答读者之盛意起见，因再三恳请汪先生，继续撰述，汪先生以友谊不可却，幸蒙允诺"。这是《为续登〈上海俗语图说〉二集启事》一文的部分内容，它将当时"续集"刊发连载的背景交代清楚了。

二、"续集"资料来源及内容特色

过去的读者都不知汪、许两位在出版了《上海俗语图说》之后还撰写了"续集"，我们经过了悉心的搜寻，终于发现了他们后来继续连载的"续集"。"续集"刊发连载于《社会日报》（民国卅四年六月十九日至民国卅五年七月卅一日），共328期，计125篇上海话俗语文章。

"除由汪先生撰文外，插图部分则由许晓霞先生担任，牡丹绿叶，真有相得益彰之妙"；"关于上海俗语图说的本身题材，原来是极妙趣丰富而又雅俗共赏的，但一经汪先生的生花妙笔,为之渲染烘托,乃益妙趣横生,精彩纷呈,使读者阅后,津津有味"(尉迟梦《写在〈上海新俗语图说〉付刊之前》)。原作特色如此,"续集"依旧秉持,依然采用"一条俗语,一段故事,一幅漫画"的形式,篇中俗语具生动故事情节,有的有典故可寻;漫画夸张形象地展示俗语内涵。"汪先生于第一集完稿后,因笔政繁冗,而此项文字,叙述尤费苦心,广征博引,每每一篇之成,所耗于考据,有需要三数日者"(见《为续登〈上海俗语图说〉二集启事》)。漫画家许晓霞先生的功力也是有目共睹。汪、许两位依然系老搭档,口碑毋庸置疑。

三、"续集"整理出版的主要特色

尊重历史再现历史,是出版工作的重要原则。本次整理出版特别尊重这一原则。一是完全按照当时上海话俗语文章刊发顺序编排,从而真实地再现当时刊发连载的历史风貌及作者创作心路历程。二是除对明显错字做了更正外,还对无法辨识的文字用"□"符号标注,尽可能完整保留文章原来的语言风格、用字、标点符号面貌。原文中加"★"的标注依然保留,表示其前所述俗语具体诠释见《上海俗语图说》。三是本次整理出版把竖排繁体字改为横排简体字,在书前加了目录之外,还配以上海话俗语篇目笔画索引以便查找。本书不仅对于语言、民俗、文化、社会等各界研究具有一定的历史文献价值,也更适合广大读者阅读。

四、附《为续登〈上海俗语图说〉二集启事》*

本报所刊汪仲贤许晓霞两先生合作之《上海俗语图说》,共二百四十篇,现已登完,为应读者要求,另印单行本发售,都为一集,已在装订中,不日即可问世,汪先生于第一集完稿后,因笔政繁冗,而此项文字,叙述尤费苦心,广征博引,每每一篇之成,所耗于考据,有需要三数日者,因拟暂辍,一俟秋凉稍暇,再行赓续,惟本报以此文深荷读者之欢迎,投函补报及要求切勿中断者,日有数起,为酬答读者之盛意起见,因再三恳请汪先生,继续撰述,汪先生以友谊不可却,幸蒙允诺,故自今日起,仍紧接初集按日刊登,这自然是读者所乐闻的一个喜讯,谨此报告。

编　者
2015 年 7 月 18 日

---

* 刊发于《社会日报》,民国廿四年六月十八日,第二版。

目 录

一	拔蜡烛头	1
二	火烛小心	3
三	玻璃杯	5
四	阳春加二	8
五	另有一张弓	10
六	老实三扁担	13
七	偷冷饭	15
八	一扫帚甩杀十八只蟑螂	17
九	杀千刀	20
一〇	摸摸屁股	23
一一	蒲鞋出髭须	26
一二	扫帚颠倒竖	28
一三	姜太公钓鱼	31
一四	跳加官	34
一五	上火山	37
一六	木龙头	40
一七	痴子望天坍	42
一八	白相	45
一九	黄鱼头	48
二〇	脱帽子	51
二一	徐大老爷	54
二二	告阴状	57
二三	鞋子勿落样	60
二四	滑头麻子	63
二五	摘台形	66
二六	撒松香	69
二七	忘记时辰八字	71
二八	骑两头马	74
二九	嚼蛆	77
三〇	礼拜九	80
三一	大英照会	82
三二	拣佛烧香	84
三三	大名件	87
三四	叫开	90
三五	捧卵子过桥	92
三六	牙签主义	94
三七	抖叉袋底	97
三八	出门勿认货	100
三九	倒胃口	103
四〇	自痾不觉臭	106

四一	花头	109
四二	香伙赶出和尚	112
四三	买司干	115
四四	白蜡烛拜堂	118
四五	崑山城隍	121
四六	烂污三鲜汤	123
四七	踢飞脚过日脚	126
四八	手铳壳子	129
四九	出头椽子	132
五〇	鬼摸大蒜头	135
五一	坑缸板上掷骰子	138
五二	会捉老虫猫勿叫	141
五三	搅七念三	143
五四	垫刀头	146
五五	丹阳客人	149
五六	呼幺喝六	152
五七	慢爷面孔	155
五八	绵花里引线	158
五九	光棍	160
六〇	早兄	163
六一	好酒量	165
六二	冒认亲家公	168
六三	走油	171
六四	阿洋哥	174
六五	第八只	176
六六	吃门枪	178
六七	哭鬼	181
六八	鸡毛报	184
六九	耶稣自有道理	186
七〇	臂膊望外湾	188
七一	打样	190
七二	屁抓筋	192
七三	出松	194
七四	悬空八只脚	196
七五	毛手毛脚	198
七六	六神无主	201
七七	避风头	203
七八	黄伯伯	205
七九	一帖药	207
八〇	杀人勿怕血腥气	209
八一	冷水汏卵	211
八二	穷人大肚皮	213
八三	大爷脾气	215
八四	派穿头与出环头	217
八五	捞毛	219
八六	烧路头	221
八七	笋壳赌	224
八八	当脱包脚布	226
八九	吊儿郎当	228
九〇	鼻头朝北	231
九一	百爷种	234
九二	瓮中人	236
九三	勿受触	239
九四	造屋请箍桶匠	241
九五	龙门要跳狗洞要钻	243
九六	吃素碰着月大	245
九七	蛙割卵子筋	247
九八	和尚尼姑合板凳	249
九九	挼卖私盐	251
一〇〇	掉皮	253
一〇一	勿搭界	255
一〇二	唐娘娘	257

一〇三	害乡邻吃薄粥 …… 260	一一五	马驴子 …………… 288
一〇四	熬鸾 ……………… 262	一一六	勿入调 …………… 290
一〇五	真生活 …………… 265	一一七	热昏 ……………… 293
一〇六	熟皂隶打重板子 …… 268	一一八	盎三货 …………… 296
一〇七	老口失撒 ………… 270	一一九	一落大派 ………… 299
一〇八	搭小铜钱 ………… 272	一二〇	泥土气 …………… 302
一〇九	假鸦头 …………… 274	一二一	肉麻当有趣 ……… 304
一一〇	长线放远鹞 ……… 276	一二二	船到桥 …………… 307
一一一	夹忙头里胖牵筋 …… 279	一二三	六席柴 …………… 310
一一二	老蔬菜 …………… 281	一二四	光棍打九九 ……… 313
一一三	打杀老婆 ………… 283	一二五	炒冷饭 …………… 315
一一四	新死亡人 ………… 286		

附　篇目笔画索引……………………………………………… 317

一 拔蜡烛头

据历史学家说:"神权最发达的时期,就是政治最黑暗的时代"。欧洲自第五世纪至第十二世纪,为学术荒废之时期,史家目之为黑暗时代,盖此时正教权极发达之时期也。

上海开中国风气之先,号称全国文明中心点,科举思想亦推此地最发达,上海走出来的人物,外貌最漂亮,头脑最新鲜,若依据欧洲史家的推论,则上海应是神权最低落的地方了。但是,事实的表现却正与此论断相反,上海的神权比内地更发达!

戏馆是社会的反映,请翻开上海的戏目广告来一看,除却一家黄金大戏院以外,其余清一色的都演着神怪戏剧,据说非演此类乌烟瘴气的戏便不能立足,弄得几位负有社会教育责任的先生们也束手无策!

内地的城隍庙,多数故为有益民众的机关,间有存在的,也是冷落非常,惟有上海城隍庙则香烟鼎盛,且能公然赛会,官厅只得眼开眼闭!

但举一例,即能证明上海迷信神权者之如何踊跃了:

上海有两所香火最盛的庙宇,一座是城里的城隍庙,一座是南京路的虹庙(即保安司徒庙),这两座庙中的主持人,但靠香客每年烬余的蜡烛头,就能过着富丽堂皇的生活了。

在上海许多光怪陆离的争夺财产案中,曾经发现过一件争夺虹庙产权的案子,如非健忘,也许还能记得,报上所载的那位虹庙小开过的是如何奢侈的生活。

拔蜡烛头也能发财,可见上海爱烧香的善男信女多得不可胜计!在废历大除夕的半夜里起,到元旦日的上午为止,这是庙中香火最旺的时期,烧香人像潮水般涌进去,插蜡烛的地盘有限,盈千累万的大蜡烛递与香伙代点,香伙添生八只手也来不及应付,将蜡烛整对的安置在大箩子里,答应香客有缺即补,不几分钟,箩子里的蜡烛宣告客满,便由后门运出去,仍旧陈列在店铺里,让第二批香客买去再送到香伙手里。这样川流不息的往来,据说庙祝在这几个钟头内,一年奢侈用度,就能稳牢牢的照牌头,莫怪有人眼红,要起来攘夺产权。

这是近年来的事,在上海没有成为中国文化中心以前,上海的拔蜡烛头专业当然不会如此发达,从前的拔蜡烛头,乃是偷偷摸摸的事,香客点了香烛,须在庙中盘桓一番,香伙要等客人走后再拔,小些的蜡烛也就其余无几了。

还有一种是贪小利朋友,瞒着香伙的耳目,在神前偷拔了蜡烛头藏在灯笼里,带回去堪点两个黄昏,免得掏腰包去买油。拔蜡烛头贵在手脚敏捷,一霎那工夫拔了就走,如果手脚迟钝些,被香伙看见,难免要遭一顿辱骂。故上海话以"拔蜡烛头"代表短时期的行动。

例如:朋友相约同行,内有一人欲干私事,便称"我去拔一个蜡烛头",表示去去就来。上海人称"速去速来"谓之"拔脱一趟",这就是"拔脱一个蜡烛头"的简语。

庙中香伙有一个习惯,蜡烛不肯点尽才取,此余不尽之意,那怕是寸许长的蜡烛,也要吹熄收藏起来,其实这是一种血头,目的无非取其废物利用,生财之道而已。短短的蜡烛头,积少成多,利益当然不小,若是仅仅一根蜡烛头,所值就很微了。吝啬的香客,取别人的现成蜡烛,烧他自己的香,也叫拔蜡烛头,故贪小便利,凑现成的行为,上海话也称为"拔蜡烛头"。

例如:朋友做寿,装饰得很华丽的礼堂,他忽然想起自己也要做寿,便请求朋友不要拆去,明天他也照样在原处来一场热闹,这就叫做"拔蜡烛头"。又如坐朋友的空汽车顺路回家,也是"拔蜡烛头"的一种。

顽笑场中,若与女人提出"拔蜡烛"的要求,那就等于要与女人揩油一样笑话,意思等于韩庄一炮,似乎不大冠冕了!

二　火烛小心

"火烛小心！寒冬腊月，风干日燥；前门关关，后门撑撑；冷天冷色，灶前灶后，火烛小心！"

在朔风凛冽的黄昏时候，大街小巷，常能听见这种懒洋洋的呼声，上海地方谓之"叫火烛"。

叫火烛者，老枪居多，一面敲着竹梆，一面有气无力的叫着，声音甚是凄凉，我们在幼年，最怕听他！

因为儿童怕听，都不敢开门去看他，大人便借此恐吓小孩，说这是捉小囡的来了，叫火烛的便有禁止小儿夜啼的力量。

叫火烛好在不比敲更，不是每夜来的，来时也不过叫一次就走远了。敲更则每夜有规定时间，二更，三更，四更，至少要敲三次。（上海地方，不敲初更，不敲五更，据说是有历史关系）。

更夫归地保管辖，也算吃公门饭的人役，叫火烛夫却非官差，乃是叫化子的兼职，不过取得此职，也非容易，须有相当叫化资格，而且各占地段，不犯疆界，断非阿毛阿狗所能随便乱叫的。

叫火烛的工具，是一截竹筒，与卖汤水圆的竹梆相仿，不过十分粗糙，因为没有隔年货，不比卖汤水圆的竹担用得像古董一般光滑。还有一盏狭长而不抹油的小灯笼，灯笼上有四个黑字，是"火烛小心"，火字照例是倒置的。

因为黑夜里叫火烛，谁也不去看那教化子的面孔，明天就拿了灯笼竹筒为凭，到叫过的地段中去挨家索钱。他是昨夜尽过警告居民的责任，居民应尽纳费的义务，所以他的要钱比普通教化子扎硬，居民是无理由拒绝不付的。照三十年前的市面,打发普通教化子只有一个"广片钱",若给他们一文大白铜钱,照例要从教化子手里找回一文广片或沙壳子,打发叫火烛者,须给二文大白钱,身价比教化子增高四倍。

　　近年来,敲更已经消灭,而叫火烛的声音在租界弄堂里偶尔倒能听得一两次,不过他们已没有"准纲准词",声音也不像旧时的凄厉,不是叫火烛的艺术失传,便是我们的环境变迁,所以听见了并不觉得害怕了。

　　叫火烛的花子,岂是真心来警告人家的火烛小心,他们的目的无非在明天挨家收集的几个钱份上,也许他们的心里盼望天天有人家失火,他们才能暗的趁火打劫,明的捐几根火烧木头去卖钱。所以在上海俗语称人"肚皮里火烛小心",就是形容这种幸灾乐祸的心理。

　　还有讥讽人毫无学识,上海人也称此人"肚里火烛小心"。这是将人比做乞丐,别的字都不识,只认识火烛小心四字,因为乞丐靠此四字须吃一个冬季,不能不识。

　　又有人说,上海音之火字,读作唇嘴音,风字反读作喉音,故火字音甫,风字音烘。火字又与货字的发音相同,说人火烛小心,就是讥笑他的肚中无货,因为火烛小心的火字总是倒写的,即使倒空他满肚子的货色,只见几点蜡烛油和一颗小小的心脏,此外就毫无所有了。

　　除却这样极端挖苦的意义以外,火烛小心还含一种郑重提防的意思。譬如有人对你说:

　　"你与张阿三轧淘,须要火烛小心"！

　　这就是警告你,张阿三不是好人,你与他作伴,须像防火烛一样小心提防着他。

　　南方人说"火烛",就是失火,北方谓之"走水"。洋油没有输入中国以前,中国的家用灯火只有油盏与蜡烛两种,油盏比较安全,但光度不足,蜡烛较亮,但易肇焚如,古代不会有走电等危险,失慎总是由灶火与蜡烛而起,所以火烛两字并在一起,就非代表火灾。至于火字之倒写,与寻人之人字一样,使见者特别注意,也含有几分广告作用在内。

三 玻璃杯

玻璃，日本人谓之硝子，见于中国古书者，或作颇黎，颇梨，玻璃等名，可见此为古代洋货之译名，玻璃二字不知是那一国的言语，现在已不可考了。

玻璃，古人亦称琉璃，始见于汉书西域传，但写作流离，可见也是译名。颜师古注云："今俗所用，皆销冶石汁加以众药，灌而为之，虚脆不贞"。盖颜氏以此为人工所制，此外尚有天然琉璃，故云。

玻璃之名，始见于梁顾野王所撰玉篇中。如以古书为证，则中国先有琉璃，后有玻璃，是否一物先后异名，或为二物，现已无法辨别。玻璃现在到处皆是，琉璃制物则只有佛龛前悬挂的长明油灯，尚叫作琉璃灯，那是明角所制的东西了。

明徐炬事物原始云："琉璃，高丽出者，性坚，刀刮不动，其色白，厚半寸，点灯甚明，胜于角煎琉璃远矣"。徐氏所述的高丽货，或许就是玻璃，所谓角煎琉璃，就是明角。可见到了明朝，我们中国人还是不能将琉璃，玻璃，明角三件东西辨别清楚。

至以玻璃为器用品，则自魏晋以来，即有盘椀屏窗之类发现，诸书多谓其质脆而莹澈，亦有染彩色者。拾遗记云："孙亮作琉璃屏风，甚薄而莹澈，每月下清夜舒之，外望如无隔"。如以明角为屏风，仅能透光，不能"外望如无隔"，照此看来，琉璃与玻璃又是一件东西了。

现代科学进步，玻璃的制造亦随之进步，各种家用器物，无不应有尽有，做得都是十分精巧，中国的磁器市场，几乎被他侵夺了一大半。别的不说，单论茶杯。

中国茶杯，向来都是用磁器的，最恭敬的款待上宾，用盖碗进原泡茶，普通待

上海俗语图说续集 | 5

客,都是很小的茶杯。这是吾国的风俗,不论生张熟魏上门,坐定都有一杯清茶敬客。喝茶又是吾们的习惯,开门七件事,茶也在必要之列,故茶杯实为贫富人家的必备品。

玻璃杯,既可以盛清茶,又能冲原泡茶,容量比磁杯大,内外透明,比较清洁。从前只有西餐馆中用以盛皮酒汽水等饮料,现在却很普遍的用来代替茶杯,无论居户人家及公共场所,饮茶的用具,几乎全是玻璃杯了。因为这种杯子定价低廉,打碎一只,所值无几,如代以同样大小的磁杯,定价要贵几倍,还不及玻璃杯漂亮,所以大家乐用;不知这种廉价玻璃杯,尽是东洋货,大家就不及注意了!

游戏场中泡茶,最初都是用盖碗茶的,张园的五彩盖碗,最是有名;自从俞达夫开设文明雅集茶室(在二马路洗清池原址),改用茶壶后,各处争相仿效,盖碗逐渐淘汰,渐至绝迹;现在的茶壶又见得落伍了,上等地方改用玻璃杯泡茶的渐多,定价却比茶壶更贵了!

以玻璃杯盛茶敬客,最初发明的是大观楼西菜馆,吃客进门时,先进一杯红茶,茶中飘一片柠檬,微和以糖,这是西崽们奉送熟客的,原有的盖碗茶并未废止,但客人吃了这玻璃杯茶,盖碗茶只是摆样子而已,后来索性废除盖碗,一律以玻璃杯敬客,就是生客上门也一律看待了。

后来,这讨好客人的方法被戏馆案目学去,见老主顾阔客上门,于原有茶壶之外,再冲一碗有茶叶的玻璃杯茶上去,这杯茶里当然没有柠檬白糖,便用两朵黛黛花代替。戏馆里的茶叶杯子既污秽,水又不开,茶叶又恶劣,看客得到这样一杯漂亮的好茶自必十分欢迎,犒赏也就特别丰富。

近年来,游戏场中也仿用此法,用玻璃杯卖茶,只是此中游客,经济家居多,茶杯过份漂亮,反足以启疑虑,相率不敢问津,初推行时,只有几个老游客敢吃,生意并不见佳。

神仙世界崛起,首先雇用女堂倌,于送手巾招待游客以外,并令推销卖茶。圣人云,"吾未见好德如好色者也",可见古今来好色的人实在太多!女茶房发明以后,许多醉翁之意不在茶的朋友趋之若鹜,生涯因之大盛。因为只有神仙世界独家有女堂倌,故当时皆称女茶房为"神女"。神仙世界关门,神女之名亦随之消灭。

近来不对了,游戏场差不多都雇用女茶房了,物稀为贵,女茶房见得多了,反而有些觉得讨厌!游客的屁股没有放稳,便有七八个小姑娘来包围着,应酬了这一个,那两个就会给嘴脸你看,直吓得游客不敢坐定。明明写着香茗每杯一角的地方,你给她两角,她还要争论,若不能如愿,屈死、赤老,都会骂出来。至少照定价给她们四倍的钱,她们才能勉强窝心。

据深知内幕者言,实在不能怪女茶房勒逼游客泡茶,只因她们的服务几乎是尽义务的,全靠卖出茶来,钱有几文可分。那茶堂老板又是费很大的资本向游戏场包下来的,如果茶泡得少了,老板就要蚀本,只得限制女茶房每人每天至少要泡几碗茶,如不足数,就要被老板斥退,所以她们只得拼命拉客了。

商店用出品做招牌的很多,如钟表店门口挂一个八角大钟面,剪刀店门口,陈列一柄大剪刀等皆是,女茶房的唯一生命线,就是她们手里拿来拿去的几只玻璃杯,所以上海地方为她们取的别号就叫做"玻璃杯"。

玻璃杯,精莹明澈,陈诸几案,并非下品,以此名女茶房,乃以服务工具为商标之意,并不含有侮辱成份,我以为比"神女"别号还好听些,然而一般女茶房却不愿接受此尊称,若当面呼伊等为玻璃杯,只少也要还敬你几个白眼。据说她们非但不愿人称之为玻璃杯,更不愿人称她们为女茶房或女堂倌,以为这种职业太低微,她们自称是做"女招待"的。其实女子的心思太偏狭,男子做茶房既不坍台,女子同样是人,做茶房也是自食其力,何耻之有?

或云,玻璃杯于商标之外,还有别的用意,因玻璃杯有冷水杯与热水杯之分,而外貌并无特别标识,若遇冷水杯,你把热水倒进去,就会立刻爆裂;反之,若以冰凉的东西倾入热水杯,也会立刻起裂痕。故对付玻璃杯的最安全方法,就是以温吞水的态度出之,切忌太热或太冷。

有几只玻璃杯,每用绑票手段,缠扰游客,颇不理于人口,其实这不是玻璃杯本身之罪,应责管理者之不得其法。此事与游戏场营业有关,许多游客常因玻璃杯之要索无厌而裹足,非限制玻璃杯之活动,难望营业发达。

又有人说,玻璃杯之英文译名为"豁牢死"Glass,言其最多只能叫他们坐在身傍看看,若使有人贪心不足,进一步要求与她们"豁牢",那就要你的死命。此说颇寓警戒之意,不妨存之。

四 阳春加二

"阳春"是古歌曲名,所谓"阳春白雪……其曲弥高,其和弥寡"是也。

阳春二字很雅,到了上海人嘴里,便变作最低微的东西。

上海最平民化的熟食店,要算出售焖肉鲍鱼大面的无锡面馆的历史最古,店中发售的面类,除了夜半里卖给赤贫人吃的"下脚面"不算,要以没有浇头的纯粹光面为最廉价。上海人称这种光面为"阳春面"。

光面何以要定这样一个风雅的名称,叫做"阳春"?其说有二:

"幼学句解",在没有发行新式教科书以前,是人人必读之书,尤其是家长不希望子弟去读书求深造,更非限令熟读此书不可,因为书中尽是习见的典故,苟能熟习,便足够在普通社会中提笔应世了。

"幼学句解"中有这样一句,叫做"阳春有脚",实则是宋璟的故事,言其所至之处,有如春阳煦物,故为宋璟起了一个外号为"有脚阳春"。光面没有浇头,别名"无头面",以浇为头,面当然是脚了,"无头"的名称,似乎不甚吉利,不如称为"有脚",熟读幼学的人看见"有脚"便会联想到"阳春",于是"阳春"就成为"光面"的别名。这好像是打灯谜,里面经过三个曲折绕猜到本题,非熟读幼学还不容易猜哟。

第二个典故,也是出在幼学上。"十月谓之小阳春",则因阴历十月,天气和暖,确有些与春二三月相仿。私塾先生在小孩子读的三字经上写个月份,他们也爱打切口,十月不肯老老实实的写十月,要写作"阳春月",习惯相传,一般社会便将

"阳春"当作"十"字的隐语。六十年前,上海的光面每碗只售制钱十字,"阳春面"就是十个大钱买一碗的面。

　　阳春面算劳动份子吃的居多,面店也特别讨好,光面总比大肉鲍鱼面加多些,但是食肠宽大的人,仍旧吃不饱,加两文制钱,便能加出半碗面来,谓之"阳春加二",这就是十二文了。后来面价涨至每碗十六文,便成"阳春加四";涨到现在,每碗光面须售一百三十文,阳春至少"加念",多的可以加至四十,若与从前一比,确有"小鸡大似娘"了。

　　上海人批评不值价的东西,叫做"吃面"。譬如,有人说,倭寇以暴力占据我国的土地,我们应令某军队出去抵敌。傍边有人冷笑道:"吃面"!意思就是说"不必献丑"!

　　又如,到咸肉庄上去选妓,叫了许多妓女来,老鸨问客"如何"?客人但说一句"吃面"!妓女都会掉头不顾而去。

　　原来上海音"面"与"免"字相仿,"吃面"就是"免"的象音。

　　上海流氓说话虽然粗俗,然此"免"字却运用得头头是道。凡是否定词,皆能以"免"字代替。如劝同道勿自暴己短,谓之"免叹"。又如二人口角,一人大声喝"免",即否定对方的言语。拒绝,退让,推却,恶劣,皆能以一"免"字为代表。

　　凡是能用"免"之处,皆得以"吃面"为代表。然而吃面在上海并非十分凄惨的举动,考究朋友吃的鱼翅面,虾仁鸡丝伊府面,扬州馆的咸菜蹄胖面,蟹粉虾脑面,并不算坍台。惟有吃惯美味的大少爷在大庭广众间吃"阳春面",在爱绷场面的上海社会中,他觉得确是有些鸭屎臭的。所以用"阳春"代表吃面,表示低微已极!

　　大少爷娇生惯养,吃东西像蟋蟀一样精细,平常日子吃面,必须加一句"轻面重浇"的说明,表示他肚子里已充满着山珍海味,这碗面实是勉强吃下去的。大少爷到了落难时期,每天只吃一碗光面充饥,越多越妙,不得不贪些小便宜,要求"阳春加面"了。

　　"阳春",已经是面中最下等的了,再要"加二",这就是说,"免"字之下再加两个"免"字,表示连唤"免免免"三字,极言其要不得了。

　　花钱买东西吃,有钱人不一定吃贵东西,钱花得多的东西也不一定好吃。照我们江南人的口味,无锡面店的阳春,确比北方考究朋友吃的所谓"板儿条"的拉面好吃得多。上海人对于"阳春加面"下贬词,并非于阳春本身有所轻视,只是取其面字的象音罢了,请吃阳春面的朋友不要多心,我也是爱吃平民化阳春加面的一份子,因为着十几只铜板饱一顿肚皮,要算这件东西最实惠了。

五　另有一张弓

刀枪剑戟,斧钺钩叉,鞭锏锤挝等兵器,即使练得神出鬼没,只可以杀近身的敌人,无法攻击远处的东西。当枪炮火器没有发明以前,能击远的唯一武器,只有弓箭一种,所以古人习武,第一件就是练习"拉弓",明朝的十八般武艺,弓列在第一般。

野蛮民族,未有不娴习弓箭者,头上用大鸟羽毛为装饰品的非洲土人,至今还拿着弓箭盾牌为抗敌武器咧。大概人类欲图生存,必须先与猛兽决斗,猛兽力大,难以近身,于是发明弓箭远击的方法。

弓箭之发明,远在未有文化以前,而孙卿子则说:"垂作弓",墨子则说:"羿作弓",山海经又说:"少昊生般,始作弓矢",有一说更奇云:"牟夷作矢,

挥作弓",牟夷既不知有弓,造出箭来有何用处?荀子也说:"倕作弓,游作矢,而后羿精于射",他也说是两个人发明的两件东西。这些都是死无对证的鬼话,我以为弓箭的制造很简单,用不着附会到历史大亨身上去,只认他是古代的民众自由制造的就行了。

传到后来,弓的制法逐渐进步。制弓应用什么材料?何者为上,何者为次?规定多少长度?周礼上都记载得很详细,这种落伍的兵器,不必去管他的噜苏帐了!

科举时代的考武场,挽弓乃是最重要的科目。弓上弦,成半月形,挽弓者须将弓弦拉成满月形。弓越硬,弦绷得越紧,拉开越费气力,射出去的箭亦愈有力量,弓的轻重因此就有不同,绷度以斤量计算,大概能拉满三五十斤的弓弦,就有充武秀才的资格了。

古人用弓,也与别种兵器一般,平常小兵,使用普通弓,份量不重,若为大将,则各

人皆有自备的私房弓，须与他们的膂力适合，方能得心应手。如梁朝的羊侃，膂力绝人，所用弓重至二十石；后汉的盖延与祭彤，皆能挽三百斤弓。普通人都及不来他们。

凡属非平常人所能拉得开的弓，上海俗语谓之"另有一张弓"。表示这一张弓是为其人特造的，专为他一人而设，别人无法使用。

"另有一张弓"，必具有一种特别性质，或古怪式样，故上海人即以此形容超出常态的特异东西。例如："鹤立鸡群"，矮小的群鸡都是几张平常弓，那只长喙高脚的白鹤，便是"另有一张弓"了。

人类中的"另有一张弓"，是为超人。例如，巨无霸，身丈，大十围，轺车不能载，三马不能胜，门户不能容，此另有一张弓也。又如，武大郎，人称三寸丁，谷树皮，此亦另有一张弓也。

习惯亦会变成"另有一张弓"。中国人穿西装，大家看惯便不觉得什么，偶见穿长袍方褂的法兰西神甫在路上摇摆，就觉得"另有一张弓"。从前各人脑后都垂一条豚尾，看见剪发穿长衫的学生是"另有一张弓"，现在大家无辫，在宴会场中发现刘公鲁般人物，就像煞有点"另有一张弓"了。

刘邕嗜食疮痂，另有一张弓也，权长孺嗜食爪甲，另有一张弓也。凡此皆特别加料的"另有一张弓"。上海人有时将稀松平常的事，也归入"另有一弓"之列。譬如，三人同行，两人要坐车，一人爱独行，那两人便能说此人"另有一弓"的脾气，但是此人也能说那两人的脾气"另有一张弓"。故上海的弓，并无一定式样，究竟要怎样的弓，才是"标准弓"，上海却并未订有条例。

"今年的市面，另有一弓的坏！"上海人皆这样说法。若问"坏到什么程度？"他们的答覆乃是"坏到说勿出话勿出！"

"另有一张弓"就是等于"说勿出话勿出"，也叫做"难书难描"。据此可见，凡是无适当言语文字堪以形容的事事物物，上海话皆称为"另有一张弓"。有人说应作"另有一功"，言其另有一种劲儿功夫，不是平常目光所识得透的，既不识货，又无法形容，只得以"说勿出话勿出"了之。

"另有一弓"无法翻成外国话，这句俗话实在太糊涂了！既知此弓与普通弓不同。就应取两弓比较，研究他们所以不同之特点出来，方为正理，我们却举不出理由，只以"说勿出话勿出"一语来形容特异之点，既然"说勿出话勿出"，那又何必说出来，说话等于不说！如此模糊不清的观察事物，莫怪中国的科举不能发达——因为太没有究根问底的研究精神了。

今年上海市面坏到"另有一弓"，原因是"说勿出话勿出"；明年的市面若比今年更坏，还有一张"另有一弓"，原因还是"说勿出话勿出"。这样延续下去，一年有一张新弓出现，年年有说勿出的痛苦，只怕上海的市面是永远不会好的了！

我们以后须打倒"另有一弓",要查考出这一张究竟是彤弓,玄弓,雕弓,强弓,或其他什么弓,更不许用"说勿出话勿出"来形容这张弓我们以后所需要的,乃是"打碎砂锅问到底"的精神!

六 老实三扁担

肩挑,比徒手担重省力数倍,以其有"杠杆作用"也。原始人类大概就发明此力学原理,但从体验得来,惜无精密计算,直至牛顿发现地心吸力,始能计算出杠杆的力量,一分一厘都无错误。故用肩头担重,也是一种科学。

以肩担重,两人合担一头,曰杠,一人独担两头,曰挑。上海人称担重之器,杠者曰杠棒,挑者曰扁担。杠棒用整毛竹制之,其形圆,劈毛竹为两半,略事改削,即成扁担,以其形扁,故名。

关于扁担,相传有一件可笑的故事,为述如下:

乡下大姑娘嫁给城里败落乡绅人家为媳妇,她粗脚大手,做惯田里工作的,只会舞弄锄头铁搭,不懂得使用针线。适逢婆太太做寿,媳妇照例要做一

双绣花鞋去孝敬阿婆。乡下大姑娘去请教未出阁的小姑娘,小姑娘代她画了几种鞋头花,她都嫌得样子太繁细,绣不相像。小姑娘便代她撇了几笔兰花,这是最容易绣的花样了。大姑娘拿去绣了十几天,婆婆的寿期已经到了,她每只鞋上只绣成三根又肥又大,两头尖中间粗的兰叶。他不敢误期,只得拿去献给婆婆。婆太太戴起了老花眼镜,要赏鉴新娘子的绣工,看见这三根两头尖的东西,竟不识货起来,问道:

"鞋头上绣曲蟮,活了这大年纪,我倒是第一次看见咧"。

大姑娘胀红了脸说:"这是妹妹替我画的花样,我也不懂是什么"!

婆婆怕是女儿作弄媳妇,唤女儿来诘问。小姑娘究竟是口齿伶俐,对鞋头花望了一眼,笑道:

"这是新嫂嫂见你老人家忠厚诚实,不爱虚花头,不摆空架子,她无可恭维,所以绣的叫做'老实三扁担'"。

老太太听了非但不嫌媳妇绣工恶劣,反而眉花眼笑的穿在脚上了。

这样看来,"老实三扁担"一语在上海竟是恭维人的话了。

上海话:"老实"的相对词是"花描"。称人花描,受之者也许会不大快活,惟有当面批评人是"老实头",即使其人是一等大滑头,也无不点头称是。因为上海人说"此人花来兮",就最"淫"的别名。

有人说,"老实三扁担"是从前练武艺的人传下来的俗语。科举时代,上海有武场考试,许多武相公练的都是花刀花枪,样式好看,无裨实用,遇到真的打架,反不及乡下人老老实实的三下子扁担来得厉害。

上海是一个奢华虚浮的社会,凡事凡物,皆求外面光鲜,不务内部充实,空耗许多有用金钱,糟蹋许多宝贵光阴,是以"老实三扁担"主义,在今日实有提倡的必要。

例如:朋友见面,先要谈一套"十八句头"的费话,消耗几分钟时间,然后转湾抹角的谈到正事,不肯"老实三扁担",开口就有表示。

商店出售的货品,包皮和装潢的瓶盒,花费的资本比里面的货品更贵,定价不得不因之增高。据商店中人说,除非是几种真正老牌子的土货,如果新出品也是"老实三扁担"的毫无装潢,定价虽贱,因为没有血头,便无人顾问。

几家倒闭的银行,都是巍巍大厦,招势十足,实在是内里空虚,洋钱钞票,吃得进,吐不出,骗存款的广告,却说得比泰山更稳固,倒闭起来却比大块头中风死的更快。如果老实三扁担的银行,便不会有许多人上当了。

在上海做老实三扁担的人亦殊不易立足,麦琪路全家八口服毒的岳霖,大世界祖孙三代跳楼的张月鑫,大概都是吃了"老实三扁担"的亏!这扁担主义教我们如何提倡呢?

七 | 偷冷饭

"世上无如吃饭难"！古人就有这样一句感叹语。

这句七言诗式的古语，平仄倒也叶调，只因意思浅薄，字句俚俗，不合温厚敦雅的诗人条件，纵然传诵人口，欲究何人创作，现在已无从考证，然而大家都相信他确具几分真实性，信口念一遍，好像有许多饭碗在我们眼前跳跃。

"吃饭难"的古语，至少在五十年前就有人呐喊着了。那时候的物价，米只售四五千文一担，稻柴每担二百文，豆腐瓦片饼每块售制钱二文，一角小洋能吃红烧肉，陆稿荐的酱汁肉每块七文，阳春面每碗十四文，……那时候已有人嚷着吃饭难了！

事到今朝，饭价一天比一天增高，饭碗一天比一天减少，吃饭人一天比一天加多，吃饭之难比前更难百倍，大家便益感困苦了！

某公司招月薪十几元的起码职员四人，报名的来了三五千人，填的履历表中发现许多大学毕业生。

每个局长之类的官吏登台，都要刊载几行谢绝荐人的广告。据说官吏上任，除却要人的八行书不算，亲戚朋友荐信之多，每使当局瞠目结舌，束手无策。

据上所述，可见上海地方吃饭之难难于上青天！一只饭碗，几千个人争夺，比买航空券的末奖更渺茫几百倍，手臂长的，脚膀粗的，不愁没饭吃，运气佳的，一人能兼抱几个饭碗，最可怜的就是一大群弱者！

抢饭，除却瘪三的"淘冷枪"，和半夜里的"抢羹饭"之外，其余都是要犯法的。肚子饿得不能忍受时，路急无君子，只得去偷饭。

偷饭原不是什么冠冕的行为,在上海地方尤不耻于人类,将他们打入恶鬼道,称之为"偷饭鬼"。

报载山东有一位青天大人,亲自审问一个剧盗道:"你为什么要抢人的财物"?

强盗说:"因为没有饭吃"。

青天说:"那你为什么不抢饭呢"?

强盗说:"抢了钱也能有饭吃"。

青天说:"抢钱是要办罪的,如果你抢饭,我一定能饶恕你"。

青天判了强盗的罪,却表示十分惋惜,对于强盗的不会抢饭,尤觉遗憾。

如此审案,虽觉太也滑稽,而抢饭之可以得人原谅却于此可见。俗例有"偷书偷花不算贼"之规定,则迫于饥饿而偷饭吃的人,论理更该特别原谅才是。

偷饭在上海称之为鬼,并非真是对饭桶实施"三只手"伎俩的朋友。上海人称行业为吃饭,如称官吏为吃衙门饭,新闻记者为吃报馆饭,航业工人为吃码头饭,马路英雄为吃白相饭,无业游民为吃荡饭等皆是,每种行业,谓之一行饭碗,每行饭碗,皆有师承,旧法有三年学徒三年帮师之规定,始能正式捧住该行饭碗;若非三考出身,混充内行,即称之为"偷饭"。偷饭者恐被内行倾轧,心怀惴惴,不免"鬼头关刀",故名之曰"偷饭鬼"。

或云,偷饭鬼起源于戏班之吃开口饭者,因旧时戏班每日备有两餐"大锅饭",由班主供给全班人役吃的。从前戏班都是走江湖的,没有固定戏园,班中组织完全模仿和尚,和尚可向寺院挂单,唱戏的也能向班子挂单。伶工若沦落江湖,没有饭吃,只要买副香烛,到戏班后台的老郎神前磕几个头,爬起来对管事拱拱手,当场翻两个劲斗,或唱两句西皮二簧,证明自己是"吃天王饭"的,他们就能收留在班中吃大锅饭,承认此人是班中的一个演员。但是也有票友冒冲的,派出戏来都不会唱,便叫做"偷吃戏偷"。

"偷饭鬼"上海话也称"偷吃稀饭",这就是误戏为稀了。

除了混冒内行为"偷饭鬼"外,上海还有一种不规则的营业竞争也称为"偷饭鬼"。

譬如:甲包揽一种生意,代价二百元,乙去抢他的生意,只要一百五十元,做了不多几时,忽来一个某丙,只要一百元,又将乙的生意夺去。如乙如丙,皆偷饭鬼之流亚也。

又如商店削码大减价,你比我贱卖,他比你更贱,搅得市场混乱,几家做规矩生意的商店,便称他们为偷饭鬼。

近来上海市面大不景气,正大光明的吃饭实在不大容易,非做偷饭鬼不能有饭吃,莫怪上海滩的偷饭鬼一天多似一天咧!

八　一扫帚甩杀十八只蟑螂

我在幼时听人说过一桩有趣的故事，至今还记得，为之转述如下：

诸葛亮做军师，张飞见他手无缚鸡之力，不肯服从他的命令。诸葛亮笑嘻嘻地对张飞说道：

"你不要自以为狠天狠地，你拳头上的力量，只怕还不及我的一只手指头呢"！

张飞听了咆哮如雷，定要与这牛鼻子老道搅过明白。

诸葛亮指着阶下几只蚂蚁说道：

"你不必与我直接比赛，且将这地下的三只蚂蚁做试验罢。我让你先打三拳头，看你能打死几只，然后再看我的"。

张飞心想，铜皮铁骨的人，也不禁起我的拳打，何况这小小的蚂蚁！他当即伸出碗口大的拳头，对着石板地上的蚂蚁，用力连击了三拳，拳头打得生痛，蚂蚁却一个都不肯死！

诸葛亮微微一笑，伸出一只兰花指头，看他毫不费力的向石板地上一按，三只蚂蚁就牺牲在他的指头下了。他对张飞说道：

"决胜之道，有时用力取，有时须用智取，但凭拳头大，胳膊粗的蛮力是无用的"！

张飞听罢，立刻拜倒在地，表示悔过，永远承认诸葛亮是他们的军师。

以上所述，虽是笑话，但一拳头难打杀三只蚂蚁的确是事实。一拳头打三匹蚂蚁，尚且不容易奏凯，上海人却要用一扫帚甩杀十八只蟑螂！这句俗语虽不至于像呀呀学语的婴孩高喊"打倒帝国主义"一样夸大，然而多少总含几分牛皮性的成份

上海俗语图说续集　17

在内。

"甩杀"之"甩"字,为字典所不收,乃是一个江南人的俗字,音"豁",意义是挥动,我以为就是"挥"字写白了的。南方饭店里有一味名肴,叫做"青鱼甩水",这就是鱼鳍,因为鳍的作用是在水中挥动,故名甩水(其实是不通的,如鱼鳍能名甩水,则猪脚可名"走路",鸡爪可名"扒灰"了)。其余器物之以字甩为名者颇多,如拂尘叫做"甩帚",刷马桶的竹带,叫做"甩洗"等皆是。

"甩"字的动作,含有无意识挥动之意。"一扫帚甩杀十八只蟑螂"不用"打"字,而用"甩"字,也就含有深意。若说用扫帚打杀蟑螂,就成有意去打杀的了,所谓"甩杀"乃是无心的举起扫帚来一甩,就有十八只蟑螂牺牲在此君无意识的一甩扫帚之下。这句俗语颇有惋惜蟑螂之意。

外国蟑螂在柚木傢生里也能打公馆,中国蟑螂的脾气却与异种不同,他们专爱在厨房里做市面,三眼灶的砖缝中都是他们的公寓。蟑螂畏光,爱在黑暗中奔驰,灶屋电灯突然放光,他们不及回避,都在灶壁上像野马般往灶君瓮中乱窜,是以旧式人家称蟑螂为灶君养的马,亦简称"灶马"。

卫生家认蟑螂亦为害虫之一,他们亦能为病菌作媒介,撒的尿粪有一种说不出的臭味,并且在厨下生活,常在我们的食物碗中或饭篮里开聚餐大会,情形尤为危险,若实行卫生运动,理应与苍蝇一视同仁,扑灭此獠,使无噍类!然而中国蟑螂,则沾了灶家老爷之光,因为他们挂着"灶马"头衔,便受另眼相看,吃素老太太再三叮嘱婢仆们说:"打杀蟑螂是罪过的,因为他们受过灶君豢养,秉性善良,不像苍蝇蚊子那样会咬人的,你们不可误伤他们的性命"!

的确,人们对于蟑螂的恶感,不似看见苍蝇蚊虫那样必要置之死地而后甘心,大概是受老太太的感化了。但是不幸得很,有人到厨下去,发现灶上有一条大蜈蚣,他顺手取过一柄扫帚向灶上甩去,蜈蚣没有打死,却带杀了十八只蟑螂。这就是这句俗语的故事。

为了一条不自殒灭的蜈蚣,祸延十八名无辜的蟑螂,社会上类乎此的事实确是很多,换一个古典譬喻,就叫做"城门失火,殃及池鱼"。

十八名蟑螂中,内中有一名犯了十恶不赦的大罪,我们也就无暇辨别谁是正犯,凡是蟑螂,一体缉拿,格杀勿论!一个害群灶马,连累了全体蟑螂!

华侨有在美国设洗衣铺者,无知识的美国人就说中国人都是洗衣匠。报界中发现了一个敲竹杠的记者,便指定凡是新闻记者都要敲竹杠的。

某地方出了一个坏人,便当这地方的人都不是好东西。有一时期,上海人看见了嵊县人就吓得籁籁抖!

水浒传上写了潘金莲潘巧云两个淫妇,凡是宋朝潘家的女人,不论是八十岁的老嬷嬷,七八岁的小妹妹,都是清一色爱偷汉郎头的。

以上所举,都是"一扫带甩杀十八只蟑螂"的例子。

在目今的社会里,做蟑螂不易,做人尤其不易,我们既不能离开了人群到深山孤岛中去修仙,就免不得与某一类的人们常处在一堆,如果此类中有一二人做了不名誉的事,我们就难免要被人扫数"甩杀"!即使去修仙了,难保没有别的仙人到红尘中来大拆烂污,登了仙还是难逃"甩杀"之罪!

"一扫帚甩杀十八只蟑螂",诸君不要以为株连太多觉得可怕,我们再活下去,只怕一炸弹轰杀几十万个中国人的日子将要到快了!

(通鉴唐昭宗天复二年)岂可不察臧否,不择是非,欲草薙而禽狝之,能无乱乎?

"草薙禽狝"为不加区别,一例该战之譬喻,换一句上海话,就是"一扫帚打杀十八个蟑螂"。

九 杀千刀

古代的五刑,为墨,劓,荆,宫,大辟。清朝以后之五刑,又改为笞,杖,徒,流,死。传到后代,刑法越加复杂,即死刑一种,也分出各种不同的死法,杀头乃是最普通的,罪轻于斩首的为绞死,犯到大逆不道,或谋杀亲夫等案件,须施剐刑,俗语谓之"杀六刀",这就是近古时代最残酷的死刑了。

古代有一种"凌迟"的极刑,虽俗语有"碎骨凌迟"之说,其实就是剐刑。凌迟的行刑手续,是先断绝犯人的四肢,心窝里一刀,再砍下脑袋来,一共是六刀,故俗称"杀六刀"。据说贿通了刽子手,可以先向心窝刺一刀,使犯人早些归天,免致受断肢的痛苦。

按唐律已无凌迟之刑,虽反逆大恶,罪止于斩决不待时而已。陆放翁云:"五季多故,始于法外置凌迟一条,宋初亦无此法,熙丰间,诏狱繁兴,以口语狂悖者皆丽此刑矣"。明清两代,尚用以处犯大逆与逆伦重犯,民国以后,死犯照律须用绞刑,牵涉军法,始得枪毙,杀头更为违法之举,然而民国时代的无头冤鬼,枉死城中却有大批等着投人身咧!

古代还有一种磔刑,汉书"诸死刑皆磔于市"。据说也不过是分裂肢体而已,比较更残酷的,谓之"寸磔",将人体斩得一块块的只有寸许长,这就离"杀千刀"不远了。

古代残暴的帝王爱将反对他们的部下,连皮带骨斩成肉酱,这叫做"菹醢"。封神演义上说,纣王将伯邑考的肉斩成酱后,做成肉馒头的馅,送给囚在羑里的周文王吃。正史仅说作羹赐文王,人肉能够作羹,斩的刀数也就不少了!

（离骚）后辛之菹醢兮，殷宗用而不畏！

（李陵与苏武书）韩彭菹醢。

酷刑，斩肉成酱，不计刀数，那末后辛韩信彭越等所身受的，也许不止"杀千刀"咧。

正式国家政府用杀千刀的酷刑去处置臣民，究竟好像太过份些；惟有强盗窠里，却不以杀千刀为奇！水浒传载：武松在十字坡吃牛肉包子，在肉馅里寻出一根电烫过似的蜷屈不伸的黑毛，便知道吃的是人肉包子，住的是黑店了。母夜叉孙二娘称旅客为肥羊，他们眼光里看出来，只见畜生，不见人类，当然不觉得残酷，"杀千刀"的咒诅，也许是孙二娘一类的女强盗发明的。

现代各国文法之精细者，要推法兰西，什么东西都要分别出阴阳二性来，中国的文法对于两性的分别就很糊涂了，就是第三位的代名词也到近年来始发明了一个"她"字，但仅限用于白话文，若在古香古色的文字中也引用"她"字，就会被人笑话。惟有上海滩上的骂人言语，却将两性的界限分得极严。"杀千刀"就是上海女性专用的毒诋词，向不许男人侵用，虽无法律规定，男士们却也相戒不敢僭用此语；如果你偶然在嘴角里漏出一个"杀千刀"来，上海人便要笑你向女界树降旗，赐你一个"娘娘腔"的头衔！

上海普通骂人"浮尸"，死后能保全尸，虽死犹幸；进一步的骂人"杀坯"，最多不过身首异处，号令示众而已；若为"杀千刀"，则咒诅对方斩成肉酱；尸首几同磨骨扬灰，要想困棺材，只好请到下世去投了人胎再说罢。这三字的咒骂，确是恶毒入骨，堂堂须眉男子，即使要拼个你死我活，也不至于教人死得如此凄惨，故杀千刀三字实在不忍出口。女人在旧社会向被男人看低一级，她们说的话也同无知小儿一样，大家认为"百无禁忌"，她们要骂人杀千刀，别人也无法禁止，所以斩六刀的极刑虽已废止，杀千刀却仍在女界中活跃着，有人说："青竹蛇儿口，黄蜂尾上针，两股皆不毒，最毒妇人心"！由杀千刀一语，就能证明此话不虚。但是，我却不敢说，恐怕犯了侮辱女界的嫌疑，做了杀千刀不算，还有吃荸耳光的危险咧！

历史上被菹醢的都是男人，故上海滩的杀千刀，也只有男子才能享受。女人骂男人为杀千刀，乃是极平常的事，在马路上多看了女子一眼，也许就有充杀千刀的资格，野鸡拉客不能如愿，那逃走的客人照例也要做一次杀千刀。女人骂女人，杀千刀就不适用，看来她们也是熟读历史，知道中国没有著名的杀千刀女人。女性与女性对骂，与杀千刀份量相等的便是"触千人"，一样是经过千次锻炼，女子的千人大概比男子的千刀，滋味似乎好尝得多。不过男子用千人骂女子的却极少听见，除非是极下流的男子。

诸君如初到上海，无意中触怒了上海女人，偶而博得个杀千刀头衔，那末请你不必十分动气,去与她认真的相骂起来,因为上海很有些女子把杀千刀当作口头禅的。还有许多小家妇女,对于自己的丈夫没有适当称呼,就以杀千刀代替,她们在大庭广众间,称"伲格杀千刀",那就是指她们的家主公而言。她们骂你杀千刀,也许是表示真诚的爱你,将你当作"伲格杀千刀"看待,此点不可误会!

扬州野鸡在她们本乡骂人,也不过是"砍头"而已,到了上海要学时髦,心肠就变得狠毒起来,砍人一颗头颅,尚觉得不能过瘾,也要看上海人的样,非杀人一千刀不可,然而她们的字眼却咬得不很准确,所以夜里到了杀牛公司附近,但听得一片"杀牵到"声音。牵到就杀,她们的职务,倒与杀牛公司的屠夫有点相像!

上海人称秘密卖淫的女子谓之"放在砧磴板上斩",这就是说她们是"咸肉",故狎私娼亦称"斩咸肉"。上海男子未必有受杀千刀极刑者,女子如此这样被人斩过千刀的倒是不少,几朵庄上名花,生意兴隆,经过三年五载以后,只怕就不止杀千刀了。这样看来,杀千刀与触千人,二而一者也。

(晋书)孔坦之曰,"今犹俎上肉,任人脍截耳"!

我们这个可怜的国家,如今也做了俎上肉,任人脔割而无所逃避,看来我们都要做杀千刀咧!索性一口气挨满了千刀,倒也死得痛快,所苦的就是零零碎碎的宰割,初一杀一刀,月半再杀一刀,觉得痛时,连响屁都不许我们放一个,这才是真个凄惨呢!

一〇 摸摸屁股

记得童年时读英国人教育印度人的"华英进阶",内中有这样一课道:

"人生都有两只无形的袋,一只袋悬挂在胸前,一只袋悬挂在背后,胸前的袋里装的都是别人的过失,背后的袋里装的都是自己的过失。所以人们只见别人的过失,而不见自己的过失;爱批评别人的坏处,而不知道自己的坏处。我们应当把两只袋换一个地位挂起来,将装自己过失的袋挂在胸前,装别人过失的袋乔迁到背后去,这才是做人的道理"。

这个寓言,就同上海俗语的"说话先要摸摸屁股"的意思一样"。

的确,"看人挑担不吃力",坐在树阴底下,摇着芭蕉扇,说几句"风凉话",是随便什么人都能优为之,若要请他们自己动手去挑担,那就要感到"顶石臼做戏,吃力不讨好"的苦痛了!

劝人先摸屁股后说话,也有一件故事相传,为述如次:

阿大蹲罢野坑,出清了存货,刚要站起身来系裤子,阿二走过来取笑他道:

"你这样一来就算数了吗?草纸也不用,只拿两片树叶塞了一塞,好不肮脏"!

阿大被阿二说得有些难为情了。阿二正在得意洋洋,自诩为卫生家的时候,不提防他身后还站着一个冷人阿三,笑嘻嘻对阿二说道:

"阿二哥,我刚才在田里工作,看见你在坟墩头上撒风凉屙,也没有用草纸呵。你现在摸摸屁股看,只怕还有些臭气咧"!

阿二经此证明,顿口无言,而说话不摸屁股,也就成了冒失鬼的言行录了。

但见人过,不知己过,确是人类的通病。为什么大家都欢喜谈别人的过失?这不是没有道理的。因为说话与做文章绘图一样,也是一种艺术,善说话的人,圆活浑成,玲珑透剔,像水晶球一样光滑;不善说话的人,就会像棺材户头一样笨拙!文章与绘图,贵于烘托得法,说话也贵烘托,暴露他人短处,即所以烘托自己之长,所谓"不见高山,那知平地",这就是说话的艺术。

人人爱暴露别人的短处,结果就造成了一个"善事不出门,恶名扬十里"的社会!以暴露人短为开场白,接着再演一出"丑表功"的把戏,自觉吹牛之道,毫无斧凿痕迹,定能收事半功倍之效;所可怕的就是他身后站着一位阿三般的冷人,突然请他摸摸自己的屁股再说,那就弄得索然无味了!

中华民国二十四年,赤裸裸的野蛮时代已经过去,德国式的精赤精主义,尚未普遍流行,幸喜我们的屁股尚能密藏在裤子裆里,我们只要不到坟墩头上去蹲风凉野坑,我们的屁股上究竟有没有剩余污秽,别人无法钻到马桶里来侦查,所以我们说话尚不十分需要摸屁股。即使偶而遇见个把冷人阿三,他若触痛你的屁股,你也不妨触还之,盖世界上无没屁股之人,既生屁股,多少总有些不干净的东西存留在上面,所谓"完人"早在十九世纪以前已经死得绝种了!

新近在上海文坛发现了一位专爱摸屁股的诗人,他的姓名我也不大记得,只知道此君的雅篆叫做"摸屁股诗人",我起初还以为他是一位古道可风的朋友,说话必须先摸屁股的。后来才知道他摸的并非自己的尊臀,乃是女人的肥嫩屁股,因为他做过一句"连女人的屁股都懒得摸了"的新诗登在报上,文艺界因赞美他这句诗做得好,便恭送了这一个摸屁股诗人的头衔给他,这倒可以与"贺梅子"等雅号并传不朽咧!

据说诗人还有摸屁股哲学咧,最近才在报纸上广了眼界,据其经验说,女人屁股可分三类:(一)司泼灵屁股,(二)水晶石屁股,(三)热水袋屁股。并附加说明:第一种屁股,是指艳妓而言,与客狎昵时,屁股左右拨动,如装有新式弹簧,即俗称活马是也。第二种是指闺女屁股,身体健硕,股肉坚实,扪之晶光滴滑,嫩白凉爽,夏天以之代枕,功胜竹夫人。第三种乃指于归少妇,既遭性的蹂躏,又经生产,股肉必多松弛柔软,扪之热度增高,冬季拥之而眠,功胜热水袋。摸屁股而能摸出这许多大道之理来,足见诗人的经验丰富,非从实际体会,只怕难道只字。但不知诗人自己的屁股,在高兴的时候,也湾过膀子去偶然摸一两下子吗?

本篇所述原是摸自己的屁股,谈到诗人的摸别人屁股,已超出范围之外,拨转笔头,归到自己屁股上来。

"大学"将修身,齐家,治国,平天下,分做四个阶段,摸屁股乃修身之本,未有不摸屁股而能修身者也。推而广之,摸屁股也就成为治国平天下的基础条件。但是有一部份大胖子的贵人,只因身体胖得溢出了范围,想摸屁股,即感到鞭长莫及的困难,如此这般的大人先生即无须再摸屁股,纵有冷人如阿三之流,也不敢去触痛他们的屁股眼子了!

撒烂屙朋友,向不自己伸手摸屁股,弄得一塌糊涂之后,他的屁股照例要别人替他代揩。劝人摸屁股者,亦是教人回省从前所撒烂屙尚未抹拭干净,切莫重踏覆辙之意。

旧式人生观的最大目的,乃是"光前裕后"。光前是为上代增光荣,裕后是为晚辈留余裕。没有子孙的人,上海话称之为"屁股光塌塌",屁股为人身后部,光塌塌者言其人之身后空空如也。迷信因果报应的人,认为人生做了恶事,天老爷便为罚他绝子绝孙,一向作恶多端的人,如果妌头与他生了一个癞痢头儿子,也许就能翻然改过,变成一个安善良民,只因他在蓄意作恶的时候,若有人劝他摸摸屁股,或自动觉悟一摸屁股,便会看儿子的面上,暂息恶念。

摸女人的屁股,除却手指头得片时快感以外,并无多大益处,惟有摸摸自己屁股,于说话行事,却有百利而无一害,是以我也愿意提倡摸屁股主义了!

蒲鞋出髭须

蒲鞋与草鞋，虽属同是用稻柴织成的，但在上海，这两样东西的形状却大有区别。

草鞋，有底无面，仅用几根草绳拦住脚跟，系住脚指头，外行人竟不懂怎样绞七绞八的缚牢在脚上，即使穿了下去，走几步路就会松褪下来。

蒲鞋与普通鞋子的形式一样，有底，也有鞋帮，不过鞋面与底全部都是用草织成的，鞋口甚浅——尤其是宁波货——穿时须系鞋带，这是人人会穿的东西，连穿惯靴子皮鞋的大人先生也有机会穿他，就是死了亲爷娘扮孝子的一刻辰光，非穿一次蒲鞋不可，而且是要将鞋帮翻过身来再穿，用以表示与他们身上穿的毛边麻衣相应，这就叫"衰斩"。

最初的蒲鞋，大概是用蒲草织的，现在改用稻草，照理应改称"稻鞋"才是，现在的蒲鞋，也似告朔饩羊，徒拥虚名而已。

鞋子的历史，不但比有带子的西式有统皮鞋长久。就是比古人穿的方头官靴还要古些咧。但看古人只说"朱履三千"，而不言"乌靴百变"就能证明了，鞋子大概是赵武灵王爱穿的胡服之类，也是外国货咧。非但中国古人不穿靴，就是西洋古人也是如此，且看外国人画的伊利沙白朝的故事，以及莎士比亚的戏中人，都是穿不系鞋带，不遮没脚背，鞋头上有一朵大彩结的鞋子。

古代鞋子的鞋帮，都是每只用两片布或绸缎缝成的。所以鞋头与鞋根都用皮梁接缝，单梁鞋头，除了和尚，还不是上等人所乐用，是以鞋子都是双梁，至于仅用一片鞋帮，鞋头无梁的鲢鱼头式鞋子，乃是近几十年始风行社会，上海人称此为"蒲鞋面",可见这是看了蒲鞋的形式仿制的。

原始时代的人类,用一双天然足走路,鞋面料都没有发明,那里来的鞋子穿?古书上的伏羲神农等氏,皆以树叶作裙,围蔽下体,可见先民皆利用天然植物做衣料,以后智识进步,始知以棉麻植物织布,草鞋也是采取天然植物直接织造的用具,他的历史也许远在一切衣裳鞋帽之前,只是不易查根究底罢了。

我们最早的祖先,都是穿草鞋出身的,到了现在,却大家都有些瞧不起穿草鞋阶级,上海人称他们为"赤脚人",为无知识阶级的代表,这不但数典忘宗,并有些忘恩负义,若无"赤脚人",我们这班"长满党"只怕一天都活不成!

我们的鞋子破了,可命街头屋角的皮匠担替我们修补,鞋头踢破,能为我们包一块圆皮,谓之"包头",鞋底损坏,轻伤则加几枚铁钉,重伤则能加做半截鞋底上去,谓之"打掌子",掌子更有"前掌""后掌"之分,惟有蒲鞋,则损坏后无可修理,穿蒲鞋的穷人也视破蒲鞋为废物,沿路抛弃,只有江北小孩有专收集破草鞋的,他们用一根草绳缚着几双破草鞋,一路在地上拖回去,也不过拿去晒干后,当稻柴煨行灶而已,除此恐怕就别无用处了。

蒲鞋穿破后,鞋帮与鞋底交接处的稻草逐渐折断,稻草的断头不甘屈服,争向外面伸张势力,其状颇似虬髯公的胡子桩,故上海人称将破的蒲鞋谓之"蒲鞋出髭须"。

蒲鞋不幸出了髭须,即使去请教小皮匠,既不能"包头",又不能"打掌子",更无法加铁钉,若再穿下去,髭须越出越多,越生越长,结果是一塌糊涂,无可收拾。

上海人以"蒲鞋出髭须"作譬喻,形容不可收拾的崩溃情形,故谓之"蒲鞋出髭须,一场无结果!"

自从苏俄宣布了他们的五年计划后,计划便成了一种时髦东西,我们的国里也常听得有人宣布许多计划,然而多数计划只是纸上写得好看,有相当成就的却不很多见,"白浪大的水花,钓起来是一只虾米",有虾米看见,还算是得到小小的收获,最怕是"蒲鞋出髭须,一场无结果",阔得颗粒无收,教人白白的伸长脖子盼望一场!

"十年生聚,十年教养",这是伍子胥的二十年计划,结果终于治吴,我们从五四运动到现在,也有足二十年光阴了,五月九日,依旧是我们的国耻纪念日,非但旧耻未雪,反而增加了许多更重大的新耻!

呜呼,中华民国!我们真成了一个"蒲鞋出髭须"的国家了!

再看上海的社会,也有些蒲鞋式气咧,今年更露出一根根硬髭须来,形势险恶,崩溃堪虞!不信请到热闹马路上去观察一会,大有"长远勿见,髭须满面"之概!

一二 扫帚颠倒竖

中国是一个多神的国家,凡属有形体的东西,不论生物死物,但能维持几百年以上而不毁灭其形体,都可以得日月精华,成功或仙或怪,且能隐藏原形,四肢五官幻化得与我们人类一般无二,是以蛇能变作白娘娘,猴子能变作齐天大圣,蝙蝠能变作张果老,狐狸能变作美貌佳人。

上面所举的还是动物,比较的有些灵性,能修炼成精,尚有可说。乡间愚民有许多拜大树为神的,这也是有生命的东西,勉强也说得上去。最可笑的是毫无知觉的静物,居然也会成精,如石头人也能与人类成亲,唐朝夜壶也能成精,其他如瓦老爷,扫帚精,坑三姑娘,井泉童子,灶家老爷,门神等等,更是多得不可胜计,与老年的好婆太太谈起来,都能引证事实,形容得活龙活现,像煞有介事。

彗星,俗称扫帚星,据说此星为姜太公的令尊夫人马氏太太的戾气所化,大家认为不祥星宿,她如在天空发现,天下定要大乱,在专制时代,上至皇帝,下至小民,都要提心吊胆!小姑娘在落地时辰八字内,不幸有了扫帚星照命,据说与她有关系的人口与家财,都会被她一扫而光,若不将她的八字暗中更改,这一辈子休要嫁得着丈夫!

因天空中扫帚星的不祥,就把我们日常所用的人间扫帚也当作不祥的东西。然而扫帚乃家家必需之要物,若无扫帚,人家将变成大垃圾桶,不得已而用之,乃将扫帚防范得很严。元旦日照例不许动用扫帚,怕他得罪了正神;在这诸事都要讨吉利的大年初一,人的手指也不愿与此不祥东西接触。平常日子,扫帚也不许公然陈列在眼前,须密藏在门背后,利用门角姑娘监视着他,使他不敢修炼成精!

"只进不出"是人家发财的秘诀,扫帚的职务却正与此相反,他每天只管将垃圾扫出去,去无东西扫进来,这也是人家厌恶扫帚原因之一。上海人赌咒,每爱说"屁股里插了扫帚爬给你看",不言别物,单插扫帚,是痛心疾首于此物何其甚也!

清晨起来,第一件事就是扫地,其次方轮到抹桌,都是婢仆们乘主人尚未起身以前应做的事,贵客在座,任凭地下瓜子果壳堆积成寸,有家教的人家也不许婢仆对客扫地,凡此皆欲避免宾主看见那柄不祥的扫帚。

"家无主,扫帚颠倒竖"!上海地方,有这样一句俗语,也可以说是格言。

扫帚本应密藏的东西,如果跨进门去,别的东西都未看见,首先与我们眼帘接触者,就是那把不祥的扫帚,这不问可知这人家的主人一定逃走了。即使主人在家,一定也是个不理家政的浑蛋,有主等于无主。

扫帚上轻下重,颠倒竖起来,不但样子难看,而且将重心顶在上头,恐怕有些站立不稳。人家没有了作主的人,任凭几个家奴从中捣乱,将值钱东西盗卖精光,也无人出头干涉,人家到了这步田地,不久就要家破人亡,因以颠倒竖的扫帚譬之,言其站立不住,眼看人家之坍倒即在目前。

上海还有一种怪风俗,看见有棺材抬过门口,急忙抢一把扫帚过来,倒竖在大门口,据说扫帚倒竖可以压邪的。大概因为扫帚本身原是邪物,用扫帚放在当门口,是以毒攻毒之法。但是,何以将扫帚颠倒竖起来,这就不明白是什么理由了。

弄堂里死了一个病人,棺材尚未抬出来,左邻右舍,家家的大门口,早已颠倒竖起了许多扫帚,据说棺材未出门,死人阴魂不散,尚留恋着他的遗体,但听那丧事人家的道士,砰的打破一只饭碗,这就是表示驱鬼出门,亡魂吃了惊吓,到处乱窜,也许钻到邻舍人家去,若在门口倒竖一把扫帚,就好像挂了一块"闲鬼莫入"的虎头牌,亡魂就不敢闯进来了。即使死者生前是他们最重要的麻将搭子,此时也照例竖起扫帚表示谢绝!

又听人说,僵尸追人,无法遏制,惟有用扫帚招架最灵,僵尸触及扫帚,立刻就倒。想不到扫帚还有这许妙用咧!

我们为习俗所拘,看见了颠倒竖的扫帚,的确有些泥土气。家里既未死人,为什么要颠倒竖起一把扫帚呢?也许是去年死了人,那把扫帚直到现在尚未有人动用过,足见这人家像无领事管束的罗宋瘪三一样了。平常居户亦以无事端端倒竖扫帚为大忌。

也有破除迷信的人说,扫帚下端,十分污秽,若颠倒竖起,必污及他物。"家无主,扫帚颠倒竖",乃讥讽其家之主人治家无方,乃有此倒行逆施之行为,并非真无主也。

　　一家为一国之雏形,家主的表现,是为"扫帚颠倒竖",国无主的表现是什么呢? 只怕就是"大炮轰自己"了! 武装强盗在我家的前门踱进踱出,我们望着强盗叹气,奈何他们不得,想不到我家的后门口却听得蓬蓬蓬的放起大炮来,结果打死了许多自己人! 我们这个家,真有些扫帚颠倒竖的危险状态了!

一三 | **姜太公钓鱼**

姜太公也是中国历史上的一位红运当头的朋友,即以周朝的开国元勋而言,与姜太公功劳相仿的未尝无人,然而传到后世,名号之叫得响,皆不及姜太公万一。现在即使是不识字的文盲,也都知道这位太公姓姜,名尚,字子牙,他是钓鱼出身,还卖过灰面,摆过拆字摊,娶过一位太太,后来又离婚的,芳名叫做扫帚星。姜太公的霉头(★)一直触到八十岁,始采用了张九官的方法,托了一个梦给周文王,文王看来也爱打花会,善于详梦,奔到渭水河边,将姜太公接了回来。从此他就一交跌在青云里,晦气星钻出了屁股门,辅助周朝得了天下,成功一个历史上的红人。

姜太公之所以在民间成名,一半也要靠封神演义鼓吹之力,上面所述姜太公的一生史略,也是封神榜上的故事。

知有姜太公者,无不知他能钓鱼。他的以钓鱼营生,看来还在面粉交易(不是投机生意)失败以后,他在七十岁时,对于钓鱼还是外行。我不是摊他的臭缸,有刘向说苑为证:

"吕望,年七十,钓于渭渚,三日三夜,鱼无食者,与农人言。农人者,古之老贤人也,谓望曰:'子将复钓,必细其纶,芳其饵,徐徐而投之,毋令鱼骇。'望如言,初下得鲋,次得鲤。"

姜太公的钓鱼门槛如此不精,偏能以钓鱼名传千古,真是"天晓得"!(★)

姜太公钓鱼的地方,刘向说在"渭渚",这就是戏中演的"渭水河"了;但刘向在列仙传中,又说"吕尚钓于汴溪"。吕氏春秋说,"太公钓于兹泉,以遇文王"。尚书则言"文王至磻溪见吕望"。水经注云,"磻溪中有泉,谓之兹泉"。所谓渭河,也许就是"渭河中有溪,谓之磻溪"。以本报之地址为喻,说社会日报馆在上海英租界者不错,言在宁波路者亦不错,言在慈安里者更不错,都是"一只袜"(★)。

上海俗语"姜太公钓鱼",就是采用文王访太公时的几句对白,隐射"愿者上钩"四字,这也是一句谜语式的俗语,太公在文王来访时,究竟说几句什么话?据"太公书"告诉我们的是:

"吕尚坐茅以渔,文王劳而问政。吕尚曰'鱼求于饵,乃牵其缗;人食其禄,乃服于君。故以饵取鱼,鱼可杀,以禄取人,人可竭;以小钓钓川,而擒其鱼,中钓钓国,而擒其万国诸侯'"。

戏台上渭水河中的姜太公说的话,就与此不同了。太公见文王轻己,命太子上前搭话,便讥笑的说"大鱼不来小鱼来"!

钓鱼钩都是湾曲的,姜太公却用直钩垂钓,文王问他何故,他就说:"这叫做愿者上钩,不愿者自投生路"!

"稚子敲针作钓钩",此为杜诗名词,可见鱼钩能以缝衣针改造,但必须敲针头使曲,始能上饵钓鱼,所谓钩也者,就是湾曲的东西,若以直针钓鱼,无异于"缘木求鱼",即鱼中之阿木林(★)亦不肯上当!不曲即不成其为钩,姜太公之"愿者上钩",这钩字就无着落!

姜太公钓鱼的时代,或许正遇着鱼国社会不景气之际,鱼国银行尽行倒闭,失业之鱼,不计其数,鱼们无法生活,都抱厌世主义,便相约投到姜太公的直鱼钩上来实行自杀!故姜太公的渔业虽然发达,每日捕鱼无几,而他老人家所钓得的鱼,尽是自愿上钩,没有半条是用欺骗手段钓来的冤枉鱼!

上海所谓"乌龟掼石板"硬碰硬生意,都自诩为"姜太公钓鱼"。但是,也有一种明知是骗人的玩艺儿,或是有百害而无一利的东西,那几位主办的人,也说是"姜太公钓鱼"!这意思就是说,他们明知吃亏,自愿投进门来上当,将来即使因上当而死,也不能抱怨这位设钓饵的姜老太爷!

鱼究竟也是一种有知觉的动物,他们上钩,无非是贪食而已,若无香饵,断不肯去吞那硬绷绷的铁钩子。吊东莱说得好,"为钩饵以诱鱼者,钓也,不责钓者,而责鱼之吞饵,天下宁有是理耶?"上海的许多姜太公,恐怕用的都是东洋货的钓鱼钩,一根针尖,两面有钩,所用的香饵又特别芬芳,看得鱼儿馋涎欲滴,不怕他们不来上钩!

最近被禁的储蓄会,就是采用姜太公钓鱼的方法,他以头奖五万元为香饵,每月所费不多,发财的希望却极大!谁知你上了他的钩,他就判定你十几年的有期徒刑,每月好像欠了他的皮球钱,若不如期照数解进去,他的钩子就会在你肚子里作怪,搅得你六神无主!等到大家明白姜太公这老油条不是东西,鱼身上的精血已不知被他吸去多少了!

下等娼妓,大家都知道她们身上含有毒质,但在情不自禁的当口,也要去"拼死吃河豚"。雅片烟,大家都知道他是亡国灭种的害人东西,然而越是聪明人,越爱望苦海中钻。这就不能怪姜太公,要怪吞饵的鱼儿本身自大不长毛了!

古人有以钓鱼为养性之物,垂纶而志不在鱼。上海也有许多钓鱼人,终年忙忙碌碌,做的都是贴本生意。他们为什么来?古时有人揭破此秘密道:

"唐时,楚江有渔者,换酒饮,醉辄歌舞。江陵守见而问曰,君之渔,隐者之渔耶?渔者之渔耶?渔者曰:昔姜子牙严子凌皆以为隐者之渔也,殊不知不钓其鱼者,钓其名耳!"

这样看来,姜太公钓鱼也许是真正用直鱼钩了。大概他仍依卖灰面为生,直钩钓鱼乃是宣传工作,原来他老先生是一位前辈广告大家,失敬得很!

一四 跳加官

冯道，自号长乐老，我们不能指定他是那一个朝代的人，因为在他执政的时期中，连换了四朝。他做了二十多年宰相，历事十个皇帝，却改换了四个姓，还做过契丹的外国太傅，丧君亡国，都不在他心上，更拿许多亡国的官衔排列在他的著作上，别人笑骂，他老老面皮！

冯道是中国历史上第一个不识廉耻的东西，然而也是第一个善做官的朋友。做官宜识时务，始能长保禄位，加官进爵，冯道抱定"笑骂由他笑骂，好官我自为之"的宗旨，不问顺逆，一味圆通，严戒反抗，实行奉承。他的做官方法，稳当已极，就是在中华民国念四年的今日，若依他的方法去做官，照样还是政界红人！

冯道，生在后五代的战乱时代，居然能博一生荣耀，寿终正寝，他实在是一位模范官吏，戏班里便借他来祝颂官场的指日高升，据说开锣戏以前的"跳加官"，就是这位"长乐老"老太爷。

别的戏都有唱白，惟有"跳加官"则闷声大发财，并非此四朝元老是天聋地哑，实缘他的历史有些不很香脆，说出来恐引起看客反感，他怕惹是非，所以绝对不肯发表政见，他经手断送的二个国家，究竟真相如何。把大家蒙在鼓里，教你们死后还是做一群糊涂鬼！加官暗示我们的人生观，是"多吃饭，少开口"，他的一生高官厚禄，就是这样得来的。

又有人说，加官在唐朝已经有了，这假扮的是魏征丞相。三十年前，我在丹桂茶馆里看见一本新排的戏，叫做"大跳加官"，说唐明皇是一个戏迷，命朝臣及宫妃都要串戏，郭子仪不会唱，便发明这个跳加官，那时扮郭子仪的是孙菊仙。这件故事,当然是他们胡诌出来的。

宋徽宗有"加上加官"画轴,加官名词至少应在宋以前就发现了。古时的官上加官,就是现在的兼差,兼差当然兼薪,能有兼差资格的,当然是官场红员,所以认为大吉大利。

扬州画坊录叨载戏班行头,有"加官脸"名目,现在的跳加官仍旧戴着假面具,可见沿用已久。

跳加官手持能翻覆的绣幅,戏班专名称为"加官条子",上面绣的有"天官赐福","一品当朝","加官进爵","指日高升"等颂词。自从民国以后,此类字句已不适用,乃改为"民国万岁","各界进步","国富民强","皆大欢喜"等新鲜字句。我以为时在今日,与其善颂善祷,不如用"毋忘国耻""卧薪尝胆"等警告词为是,虽然"娱乐不忘救国"的话有些滑稽,观众在无意中看见此类字句,多少总有些感触。不过加官若真是冯道,只怕他要提起抗议,不愿用此危险词性的字句,以免肇祸!

戏班的加官,是专为拍看客马屁而设,有时座中发现了一两位达官贵人,戏演到一半,班中也能特为他们专跳一个加官,将他们的官衔名字写在牙笏上,如"王大人加官","李老爷加官"等,像牌位似的高贡在戏台当中,被跳的王大人李老爷照例要破费几块赏钱,大概最少也要赏四只大洋,后台已预备好一个"红人",向他们请安谢赏。这种怪状,上海不易见,内地戏馆中时常有的,上海伶工人格较高,或即在此等处表现。

"跳加官"为一台戏的开场,要看好戏,必须先"跳加官"。戏台上的戏,纵然唱得淋漓尽致,热闹火炽,然而终究是假的,况且每台戏有限定时间,即使看到老旦做亲,终有散场时候,锣鼓停止,便索然无味。

真爱看戏的人,不欢喜看戏台上的假戏,他们要看社会的真戏;陌生人演的真戏,他们还不十分爱看,最好是熟识的朋友们跳出来演一出真刀真枪的好戏。假戏容易完场,真戏则一幕幕的演下去,变化无穷,奇峰突出,自己站在云端里看相杀,不必掏出钱来买票,最是有趣!

客客气气的朋友,怎肯演戏给你看呢?第一幕当然要你亲自登场。你先在他们前面,各跳一个加官,引起他们的戏瘾来,他们自会觉得技痒,将各人的拿手好戏演给你看。戏瘾不大的朋友,也许一次加官跳不出好戏来,你不妨再接再厉,连三连四的加官跳下去,即使不爱唱戏的人,也会情不自禁的唱将起来。

诸君看了上面的说明,应知上海俗语的"跳加官"是怎样一出把戏了吗?朋友们唱的真戏,不是相骂,便是打架,或者是公堂相见,也许是手枪对待,他们也许不至于闹得这样激烈,实因有人在他们中间调唆是非,搬弄口舌,此人就是想看他们演戏的赏鉴家,也就是第一个出场的跳加官者。他跳过加官以后,就除去"加官脸",杂在戏台下看客堆中看别人演戏去了,看见台上打得头破血淋,拼得你死我活,他得意洋洋的,照样会替他们捧场叫好,不过他自己却拿定注意,非万不得已决不肯再上台去充任何配角。

"人不为己,男盗女娼"!仅仅为了饱眼福而大跳朋友们的加官,究竟还居少数。搬弄是非,使得别人不睦,当然与他本人大有利益。譬如无聊政客,必须鼓惑得巨头猜忌,捣乱得全国鼎沸,他们始有生路,才可以于中取利。他上台去跳了一个加官,想把所有全部买票收入都要归他独吞,唱正戏的人在台上被人叫倒好,甚至轰下台去,他都不负责任,捞饱了钞票,戏台被人砸坍,也不在他腰眼上,他老人家回家睡觉去了,唱戏事,管他娘!可怕哉,跳加官!

一五　上火山

跳舞场的音乐一响,舞客座中的电灯灭息,舞场里面的各种奇形怪状的灯火一齐开放,这许多灯火,多无直给人看见电灯泡的,外面都遮着花色灯罩,也有装在天花板与墙壁里面的,虽然看着华丽,却都是黯淡得像鬼火一样,在舞场圈子外摆拆字摊的朋友看了,真有些阴风惨惨,汗毛凛凛,那一对对的搂抱男女,接着阴阳怪气的音乐节奏,在惨澹的火光下,一高一低的憧憧往来,真有些像一群鬼驾着阴风在古墓前蠕蠕地行动——那穿夜礼服的男性,像黑无常鬼,舞女更像披头散发的恶鬼!

有一位乡下曲辫子(★)朋友,到舞场中去摆了一次拆字摊,回来就发出这样一段怪论。他在舞场中坐了几个钟头,当大家起舞的时候,他独自孤苦零仃的镇守着拆字摊,嘴里喝着冰水,背脊上吹着凉风,睁眼所见的尽是些鬼影,再回头向身后一望,只见一带阴森树林,闪闪霎霎地隐现着几点暗淡灯光,恰巧那天正遇着凄风苦雨,连绵不绝,此君坐着连打了几个寒噤,背脊似有冷水浇着,越想越害怕,连忙逃了出来,回去连发了两个寒热,以后与人提起舞场,还有些谈鬼色变!

舞场是最热的地方,所以上海人将跳舞比作"上火山",如今被这位曲先生容形之下,"火山"竟变作"冰山"了!大概舞场之热仅在铺设光滑地板的一个小圈子里,并非整个舞场都是火山。曲先生的眼福也太差一些,他拣准了下雨天去观光,所到的也许是一个桂花场所,正遇着生意清淡,格外觉得冷冰冰了。

日本的富士山,山巅终年积雪不化,这应该是极冷的地方,据说富士也是一座已死的火山,当年山巅也会喷出火焰来,曲先生之舞场观光,正可以此相比,他坐在雪里看火山,莫怪他要冻得回去生病,火山究竟是热是冷,他自己没有亲自上去过,根本无法领悟,此行只好算是"刘备唱哭灵牌"——白袍(跑)。

花一只老洋叫一个堂差来,只能陪你说几句笑话,如果你是起码人(★),休说笑话不能说,还要看她们的晚娘面孔,即使她们肯拉开了血盆大口唱四句麒调给你听,也未必有趣到那里。身入舞场,所费比叫堂差低廉,却能将舞女搂到怀中来一亲肌肤,何况近来的舞价惨跌,大舞场的茶舞,如大华大沪等,每跳只值两角,小舞场更用廉价搂抱来吸引舞客,由每元五跳降至七跳,现在更有跌至九跳的,花洋一角一分三厘三,就能搂抱摩登女郎亲几分钟香泽!市面再要不景气下去,跳价更有看跌的趋势,将来怕有用铜板计算的一天,那是水门汀行人道上也有人开设露天跳舞场,堪与露天舞台媲美了!

据老年人说,上海的物价样样飞涨,惟有女人却比四十年前便宜,一样的跳。从前的老虫(★),每跳两角念钿,那时的洋价每元只兑九百文,两角念钿合两角二分强,恰较现在舞女之跳低廉一倍,莫怪妓女都要唤"呒不生路"

上海的火山,大大小小,不下二三十座,除了百乐门与国际饭店为纯粹交际舞场外,其余都半是供时髦朋友找热情的地方,也可以说是出卖魂灵的发行所!规模较大的火山有大沪,大华,大都会,大东等"大字辈",与维爱纳,圣爱纳,维纳司等"纳字辈";小火山在北四川路附近最多,其他散处英法两租界的,一共也有二十余家之多;至于造就跳火山人材的跳舞学堂,更是多得不胜枚举。

上海虽然市面太坏,这许多火山据说还都能够维持着他们的燃烧力,原因就在这座火山是有神秘作用的,据说火山不跳则已,跳过几次之后,身体感受了火山的热力,以后就非长期浸润在此中不可,如果一天不上火山,一天得不到热情的灌溉,好像蟋蟀到了冬至,就要冻死似的。"跳舞是要上瘾的"!上火山的人们都异口同声的这样唤着。

跳舞,我们不敢非议。周礼,未成年学"舞勺",成童"舞象",这是古代学生的必修科。孔子也爱跳舞,所以后人祭孔,每年还要跳两次舞给他老人家看。未订周礼以前的中国跳舞,也许是男女搂抱着跳的,大概后来被所谓圣人禁绝的,所以才让欧洲人独出风头。据久上火山的人说,这是最能怡情逸性的艺术,并且是最轻巧柔和的运动,即舍交际上妙用不言,这也是一种极高尚纯洁的东西,照理亦应与古人一样,跳舞宜定为学校必修科目。

现在头脑顽固的人批评跳舞,总说他是男女混杂,有关风化,这是指一般下等舞场而言,若在正当宴会舞场,举动都须合乎体貌,男女互尊人格,男子的礼服少扣了一个纽子,女子的态度稍有一些傲慢,那都是有失礼貌,而要被人看轻的。若说跳舞有伤风化,那是跳的人先存了卑劣的心理,与异性接触,就会发生种种歪曲念头。这不能怪跳舞,要怪中国几千年的风俗,把男女防范得太严厉了,一旦开禁,就会有这种反动行为。

上海有许多火山,竟谈不到什么礼貌,舞客穿了衬衫也能往火山上乱跳,舞女富有白相人嫂嫂派头。一个是但求热情的安慰,一个是但望舞票的进益,不多几时,就能打得火一般热,于是"摘台形","讲斤头","勿领盆","叫匄子","吃斗","皮郎头"(皆见本书前集)等怪事都会在舞场里表演出来。

如此火山,未免热度太高了,火辣辣地有使人不敢响迩之势,我以为称他们为"上火山",热力似乎还不够,并且范围也比得太远太大了,倒不如改称"下油锅"为愈!

上火山是何等困难,尤其是没有火山的中国,欲见火山真面目,尚非出洋去不可,何况要去跳火山觅死?跳舞不见得像跳火山那样难达目的吧!至于油锅,则烧饼摊而兼售油炸脍者,皆陈列一具,大世界附近的油炸脍一夜煎到天亮,随便拣一家锅大油多的,跳下去甚是便利,只将身上的血煎干,回去睡觉,他就不会做乱梦了!

我们若要速成的增加热度,想来想去,"跳火山"总觉得太迂缓了,还是"下油锅"爽快近便得多咧!

一六 木龙头

由一粒黄豆大的种子，埋在泥土里，得天然雨露的灌溉，不久就会茁芽生长，经过若干年月，会变成合抱大的树木。我们能说此树木是没有生命的东西吗？

据物理学家说，植物照样也能呼吸，他们所需要的空气适与人类相反，吸进的是炭气，呼出的是养气，所以在居屋傍边种植些树木，与人生康健颇有益处。能呼吸的东西，我们能说他没有生命吗？

人类与禽兽鱼虫，为动的生物，故称动物。植物照样也有生命，只是不能移动地位与发声，故能称之为静的生物，亦曰静物。画家写生指不动的东西为静物，我以为须称死物，才能名副其实。

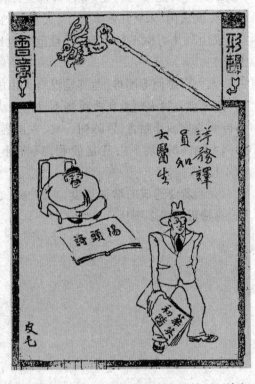

生长在泥土中的树，都是有生命的，须俟人们将树干连根砍截，斩削枝叶，单留一根光杆儿，那时我们就改变名称，叫他为"木头"，这才失去生命，成为真正的死东西。

我们每将呆笨的人比做"木头"，而不说他们是"树"，就因树虽无知无识，微风鼓荡，尚能活动，若成木头，便干枯得毫无生气咧。

虽然呆笨，但无弃材，即使如樗栎之无用，最低用度也能当作柴烧，若是沉檀速降，伽南香之类，则价值昂贵，虽然也是木头，只怕普通人类的身价，还抵不上他们一段烂木头呢。人类中之废物，除了消耗米粮，每天制造一泡大粪好充肥料之外，绝对不能派别的用场，故人类中有不如木头的也很多，将他们比作木头，还算估高一等价值。

刚在山林中砍下来的木头,纵然珍贵,未经人工改造,也是无用。木头的升沉,一半要靠天材,一半要靠人工,还有一半也要靠他的命运。一样一段香椿木,有的雕成佛像,受人香花礼拜,有的雕成妇人的高底,终身被人践踏。高贵木材,不遇巧工雕琢,终身也就埋没。洋松做了绣榻,常伴美人睡眠,上海南京路上却有大批柚木铺在地下受泥污之辱!

　　木材到了巧匠手里,任那木头生得如何畸形怪状,他们都能量材改造,使木头成为一种有用的器具,或雕成一种艺术品,木头之能作正材者,皆为粗枝巨干,大的作栋梁,小的能作椽檐,惟有长埋在土中的树根,桠杈盘曲,改造棘手,都半是弃材了。但在巧匠眼中看来,正可以就那树根的畸形,略事雕琢,改为一个"木龙头",就能成功一件艺术品,拿到古董茶会上去待善价而沽,也许比较栋梁大材更为值钱。

　　不过,"木龙头"也要那树根天生有几分象形,巧匠始能施工,如果那树根生得像一条曲蟮,即使请匠人的祖师公输子出场,挥动班门大斧,将他装两个假角上去,这个"木龙头"就有价值了。

　　"木龙头"在上海俗语中乃是"略有天才","稍窥门径"的意思。

　　有一次,我想介绍一个学生到朋友处去学习一种专门技术,那朋友问我道:

　　"你介绍的学生,最好是对于某种科学要有些'木龙头'的样子,我们才容易教授,若是'生坯',那就很难学习,不知他可有'木龙头'吗?"

　　朋友所说的"生坯",就是完全未经雕琢的来路货木头,欲希望将此木头雕成龙头,必须他自身略具头角,复经匠人将他粗制改造,已成龙的雏形,然后送到专门技师处去精细施工,始能成功一个象真的龙头,否则就很难着手了。后来我去问那学生,究竟对于该项科学有无"木龙头",他的答覆是毫无"木头龙",这就不是生意经了。

　　"木龙头"者,只是一只脚刚跨进门槛,一只脚还留在门外,离"登堂入室"尚有不少路程,更谈不到"窥见堂奥"了。坊间出售的许多"入门类"书籍,那就是教人做"木龙头"的。

　　骂人"木头",乃"不成材"的别名,"木龙头"则已成具体而微的物形,将来已许成龙,得僧繇为之点睛,或能破壁龙去,实含前程远大之意,故非骂人话。

　　有人说,木龙头应是"蒙茏头"之误,蒙茏乃覆蔽之貌,"蒙茏头"者,在覆蔽中钻出头来,即"开蒙"之意也。

一七 痴子望天坍

天是什么东西?

古人说:"天地皆气也,气之轻清而上浮者为天,气之重浊而下凝者为地。"

古人言天地之形者有三:一曰"浑天",言天如鸡卵,地如蛋黄,地居于天内,天大地小,表里有水。二曰"盖天",言天形穹窿如笠,浮而不坍者,气充其中也。三曰"宣夜",言天了无质,仰而瞻之,高远无极。

为了摸不着天的头脑,古人打了几千年的笔墨官司,还是个莫名其妙!"宣夜"之说最古,也最近似,可惜书已失传,只在抱朴子中约略记几句传说。

庄子曰:"天之苍苍,其色正耶?其远无所至极耶"?这是承认天是空无所有的东西,故曰"天空",但也不曾

说出所以然来。自从欧洲科学家的证明,我们始知天是一个抽象的名词,我们所见的苍苍青天,仅由于空气之返光作用耳。

古人言天有九重,后来又加作十二重,每重皆立有专名。道家的天,比上海最高的大厦层数更多,共计有三十三重之多,地下还添筑十八重地狱,如此伟大建筑,不知是那一位神仙打的样?

建筑三十三层天堂的时候,钢骨水门汀尚未发明,支持着天堂不使下坠的天柱,据"神异经"所载,只有昆仑山上一根铜柱,其余的几根天柱,被共工氏在不周山上大"触山头"(★),已经触折了,至地陷东南,如果再来一个生铁弹,到昆仑山上顶一顶山头,把仅有的一根天柱也触折,这一爿天,岂不要全部坍下来吗?

"尽信书,不知无书"!关于科学常识,我们的古书真有些"瞎话二千"!这是

时代关系,也许是古人的寓言,等于"小狗撒屁,百无禁忌",如果我们信以为真,呆望着天怕他坍下来,那就要被人目为痴子了!

上海有"痴子望天坍"的俗语,人得了疯癫症,脑筋里会发生许多光怪陆离的幻觉。因财而疯的人,眼睛里看出来的都是金钱乌龟,因色而疯的人,看出来都是寡老头子(★)。我想世间决无因为想上天堂而发痴的人,若因怨恨玉皇大帝(★)而发疯,这恐怕更没有其人了,那末痴子为什么要希望天坍?天坍以后,于痴子有什么利益?这是疑问!

在苏州西乡白马涧地方,岭巅岩石上,摩崖大书深刻有四个很触目的字,叫做"靠天吃饭",下款并无题名,据说是道士题的。原来"靠天吃饭"是一句劝人信仰玉皇大帝的标语!

科学没有昌明,人类无法征服大自然以前,人类的生命惟有交托给天,故曰"天命"。"天要落雨,娘要嫁人",都是无法阻挡的事。天要高兴让人吃饭,他就风调雨顺,五谷丰登;天若不高兴让人吃饭,他就去年大旱,今年大水,明年也许放些蝗虫下凡,闹得你们一谷不登!

古人靠天吃饭,但望丰年,大家就有太平饭吃。现在的天老爷看来也有些不大好做,年成太好了,说什么"谷贱伤农",种田人卖谷收入,还不够完粮纳税,照样要怨天怨地!如果请我去做天老爷,逢着这左右不讨好的差使,我早就掼纱帽了(★)!如不给我戴纱帽,金镶玉嵌的平天冠,照样也要掼过明白!吃豆腐(★)朋友听见笑道:"这就是不许你做天老爷的一个理由!"

大家都是靠天吃饭,为什么某国人可以横冲直撞,为所欲为,我们却连响屁都不敢放?一样是靠天吃饭,为什么别人能够住洋房,坐汽车,吃人参,我们却大汗出汗小,一天忙到晚,连一个家主婆都养不活?

这样一想,人比人,气杀人,追根究源,都是天道不公,何厚于人而薄于己?物不平则鸣,穷人与弱者,无处伸冤,归咎于天,便发出一种痴心妄想,要想"打倒天老爷"!

天老爷高居三十三天最高层,登天既无上天梯,坐飞机又无许多钱买票,要想打倒天老爷,我们既无高射炮的防空设备,又无方法混进南天门,左难右难,惟有希望"天坍"!

天坍以后,世界浑沌,玉石俱焚,自己虽然不能活命,但是欺负我们的野蛮国人,与平日享福而又藐视我们的富人,往日打死了他们一个人,每每要我们几千百人抵他一命,现在我与他们同归于尽,死得一样重于鸿毛,岂不大快人心!这是痴子望天坍的一个理由。

张三李四都是像煞有介事(★),自称"大人物"(★),以为只手可以擎天,俗语道,"天坍自有长人顶",我倒希望天坍下来,看他可有本领顶住这一爿天?这是痴子望天坍的另一理由。

我们若不要做望天坍的十三点(★),第一须要打倒"靠天吃饭"的标语!现代的天老爷,已有些蜡烛小开(★)脾气,必须设法征服他,他才有饭给你吃,一味靠天的牌头(★),非饿死不可!

"人事当先莫靠大",古人已有这种觉悟,我们既不想靠天,也就不去望天坍!

"痴子望天坍"是不可能的事,上海俗语借此形容妄想,意思等于"痴人说梦"。望天坍者所以目为痴子,因为他忘却天坍以后,自己也难活命,以为天下人尽被天坍压杀,只留他一人,享有全世界的全部财产。

本图的意思,由许画帅亲自说明,道:现在人称穷得厉害,总说"老子呒啥啥。着在身上,吃在肚里!"吾说这几句话形容得还没到家。身上有了着,肚里有了吃,并不十分凄惨,比到吃东西须将身上衣服当了才有钱,身上所着衣服,完全吃尽当光,方可谓之"赤"贫。所以像这幅画上的那位幸灾乐祸朋友,口称"吃在身上,着在肚里。"确是经验之谈。

像这种人,不去安份守己的拉拉黄包车,反而存了幸灾乐祸之心,希望天坍机会的到来,他们可以趁火打劫,坐享其利,这不是痴子,简直是上海人打话"第一条辣手"!

一八 | 白　相

中国方言，多至数千万种，相隔十数里，说话的声音就会两样，却以上海一地而言，浦东话与浦西话之大有分别，是大家知道的，同是浦西，上海城里话与八仙桥以西的乡民话已显有不同，徐家汇与龙华话，也与斜桥附近的说话有异。至于闸北的土著，那是宝山县地界的子民，说话当然与住在打狗桥的上海人不能统一了。

近来上海的交通便利，四乡方言混杂了客音，说话都没有什么大分别了，不过在租界上流行的，我们所认为上海的普通话，与真正的标准上海话，又有许多不同之点。所以我们听见上海人说的真上海城里话，往往要误他们是乡下人。

上海一地方言如此复杂，如以上海话与各地方言比较，真会比英吉利话与法兰西话相差得更远。现在就说这"白相"的"相"字。

视线与物接触，文言谓之"视"，白话叫作"看"，就这"看"字，中国话就有许多不同的发音，据我所知道的：

直鲁人通称"瞧"。

北平土话作"叫"，音丑，也许是"瞧"的转音。俏皮话也作"睩"，"看他一眼"，也能说"碌他一眼"。

广东俗曲中有许多"睇"字，也是看的意思。

无锡人称"看看他"为"瞷瞷佗"这是很特别的。

宁波人称"看看他"为"相相其",看戏也称"相戏文"。

上海本地人称看为"眝"音苏。此字比"瞧"更特别。

金瓶梅："睃见了武大这个老婆"。睃字音俊,有人当他上海话的眝,实误。

宁波话的"相"字,上海人有时也能通用;不过上海话的相比看字用得稍有分别。看得特别仔细些,叫做"相",如"相亲","相面"之类的相,都含有精细赏鉴之意;不但上海,别处方言也有作此解释的。

"相"字之意义既得,则"白相"二字就不难解释了。白者"免费"也,相者"赏鉴"也,"白相"者不花钱之赏鉴也。例如:看白戏即"白相"之一种。

上海话说:"倷到四马路去白相相",或云"一淘去白相城隍庙",此白相用得最是恰当,因为四马路与城隍庙的风光都是可以免费赏鉴的。上海人与朋友客气,请朋友到自己家去白相,这就是表示"来时无须破钞"。白相译成国语,即为"白玩"。

传到后来,白相的真义渐失,凡属游玩,不论要费免费,皆谓之白相,如白相大世界,照理是不通的,因为大世界进门就要破钞,这是有代价的相,并非"白相"。

从前上海的"白相场合",如张园,四马路之类,皆无须破钞;戏园,菜馆,酒楼,虽然也是消闲遣兴之所,上海人却没有称"白相戏馆"的,因为戏馆等处须花钱始能入座,决非供人白相之地。至于说"白相僧子",则打茶围与吃镶边酒(★),原不须掏腰包,如果上真帐的嫖妓宿娼,那就溢出白相范围了。故上海人对于嫖赌等有害东西,都说:"难般(难得)白相相不要紧",难般白相好像票友串戏,不是天天登场。

后来白相范围特别扩大,新兴事业,虽费巨资,亦称白相。如白相跳舞场,白相咸关庄(★),白相游戏场等等,皆当初发明白相时候所未有的机关,无怪后人不识白相真义。更有人说:"倷是出仔铜钿来白相格"!这句话最是矛盾得可笑!

有人说,流通的游玩,谓之白相。游戏场中,百戏杂陈,游客能随意流览,故能称为白相;戏馆书场等处是坐定的娱乐,故不能白相。此亦是一种解释。

上海人称失业,亦曰白相,这是在自己家里白相;因为吃尽当光以后,到外面去白相,难免要花钱,只得被迫的"做人家"了。近来上海市面大壤,皆由在家里白相的朋友太多;这班朋友已消失了购买力,即使出门白相,也只有在马路上做"马浪荡"的资格,就连电车公司都做不到他们的生意。他们如果在红尘中白相得"厌气",便会赶到黄泉路上去做白相人。

"白相人"在上海,是一种特殊阶级的市民,他们起初皆以白相为专业,任侠仗义,排难解纷,为他们的专职。"出道"后的白相人,比富商巨绅更阔,重然诺,轻资财,广交游,济贫困,休说朱家郭解比不了他们,就是孟尝君比他们也有逊色,猗与欤盛哉!

在上海历史上,的确出过几位出风头(★)的大白相人,太平天国时代的小刀会首领小镜子,他就是一位大白相人。他因响影太平军的革命,揭竿起义,占领一座小小的上海城池,与江苏全省的清兵抵抗,与英法联军抵抗,外无救兵,内无粮草,困守围城,至十八个月之久,白相人真比杨老令公更吃斗(★)!

凡属白相人,都能深入社会,通达人情世故,那张樱桃(★)尤其尖得历害,资格差些的辨士,被他们两三句话,弹出黄浦滩,确是常有的事。上海剿共一役,全是白相人的力量,此功不可没也。

据一位善看风水的朋友说,小镜子当年所以不能成功,就为一条洋泾浜将他镇住了;如果洋泾浜早八年填塞,上海的白相人早就成功大事业了!洋泾浜之通塞何以与白相人风水有关? 此人并未说出理由,别人也推解不出!

白相不是上海一埠独有的方言,江南各地以嬉游为白相者颇多,亦作"孛相"。

(吴江志)俗谓嬉游曰孛相,亦作白相。

(苏东坡诗)天公戏人亦薄相。

有人说"薄相"即"孛相"之谐音,宋朝已有此俗语了。游戏何以叫做薄相或孛相? 从古至今,迄未有人给我们一个正确的解释,知其然而不知其所以然,倒不如白相二字还能勉强说出一个道理来。

古往今来,懂得白相的人确自不少,然而专靠白相而能飞黄腾达,光前裕后的白相人,则为上海的特产,古人不能专美于前,异乡无法仿效于后;而上海叹为大家公认白相花样最多的地方,上海久矣成为江南最好白相的场合,上海人又是最会白相的人物,故我以为白相一语即算是上海地方所专有,亦无不可。

一九 黄鱼头

上海瘪三社会以血液比作金钱,确是绝好的譬喻。人身失血过多,就要断送性命,在上海做人,如果囊空如洗,也同死人一样不能活动,故无钱的人,上海人称为"干血痨",其他如"吃血","挨血","呕血","旺血"等俗语,在本书前集中已说得很多,不必再说了。

下流阶级在没有发明血的譬喻以前,皆称钱财为"油水"。此语由来甚古,元明人著的曲本小说上都有油水发现。

面有菜色的人,除了雅片烟鬼不算,都半是食物中缺乏了资养料,俗语就叫做"缺少油水"。有钱人日食大鱼大肉,养得肥头胖耳,唇红齿白,也就是得力于油水丰富。甚至于畜类之肌肉肥满,毛色光润者,也称为"好油水"。

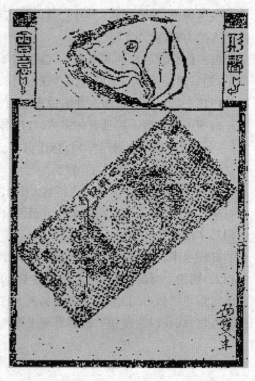

上海特殊阶级的人善"揩油"(★),油水运到上海,油已被人揩尽,仅剩下一汪清水,故上海瘪三只能称钱为"水"了。

这几天,长江一带正在发大水,水位涨到什么程度,每天报纸上都有纪录。中国计算水位的量法,从前皆根据英国制,以浔 Fathom 或链 Lable 计算,十浔为一链,十链为一海哩,每浔约合十八公尺半,等于英尺六十一呎弱。近日报纸所记长江水位,仍以呎报告深度,可见英国制度统治下的中国海关,仍未奉行政府颁布的度量衡法。

上海瘪三之量油水之水,也是以尺寸计算的。他们以一元为单位,谓之一寸,十元为一尺,百元为一丈,称钱为"水头"。例如,二百五十元,便称"二丈五尺水头"。好在他们量水之尺是无形的,不管是中国的营造尺库平制,或是英尺,或是密达尺式的万国公尺,于他都无妨碍。

中国秘密结社,发源于粮船帮,所谓帮规,跳不出粮船的范围。将银钱比作"水头",大概也是船户所发明的。俗语有"水涨船高"之说,船的地位高过于岸,像汉口的大水灾一般,船都能到马路上去游行,摆渡船能摇到人家窗口去,接送旅客(并不是笑话,前年汉口大水,的确到此地步),这就是舢舨打倒汽车之日,船中人当然能够扬眉吐气了,而船之所以能够攀登高位,完全是"水头高"的力量。

船能移动,至少也要有几尺水头,若在几寸水中行船,少不得常常搁浅,船只就等于废物。五大元一张钞票,兑换铜板,虽有十五六千文之多,若在上海滩活动,此戋戋之数,真不足以做大事业。若是将人比船,在五寸水头中,怎能使船身浮升水面?不要说是船了,就是一条大些的黄鱼,在这浅浅的五寸水头中,也只好勉强浸没一个鱼头,全身露在水外,教黄鱼如何活命?所以上海瘪三称一张五元钞票为"黄鱼头",这是一说。

瘪三又称小银元为"小立水猫",这就比浸湿黄鱼头的水量更小了。猫不及狗聪明,即使是养在锚锚船上的白脚花狸猫(★),也无游泳技能,不幸堕入水中,即须另投人生。猫能昂然直立水中,而无所畏惧,则水头之浅得可怜,也就可想而知!一个"小立水猫"仅值一分水头,照现在市价,须积约近十四倍立猫之水,始能有一寸水,这就像大旱之望甘霖,非请张天师求雨不能活命了!

"青鱼尾巴链鱼头",这是江南老饕所订的食谱,吃鱼头须吃链鱼,才算是"吃精麻子"(★)。黄鱼在海鲜中虽属美味,然而鱼头无肉无脑,毫无可食。上海人称淡而无味的食物谓之"呒吃头",据说就是指"黄鱼头"而言。不过整条的黄鱼烧就后,却又不能像烤子鱼似的斩了头拿出来给人吃,以黄鱼头比五元钞票者,言其只能装装场面,不能靠他吃饭肚皮,此又一说也。

黄鱼之头,坚硬如石,故又叫做"石首鱼"。上海人称立刻能够变换现钱的东西,谓之"硬货",亦头"硬黄货",黄鱼头,黄而且硬,不必拿进小押当,但向烟兑店的柜台上一掷,无须开口,就能易得雪白洋钱,"黄鱼头"者言其硬黄货也。此又是一说。

黄鱼头,皮包骨头,具有棱角,吃完了鱼肉,单剩一颗鱼头放在盘中,形状好似白相人的拳头。瘪三们钱财的来路,吃酥桃子(★)果然容易,然而小开产量不多,欲吃长久俸禄,非将小身体去滚钉板(★)不可。大亨手里的钱,岂是轻易所能拿得动的?从前赌场中拿开销的朋友,都是打出来的天下,黄鱼头就是拳头,挨得起一记重拳头,不许皱一皱眉头,最多只能唤一个"好"字,便能博得那伸拳头者称赞一声"值价",拳头就像蒲扇般张了开来。一张手,共有五个指头,这就是表示此人的身价足值五大元，挨拳头的人得此暗示，即能到帐房间中去领取这笔奖励金，有人问他拿什么钱，他先将拳头一扬，再将手指张开，帐房立刻付一张五元钞票给他，谓之"黄鱼头票"。

黄鱼头票，是一位曾在某秘密机关供职的朋友告诉我的，大概不至于毫无根据吧？据他说，在二十年前，这种领黄鱼头票的好汉最多，如果不给钱，他们就在身边掏出小刀子，望自己腿上刺一刀，躺在要路口，使顾客们不敢进门，经过这种表演，那就不是黄鱼头所能打发的了。主持机关的老白相，生怕扰乱秩序，妨害营业，都不肯与这种亡命之徒决裂，情愿破费几个小钱买他的安逸，譬如烧长锭给赤老！

不要看轻了这张黄鱼头，当初的创造者，确是用半条性命去换来的，个中人谓之"血腥气铜钿"，传到现在，生活程度增高，小瘪三也将黄鱼头不当老爷看待，真有些对不起一班先烈了！

有人说，上海话"鱼"与"五"同音，黄鱼为五月端午应时食品，黄鱼头者，很简单的隐射一个"五"字，并无其他深意。

晓霞道：本文内汪先生所说的"上海瘪三之量油水，是以尺寸计算的，一元谓之一寸，十元谓之一尺"，等语。关于这一点，吾倒有些疑问，有一次在法租界八仙桥日新池洗澡，在吾身旁三个同浴（一道念书普通称为同学，在一处洗澡，应当可称同浴。）他们互相说了许多切口做扳谈，后来内中有一个人发很筋的说道"笼总放着寸半水头的生意，老子调了一寸血来垫把，现在拿了七分饼子，你们二人，各人挨着四分，难道还不乐意吗？"那两个朋友，倒也很识事务，见他发了脾气，就此落篷，软下来了，他们的切口，吾虽不能完全了解，可是默察语气，决定是为分贼不匀而起的争论，但是计算油水的尺寸，觉得和我们汪老夫子上面所说的话，有些不同，竟相差了一个大小数，所以特地记了出来，商榷商榷。

二〇 脱帽子

帽子,做官人戴之可以壮观瞻,种田人戴之可以御暴日,像我们这种不上不下的尴尬人,殊无戴帽子的必要。至于冬季的御寒,那是人们自己太把颗颅头娇生惯养,以至养成他的恶习;没有骨头的鼻子,向无遮盖,在冰天雪地中也不会看见有人在鼻尖上生冻疮。

白虎通云:"冠者,棬也,所以棬持其发也"。这是说明古人对于帽子的用场。现代人已不蓄长发,无需棬持,故帽子除却官家壮观瞻之外,实无多大用处。

中国人夏天戴洋式草帽,还是近三十年的事,清朝人在夏天向不戴帽,出门如畏太阳,则用扇子在额角头上搭个临时凉棚。这有吴友如遗留的飞影阁画报为证。时髦人在冬天,生怕压坏他

的辫子,也有不戴帽子的,谓之"春景打扮",可见在春景中已不必戴帽子了。

古人之视帽子,也不过是当他装饰品而已。周体:"二十成人,士冠,庶人巾"。可见古人须满二十岁,方许戴帽子。

成人为什么要戴帽子?春秋繁露曰:"冠之在首,元武之象也,盖元武者,貌之最严有威者也"。这就是壮观瞻之说。白虎通曰:"人怀五常,莫不贵德,示成礼有修饰文章,故制冠以饰首,别成人也"。这是表示戴帽子的人已活到了法定年龄。

现行法院已不以人民是否戴帽子为鉴别年龄的方法,所谓"冠礼"也早已取消,所以呱呱堕地的婴孩,不妨四季戴帽,六七十岁的老伯伯,不妨常年秃头。

人不戴帽子,不过是模样难看些,也许有人说是礼貌不周,但与人生康健毫无

妨碍。戴帽子是一个人,脱了帽子照样是整个的人,不戴帽子的人去乘火车,未必能许他买半票。故帽子者,人身之赘疣也。

买卖田地房产,居间介绍者照例可取得十份之一二的"中费",上海有专门靠此吃饭的"地鳖虫"(★),这是公开的"外快",亦名"佣钱",也叫做"康密兴"。

家里雇佣了一名娘姨,称好正工钱之外,还要打听"外快",叉麻雀的头钱,送礼的力钱,女宾的赏钱,都是正当收入,其他还有米店的淘米钱,柴店的烧火钱等等,都叫做"拿拔头",也叫做"脱帽子"。

淘米烧火钱,是不瞒主人的,虽由店家掏腰包取出,"羊毛出在羊身上",店老板在柴米原价上戴一顶小帽子,结果还是要算在主人家的头上。这还是娘姨们彰明皎著的"帽子",不瞒天地鬼神的,另外尚有一种叫做"篮头钱",乃是早晨提了篮儿上小菜场去赚的钱。鸡毛菜近日市价每斤只有八十文左右,娘姨回家来报帐,最少须一百文,心黑些的能报至百念文以上。主人命购蹄胖一只,交娘姨半块大洋,她费五角小洋买一只回去,净赚一个贴水。娘姨们每月靠"篮头钱"的收入,多有超过正工钱者。

小菜场上买东西,向来不开发票,由娘姨们随便戴几顶帽子,主人明知吃亏,也无从证明她们的舞弊。精明的主妇,每间三五日必亲自上小菜场一次,借以打听菜市行情,明天算好了钱数,指定了物品,命娘姨去买,她不是与你减少些斤量,便是与你买次等菜蔬算上等价钱。

大商店卖东西要开发票,就是为了防弊,但是若有大票买卖,经手采办者仍能□商店说明,货价上须"戴帽子",那末将来开发票收帐的时候,替他加上一二成价钱,这笔脱帽子钱就落入了采办员的腰包了。究竟这班人聪明,脱帽子的方法也比娘姨高明得多了!

在官场中最多这种帽子,从前某军装铺承办一票军服,每套只有一元八角,公家竟报销至八九元,这是因为经手的人太多,每经一手,必戴一顶帽子报销上去,发下来的公帑,层层脱帽,脱到最后,帽子费大于物价数倍,便成"小鸡大似娘"了。

身长六尺,戴一顶高帽子上去,可以增长半尺,格外显得高贵伟大。有一班阔客,信仰"好货不贱,贱货不好"主义,戴了高帽子的货物,他反乐于购买,这不能不算蜡烛脾气(★)。

帽子在人身为多余之物,脱帽以后,无损毫发,依旧是一个整人,故经手买卖而脱帽子者,尚不失为有良心人;若改称"拔头",将人的头颅拔去,请问还像个人形吗?一般专吃灾民的大善士,那就是"拔头"之类。许多勿失头人(★)的头被他们拔去,都成了没头冤鬼!

"人无外快不发"!赚几文呆薪工的朋友,一辈子不会发财!王虎辰生前搭班,每月包银一千五百元,他还是大昌当铺的老主顾,家里的当票比剧本更多,每月总有几天不能举火,他的身后萧条,乃是事实。上海滩却有许多赚几十元月薪的阔老,住洋房,坐汽车,手面阔绰,应酬广大,替他们算来算去总不够开销。大概他们都半是靠"抛顶躬"(★)过日子的。

有人说,"抛顶躬"是抢帽子的别名,脱帽子非"硬爬"(★)可比,不能混为一谈。

在金子交易所里,的确有大批依靠"抢帽子"而度写意生活的人,他们备少许资本,不论买进卖出,但能略有盈余,得着鲜头,立即割断,个中人谓之抢帽子,为最稳当的投机生意。

如此生涯,颇似赌场中之放鹞子(★)。鹞子易放,最怕断线,帽子易抢,也畏"吃耳光"!吃耳光者,你望高,他趋低,连忙转篷看低,他又飞涨上去。抢帽子朋友连吃三记耳光,未有不头昏脑晕,金光乱迸者也!

脱帽者,只贴脚步馋唾,不费资本,坐收渔利,并无吃雪茄烟(★)危险,究竟比抢帽子稳当得多。只是近来市面不大景气,买卖不易成交,帽子有限,想脱帽子的三只手(★)却越来越多,他们穷凶极恶的手段,却也不在抛顶躬的朋友们之下。

二一 徐大老爷

读七侠五义等北派武侠小说，每见书中人用脚一点，就能腾身蹿上房檐；不但是大侠客如此，就是小毛贼也能有此一套飞檐走壁的功夫。儿时阅此，每发奇想，以为那时代的人个个都是练过轻身法的；否则在房屋面上使枪弄棒，何以不见书中说起房东命泥水匠筑漏？

后来乘船到天津，进了大沽口，见岸上陈列许多黄土屋，居民皆像唱投军别窑一般，低头俯身在屋檐下钻进钻出，此时我始恍然大悟！原来北方的乡下民房，四壁与屋面一色，都是用黄土堆成功的，屋面向不铺瓦，即使牵一匹马上屋去出一个彆头（★），也无须请教泥水匠来筑漏。"宁为玉碎，毋为瓦全"的成语，在那种地方，也许不识瓦是什么东西，莫怪谭叫天的李陵碑要唱

出"冰解瓦消"的怪词章，原来他们家里都是"片瓦无存"！

江南究竟是福地，除了鼋鼋船附近有几间临时搭的草屋以外，其余即使是赤贫人家也都住着瓦房。热闹城市，万瓦迷离，如果身坐飞机，居高临下，俯瞰红尘，一望无限的都是瓦！

提及了瓦，我还想起一件怪有趣的故事。十年前我与几个朋友到邓尉去看梅花，路上看见许多没有屋顶的房子，乡民告诉我们说，这是败子要想变卖祖遗房产，一时无有受主，他急不能待，便将房屋零拆碗菜的卖给人家；他把砖瓦卖去，单留梁柱椽子支撑在空中，好像一条多足的蜈蚣，乡下人替他起了个别号，叫做"捉百脚"。房屋忽然一变而为百脚，这个戏法未免变得太奇了！

也许是造房子的人要想镇压他们的房产,不使瓦房变作百脚,故南方的屋面上,都由瓦儿匠塑几尊小神像,民间赐他们的尊号,就叫做"瓦老爷"。

瓦老爷虽高居屋面,反不及司毛厕之神的坑三姑娘还有人知道她是赵玄坛财神爷的令妹!瓦老爷家住那里?姓甚名谁?生在何朝何代?是否做瓦儿匠出身?这许多的疑问,向无旧帐可查,这位老爷竟是一位"无祀孤神"!

瓦老爷到了上海,也不知是那位上海老先生与他加上了一个姓,硬指他是老蟹(★)徐娘的贵本家,说他也姓徐,大家都尊称他为"徐大老爷"。

有人说,瓦老爷即姓瓦,徐大老爷系另有其神,羹饭要吃两份,不许与他们并家,免受神谴!既然如此,我也只好请瓦徐二老爷分家了。

瓦老爷虽是无名小神,尚能捐了长梯,爬到屋顶上去作一度访问,即使瓦老爷不肯发表谈话,我们还能描写他的形态,像这几天的大热,瓦老爷晒在骄阳之下,我们还能带一只寒暑表去量量他身上的热度,前前后后将他记录下来,也能算一则时髦新闻,这一篇公事也就交卷了!如今有人反对瓦老爷姓徐,另外再要去找寻一位徐大老爷,但不知这位老爷驻节何处,教我到那里去问,那里去访?这不是比落马湖中的黄天霸寻访施公的下落更其渺茫吗?我恨不得拉许晓霞先生到水竹村人家里去招了女婿,教他顶了徐氏香烟,就封他为徐大老爷,以报他出题目难我之仇!

徐大老爷在上海,实在不是什么好称呼!上海人称一切腐败迟缓的东西为"老爷"(★),加了"大"字头衔,当然是进一步的"老爷"。老爷行动如牛步化,此牛也许是身背硬壳的蜗牛,比蜗牛更慢,除非是不动的静物,故"大老爷"者,终年不动的东西也。上海人称城隍为"大老爷",就是一个木雕的死物;但是上海大老爷姓秦,并不姓徐。

我对许画师的徐大老爷石碑端详了十分钟,又闭目静默三分钟,这才豁然贯通!刚才的解释都详到牛角尖里去了,莫怪难寻出路。

原来上海的徐大老爷,应将他腰斩两截,始能解释,若把他当作徐家里大老爷,这就一辈子闹不清了。譬如"戆大女婿",我们却不能当他"大女儿的丈夫是戆的"解释。

上海人称死的别名,有"翘"(翘辫子★),"抬"(抬老三★)等简字,这是大家耳熟能详的;另外还有一个比较冷僻的隐语,谓之"齐",齐者头与肩胛一样平也,即"一字平肩王"之意。此语也许是军营或牢狱中发明的,称某人"齐"了,也就是被杀的意思。

上海俗语称人为"大"(音徒),如呆子谓之"戆大",摆样子的人谓之"像大"。"齐大"就是被杀的人,后来以讹传讹,称平常死人也叫做"齐大"。称人为"齐大老爷"是教人上当的话,名为尊称,其实就是骂他"杀坯"。

又有人说,这是唱小堂鸣的切口,他们称完毕为"舒大",称"某人舒大哉",就是说"某人完了",也就是说此人死了。江南人称舒服为"舒齐","齐大"就是"舒大"。前清时代的死人不论功名也能僭用官服,即使死者是白丁,下棺材时照例也要穿雀顶朝衣,打扮得像老爷一样。活着做一辈子"小的",死后都能升为老爷,据说这是大清朝的恩典。是以人在"齐大"以后,即为"当然老爷"。

上海人姓齐的可说是绝无仅有,当年来了一个江苏齐督军,上海人见得奇怪,以为希有之姓,故口头传述的"齐大老爷",写在纸面上,便成了东海世家的同宗了。

上海骂人为"徐大老爷",比"十三点"(★)之类更深刻一层。因痴子究竟还是活人,徐大老爷是已经断气的人了!其实骂别人徐大老爷,无异骂自己"活见鬼",也未必合算。

图中的徐大老爷,在别人大吃冰淇淋的时候,他还浑身包满了皮货,不怕闷出痧来!此人"莫如莫觉",仅比死人多一口气,所谓行尸走肉,他离"徐大"却也不远了!

二二 告阴状

"穷死莫做贼,气死莫告状!"

中国向来有这两句警告式的格言。官以判断民词为天职,何以劝人宁可气死而不要告状?俗语为我们作答道:

"堂堂衙门八字开,有理无钱莫进来!"

穷人吃饭穿衣尚无着落,那有闲钱与人打官司?有财有势的人,窥破穷人怕打官司的弱点,不惜对穷人重重压迫剥削。穷人明知吃亏上当,但因财势不敌,只得忍气吞声而罢,衙门变了富贵人的御用机关!

现在的世界就是万恶社会的缩影:几个强国就像地方上的恶霸,所谓弱小民族便是苦小子。弱国受了强国的欺负,向国际联盟会伸诉,总是强国占胜,弱国倒灶(★)。意大利要在阿比西尼

亚筑一条通过国境的铁路,阿国不从,意国便要用武力去压迫阿国。这种情形,在上海流氓社会中叫做"硬吃",如果对方是酥桃子(★),少不得要被吃瘪。阿王看来倒是个定头货(★),双方都在秣马厉兵,预备搅过明白!

假定阿国是理直气壮的,但因兵力非意国的对手,将来不幸战败,所受强国的荼毒,请教到那里去伸诉?中国人便有一个妙法,在阳间无处伸冤,我们会到阴间去"告阴状"。

告阴状的原告,不必亲自到阴间去做当事人,因为阴世的官吏,为招揽生意起见,在阳间皆设有驻扎机关,以免当事人跋涉黄泉路,往返不便。如以上海而言,城隍庙就是兼理阴间一切刑民诉讼的机关。

告阴状的手续颇为简单,原告但将受冤经过书成状纸,亲自携到庙中,点一副

上海俗语图说续集 | 57

七香八烛,烧四串元宝,磕头祷告后,将冤状焚化神前,便算告过阴状了,如不能写状,仅凭口诉也行。

告阳状须写明被告住址,以便法院传审,阴间稽查户口的方法与阳间不同,城隍部下的判官小鬼不记人民的住址,但录各人的时辰八字,故告阴状如不知道被告的八字,城隍无从传审,这个阴状就等于白告。是以上海人如遇不相干的人无端打听他的八字,便会惊疑的问道:"你想去告我的阴状吗?"

阳间官司难打,阴间官司比较更难打。城隍老爷虽然聪明正直,不致于像阳官那样"铜钱眼里扦斤斗"。不过打官司照例要原被两告当庭对质,始能判断曲直。被告到了阴间,原告也要陪他城隍座前去对质口供;活人到了阴间去,很少打回票(★),告阴状的原意,本想请城隍惩罚冤家,结果自己也要陪他翘辫子(★)!告阴状的损失太大,非有屈天冤枉,不敢轻试,故城隍庙的大门虽天天开着,打官司人却不像阳间法院那样天天挤满,原因就为对于原告的生命太无保障,而恶人的八字有时候也太难调查正确了!

做过龙图阁大学士的包文拯,在开封府尹任上,据说他能"日理民案,夜听鬼狱",有时候还有许多冤鬼赶到阳间开封府衙门来告阳状,包龙图也一一受理,从不驳斥。在小说和戏剧中,常有此类鬼戏看见。

我见了包龙图的审鬼,对于告阴状便有些怀疑起来了!阴间既有阎罗王,东岳大帝,城隍等正直无私的阴官,冤鬼何以不就近控告,还要巴巴的赶到阳间来找包龙图伸冤呢?看来阴间的司法衙门也有些不尽不实,告阴状者白白的被城隍骗去一副七香八烛,四串元宝!

上海人也看破了阴间的黑幕,将别人吃瘪之后,还讥讽那弱者道:"你要翻本,除非去告我的阴状"!可怜我们的国家,近来遭遇到许多无可伸诉的冤枉,真教我们哭笑不得!阴间的司法衙门如真有灵,我倒颇想指示我们的杜重远先生去告一纸阴状!

我们无故受人欺负,法律既无保障,不如一拳将他打死,然后再抵他的命,这是最痛快的复仇方法;如果偷偷摸摸的去告阴状,希望与仇人同归于尽,这是最愚笨的行为!但是遇到像杜重远这种困难案子,除了忍气吞声去告阴状以外,真无别种良善办法!这不过是受屈人安慰精神的一法,人到了无可奈何时,惟有惨呼两声苍天,明知苍天没有耳朵,也要高喊两声,以解胸中郁气,告阴状亦是此意。

除了真向城隍告阴状外,还有一种是在枕头边告的阴状,是为女太太们的专长。人生最亲近者莫如夫妇,夫妻淘里最要好的时间,莫如并头睡在一个枕上,将入梦未入梦的那一刻辰光,此时并无外邪打搅,太太的言语一字一句很清楚的灌入耳中,最容易打动丈夫的心弦,丈夫若有不服从的表示,太太立刻提出抗议,挟制的方法最多最便,此时的丈夫未有不树降旗者也。故一切阴状以告在枕头边的为最有灵验,彼泥塑木雕的城隍老爷,真不是玉皇大帝(★)的对手!

许画师的晚娘告阴状,虽不在枕边,却也四顾无人,鬼头鬼脑的攻讦晚儿子的阴私,当然也算告阴状之一种。不过那告阴状的妇人,其势汹汹,反有吃瘪城隍的样子;这好像问官遇见了凶恶的强盗,被强盗当庭羞辱,气得老爷鼻子里大喘气,竟奈何强盗不得,只能打着官话骂他一声"忘命之徒"!这位告阴状的太太也在"蛮妻劣子"之列。

二三 鞋子勿落样

"妻子如衣服,兄弟如手足,衣服破,犹可补,手足断,不可续!"

这几句是古人拜把子的格言,据说是桃园结义的刘关张发明的。他们对于弟兄的义气,果然是看得十分重要,只是这几句话被他们的太太听见了,未免有点不大乐意。孙尚香过江回娘家以后,就此一去不回,三国演义虽未说明原因,据我猜想起来,也许为了孙夫人脾气倔强,不肯与刘备同居,就为了不愿做男人的衣服!

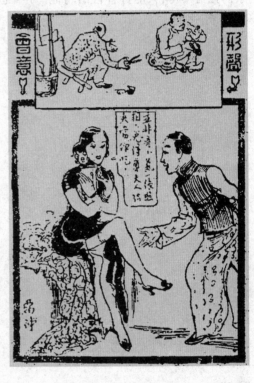

衣服是新的好,女人也是新的好。现代女权发达,男女平等的口号,似乎还未能满足女界同胞的愿望,又发明什么"母性中心论",要教普天下的臭男子尽都屈服在高跟皮鞋之下,方算扬眉吐气,报了几千年重男轻女的大仇!

我在二十年前就听得一位先知先觉的女士,发过这样一段妙论,因与本文的鞋子有关,为介绍于下:

"男人把我们女人当作衣服,穿旧了就能换一件新的。我把男人也有一比,他们乃是踏在我们脚底下的鞋子!鞋子比衣服更容易损坏,衣服穿旧了,送进当铺还能换钱,鞋子穿破后,白送给人都不要!鞋子终身'不上台面',永远踏在脚底,如果像样的,不妨多穿几天,若穿在脚上不很登样,或觉得有一些儿嵌痛,立刻就能换一双新的来穿"!

这位女士又把鞋子分成几类,如常备在家里,而不便公开的男人,谓之"拖鞋";同她出入交际社会的,谓之"出客鞋";遇到尴尬时候,能抓来救她急难的,谓之"钉鞋"。她说,人生在世,至少限度,也须常备这三种鞋子,方能有恃无恐,至于其他各种五花八门的鞋子,那都是奢侈品,不一定需要的了!

如果女子都看了这位太太的样,一人最少要备三双鞋子,只怕上海的鞋子虽多,也要发生"鞋荒"的危险。多数被抛弃的破旧鞋子,终年陈列在旧货摊上,都成了"搁杀货"咧!

听说近来电影界发明了一种新切口,称女人为鞋子,如处女曰"新鞋",色衰者曰"走样",生毛病就医者曰"修理"。据开麦拉报告,此切口已传染到香港摄影场,虽是新发明的妙语,何人创作,已无从查考了。

无论是女比男为鞋,或男比女为鞋,反正是玩弄异性的口吻,自身若未被人穿过,似乎不能领略鞋子的痛苦,发明此譬喻的人,不是鞋子本身,就是鞋子店中的大主顾,故能有此惊世骇俗的大发明!

"鞋子易做,好样难得!"鞋子穿得有样,一半果然要自己的脚样生得好看,一半也要靠鞋样打得好。一样一双女人脚,穿两双不同样的鞋子,就会变成两种不同的脚样。俗语有"苏州头,扬州脚"的礼赞,未必扬州女人的脚都是天生丽质,看来还是扬州人的剪鞋样乃是一种专门技术。

"吃素人"是上海的女鞋大王,在高跟皮鞋尚未风行以前,上海的时髦女人没有不穿吃素人鞋子的。我们听了吃素人的怪名,当疑惑是女人,其实他是个须眉丈夫,姓姚,名礼成,乃嘉定人氏,自幼茹素,大家都叫他吃素人,知道他真姓名的人很少很少,他以善制女鞋,誉驰北里,时髦先生(★)尽是他的主顾。他的学生,甚至于厨子,见他的生意发达,都冒了他的名出来做女鞋生意,后来市上发现许多"老吃素人","小吃素人","真吃素人"的女鞋商,都是冒他的牌号。

吃素人的鞋子就是样子好,他的老主顾的鞋样,就是他的财产;并且每个鞋样都有特制楦头,那楦头的式样都是他历年揣摹各主顾的脚样后,几经修改而成,很费了一番心血。别人抢他的生意,就是偷他的鞋样和楦头,得了某小姐的鞋样,就能登门去兜揽生意,做出来的鞋子,当然与吃素人的出品没有什么两样。因此近年来吃素人的营业也大受打击!

中国女人上鞋店去买鞋子穿,还是近廿几年的事,旧式女子之不能做鞋者,比男子不识字更"坍台"(★)!女鞋店也是上海的新兴职业,从前女子不自做鞋,便无鞋穿,故异常重视鞋样。得了一个好鞋样,便奇货可居,若非至好,不肯送人。亲手自制的鞋子穿在脚上,被人赞一声样子好,皆引为异样荣耀,要保持她个人的出风头(★),不得不谨藏她的鞋样。

觅不得好鞋样的人,只得略施小计,用智取的方法。她见别人穿着好鞋,便假说闲居多暇,愿代人做鞋,略尽义务,鞋料一概奉送,但剪鞋样去好了。那位少奶,若贪小利,就将心爱鞋样给她拿去。岂知鞋样一去,永不回来,始知上了她的当。

后来看那要鞋样的人也穿了漂亮鞋出来,她才觉悟道:

"鞋子勿曾着,倒落仔一个样在别人手里!"

"鞋子勿落样"乃上海识相(★)朋友的处世信条。上海人皆十分尊重自己的样。样者"卖相"也,亦曰"台形。""坍台"亦称"走样",坍张三之台,在白相社会中也叫做"走张三之样。"欲一识李四真面目,亦称"打打李四之样"。人生就是一所"样子间",虽然"花样翻新",每多"异出怪样",然而样子纵多,不能容他有一次"走样",因为被人走过样后,即使请巧匠修理,已不是"原样"了!

"绷场面"就是摆样子,干血(★)时代,场面难绷,势必走样,那时不得不去向人大谈苦景,希望得些接济,以便续绷场面,维持原有旧样。谁知那人也是干血痨(★),银钱没有借到,自己的窘况倒被人听去了。此君就是"鞋子勿着,落了样儿在人手里"了!

一位朋友投了一个剧本到影片公司去,过了多时,剧本落选退回,后来该公司出了一张新片,他去一看,原来就是他所编剧本的情节,只是将人名一齐改变,这才是真的"鞋子落样"呵!

二四 滑头麻子

"滑",谁都知道是怎样一种现状。手握泥鳅,滑也。象牙筷夹海参,滑也。产科医生之手腕满涂凡士林,滑也。机器之节关处抹油,滑也。

泥鳅与海参,皆天然的滑,若人工的滑,则非油不可,凡士林肥皂等物皆极滑的东西,其主要原料亦为油类,以油形容滑,最为切当。故俗言油腔滑调,简语即为"油滑",亦曰"浮滑",因油比水轻,总是余的。

俗语称浮而不实之无业游民,谓之"油头光棍"。这就是说此人的颗颅头上好似搽过司丹康一样光滑,身体则只有一根光杆儿了。

颗颅头抹油的结果是滑,故上海人称油头为"滑头"。油头者仅指其头上抹油之现状,洒少许生发油者,不能说

他非油头,搽满脑袋司丹康者,也是一个油头,头油到何种程度,油头却无法说明。头油到滑的地步,则非涂抹大量油类不可,故"滑头"比油头更进一步,乃言加工重料的油头,又好比涂满肥皂的光和尚头。

滑头非尽反对种牛痘者,面部不必皆有天花斑,上海滑头,都称麻子,麻子乃"码子"之误。何谓"码子"?在本书前集"起码人"中已有详细解释,恕不再述。上海话称人为码子,滑头码子即头部滑腻腻的人类。

在这机诈百出的上海社会中做人,的确非在头上抹些油不可。你若不在自己头上抹油,别人就会偷偷的在你的脚底下抹油,脚底抹了油,被人轻轻的一推,不是跌死在社会里,就是滑到社会圈子外面去,上海俗语谓之"滑脚"。滑头与滑脚,虽然意义有上下身之别,但滑头于必要时,也许将头上的油,移抹到脚底下去,拿一双

上海俗语图说续集 | 63

脚底给人看。我以为滑头弄到滑脚的结果,此人尚不能算真滑头,上海滑头有格言曰:"滑头事业尽管做,只要滑得不穿绷,就是大亨"。滑头弄得滑脚,就是滑穿绷了,宜其不能跻于大亨之林也。

尖头把戏善于钻营,钻成一孔后,欲求深入堂奥,则非滑头不可,头若不滑,纵有钻头觅缝之能,结果只能在"二门上听铳"!故上海之尖头把戏,必兼滑其头:滑头不尖,一辈子游腔滑调,最多只能做一个唱独脚戏的名家;尖头不滑,纵然善钻,充其量不过做一个猎狗似的外勤记者。两者皆非适应上海社会之全材也。

滑头麻子,任何社会,一滑就进,三教九流,一滑就熟,他所凭借的武器,就是一张利嘴,上海下流社会谓之"樱桃尖"(★)。滑头说话,滴溜滚圆,教人握不着把柄;还宜"见人说人话,见鬼说鬼话",非精通阴阳两国言语不可。滑头的行动,也应效法泥鳅,若学了田螺的样儿,被人伸两个指头一捏就牢,那就不成其为滑头了。

与滑头相对者,上海人称为"老实头"实心实肚肠的实质东西,份量笨重得要死,怎能到社会上去活动?老实头只配像菩萨似的供在龛子里摆样子,只能派到会馆里去看守几口棺材,上海各级社会都不需要他们。所以上海有俗语曰:"老实就是无用的别名",无用即等于废物!

浴堂切口,扬州擦背先生称肥皂为"滑头"。浴堂中的肥皂,启用以后,即无干燥之日,与人家肥皂处境不同,常年浑身打滑的东西,不但滑头,连整个身体都是滑的,上海滑头麻子,看来都是取法于浴堂里的滑头,所以滑的程度亦年有进步。

三十年前上海负有盛名的,计有两个半滑头,一个是已经滑死的黄楚九先生;一个是广东先生,现在除了卖痧药水用些小手法外,已无大掼头出现;还有半个滑头,就是爱看戏的瞎先生吴鉴光。当初以何根据选出这一位半先生来充上海滑头的代表,现在已无从查考;大概他们是当时比较有些商业知识的人,大家见他们的经商手段与平常商界不同,就说他们是滑头,其实现代的广告手腕,日新月异,吸引顾客的方法,更是神出鬼没,靠滑头事业发财的人更不知有多少,足见前人之少见多怪耳!

从前的女人发髻,讲究梳得十分光滑,说是苍蝇停足也须滑跌斤斗,现在流行了烫发,女人的头愈毛愈美,时髦男子的头倒有搽得精光滴滑的,所以有人说,上海女人的滑头,乔迁到男人头上去了。

上海的滑头,不仅指人,以假作真的东西,谓之滑头货,骗人上当的行为,谓之滑头事,无本钱买卖,或利用夸大广告吸引顾客,皆谓之滑头生意。滑或许是"猾"字之讹,猾者狡黠也。

(晋书)江泉以能食为谷伯,史畴以大肥为笨伯,张嶷以狡妄为猾伯,羊聃以狼戾为琐伯,是为衮州四伯,盖拟古之四凶也。

"猾伯"即今之"滑头",狡者"掉皮"也,妄者"掉枪花"(★)也,滑头麻子信奉掉掉主义,善于"掉头挵头",用此掉掉儿处世,即能头头是道,无"此路不通"之虞。
　(五灯会元)沣州灵严仲安禅师,往见五祖,通法眷书。祖曰:"书里说什么"?师曰:"文彩已彰"。曰:"毕竟说什么?"师曰:"当阳挥宝剑"。曰:"近前来,这里不识几个字"。师曰:"莫诈败"。祖顾侍者曰:"是那里僧?"曰:"向在和尚会下"。祖曰:"怪得恁么滑头"!
　五灯会元为宋僧普济所撰,看来宋朝已有滑头了,并且是和尚发明的,光朗头新剃,的确是很滑的,言之颇堪失笑!和尚的所谓禅机,都是"囫囵齐齐扁塌塌",外行人听了,简直莫名其妙。大概"牛头不对马嘴"的言语,大家解释不出,便共认为禅机,上面所举,就是一例。此光头马驴子(和尚别号)之所以为大滑头也!

二五 摘台形

上海人(上至闻人,下至乱人)最讲究面子,大亨就是上海最有面子的人。

面子种类不同,有大面子与小面子之别,有单方面的面子,与多方面的面子之分。大面子须派大用场,非有惊天动地的大事体不肯轻易出卖;小面子只能劝解黄包车夫为争一只铜板而引起的纠纷。单面子之能卖于商界者,卖到巡捕房里去,即被外国赤老掷出大门外;能卖于宁帮者,卖到广帮中去,也许被他们"丢那妈"撕了下来。惟有多方面的复面子,方似药料中的"路路通",为到处好卖的热货,无往而不宜。

一个栗子顶一个壳,一个人也只生一层面皮,所谓复面子者,岂天赋特异于常人,一个脑壳上生有几十重面皮,像洋葱头般剥去一重还有一重吗?我想人生决无如此厚面皮!

人类面皮,非比象皮,吹弹得破,不耐久用。彼面子之多而且大者,何曾有甚真面目对人?所谓面子,不过是假面具耳!玩具店中出卖的纸制夜壶脸,三岁孩子都知道假的,戴夜壶脸与社会周旋,当然无人相信!那末一个人须占有多数面子,这许多假面具式的面子是那里来的呢?

自己需要某种面子,只要你有财有势,便可以到各级社会中去物色,你拣中了某种面子,即能凭借你的实力,将那人的面子揭下来,装在你的面孔上,这个面子以后就归你占有了。掠夺他人的面子以为己有,上海话叫做"下面子",亦称"摘面子"。不过,欲摘别人面子者,必须先自度德量力,否则,别人的面子不曾摘下,自己的面子反而被人家摘去。求荣反受辱,在上海的面子市场中常有此类怪事发现。

近年来"摘面子"似乎已不很时髦,只因流行市面上的面子都被几位特殊阶级的人物摘尽,鸭子跟马跑,凭你急起直追,跑断了鸭腿鸭翅膀,也抵不上人家脚洼里的泥!于是时髦朋友便舍弃面子而"摘台形"。

"台形"是什么东西?

在上海做人,虽不登讲台教书,登唱台说书,登舞台演戏,或上无线电台播音,或上交易所台拍板,而事实上则无人不能无台;但看人死以后,不能不有灵台吃羹饭,就足以证明台之重要了。

人类欲在社会立足,先首要维持这座台的巩固,万不能容他有一点欹倾,如果台的基础打得不坚固,被人一拉就倒,是为"坍台"(★)。坍台以后,他的社会立场也随之"拉倒"。故上海人最怕"拉倒",拉倒也就是"坍台"。

"台形"者登台之形状也。伶工演戏,唱做差些,无关大体,最重要的,就是台形,台形好的角色,织帘一揭,就能博得满堂喝采,可称先声夺人。台形须靠美妙的"架子"帮助,故上海人亦称"架形",架子好的人,台形必佳。不过处世究与唱戏有别,伶工靠台形吃饭,当然要研究架子,唱大花脸的甚至以"架子"为专门头衔,若与社会接触,如果也搭起唱戏架子,装起大花脸的台形,将两条膀子高高的端将起来,那就少不得要人人侧目了。

平常人既不登台,所占有的是无形之台,台形也是无形之形。台形如用实物来比喻,好比是戏台上挂的金字招牌。中国习惯,最重视招牌,商店招牌如被陌生人除去,这场交涉就办得大了;医生看死了人,被病家除下郎中招牌,也是大触霉头之事;妓女嫁人,除招牌须敲一笔大竹敲;伶工除下名字牌子,未得本人许可,更认为奇耻大辱。摘台形者,就是伶工的戏尚未唱完,即被人轰下台去,同时还将他的牌子摘去,教他明天也不必登台。这样一下子,这位老板只好将这个码头卖去,从今往后,再也没面目来搭班,因为台坍得太大了!

摘台形的情形,也与此相仿。不过真摘别人台形者,他本身定然也是想上台唱戏的人,否则花几个钱看戏,何必使人难堪太甚呢?只因他在台下看别人的台形太好,他就眼红起来,摘下别人的台形,以后就能占据此台,搭起架子来比坍台朋友更出风头。这与摘下别人的面子,留给自己派用场是一样的心理。

据说,近来的跳舞场中,摘台形的风气大盛,有时候也许闹得头破血淋,笑话百出。原来舞场非比妓院,舞女也不是专门卖肉的,故组织与妓院有别。妓院知道两雄不能并立,故有"客不见客"的规律,生客闯房间,就有一项大罪,虽有"白板对煞"(★),只能暗中斗法,如此严厉限制,就为了防免嫖客们的摘台形。

一般人把舞场误认作妓院,眼见自己心爱的舞女,被别人搂抱,被别人叫去坐台子,甚至于带到场外去"扎劲",种种肉麻状态,都由他亲眼得见,人为感情动物,安得不起酸素作用？侵占他的爱人的舞客，其实并不知道他们的秘密，他反而疑心那人摘他的台形，纠集了朋友想摘还他的，那人也非曲死（★），不甘屈服，台形便越摘越多了！

有人说，摘台形所以独甚于舞场者，因舞客分门别类，各据一只台子，几个红舞女，又不断的在各台子间坐来坐去，她们称摘台形为"扎台形"，她们坐到那里，台形就随着扎到那里，扎台形者扎台子之形也，意思等于从前按目打鸡鸡的供花，以有花装饰为荣耀。

也有人写作"扎台营"者，意谓扎几座高台营盘，便算占了胜利，这有些像摆华容道（★），无非耀武扬威罢了，与真意尚稍有出入。

"摘台形"可以引用某要人的名言来作注解，就是"打倒了你，让我来"。

二六 撒松香

松树多脂液。我们在松树的枝干上砍一刀,立刻就看见有黄色的脂汁流出来,好像是动物受创后的出血一样。

在松树的根际,有一种液汁分泄出来,在土不朽,谓之松脂,性粘而易燃,俗语就叫做"松香"。

燕闲录云:"深山老松之心,有油如蜡,以代烛,谓之松明"。其实这就是松香。

外国人利用化学作用,能将松香做得像象牙珊瑚翡翠一样美丽,远看几能乱真;我们却只能当他做膏药的原料。药材店里整块松香,销路并不怎样广大,除了铜匠铅皮匠焊锡用的一点之外,我们常见的松香用途,就只有国货音乐家熔在胡瑟上用以发音的那一点东西了。

将松香研成细末,置在手掌中,手指中间夹着一个大纸煤,挥动手掌,使松香末从纸煤火中经过,便会撒出一团烟火来,俗语谓之"撒松香"。

"撒松香"在旧式戏园里,几乎每夜都能有看见的机会,戏班术语叫做"彩火"。凡表演失火,以及鬼怪出场,如火烧连营,百凉楼,阴阳河,红梅阁,打棍出箱,武松杀嫂,目莲救母等戏,皆有彩火出现。

放彩火是检场人的兼职,此中技巧也大有高下。我们在幼年时,也曾假借撒松香可以轰杀蚊虫为理由,到药材店里去买些松香末来实地试验。结果只能一轰就完,弄得不巧,把松香末撒得满天,一些火焰不见,可见撒松香也不是容易的事。

彩火放得好的,能连续放出十数个小火团,最后像仙人祭法宝似地,从他掌心里放出丈许长的火焰,落到地还有一个大火球。这样的彩火也能博得哄堂叫好。

近年来因为戏台有了布景设备,松香易惹火患,彩火多数免除,检场人的放彩火技巧也无人练习了。前夜在黄金大戏院看麒麟童演路遥知马力,检场人居然也放彩火,技巧就不大熟练,并且还撒了一手不着火的松香出来,看来此技也将失传了。

在一个小小的纸吹火上撒松香,尚能撒出栲栳大的火焰,如果将松香撒在大火种上,其势定能燎原。莫怪有些药铺把松香末看得像砒霜一样重要,不肯随便出售给小孩子,因为这是放火害人的东西。

上海人称发怒为"光火",情势再严重些,便称"火冒"。"光火"是火初爆发,仅见其光,一灯如豆,也能发光,轻轻的一吹,火就灭了;如果火已冒穿了天灵盖,则越吹越旺,一时断难遏止,非用妥善方法救灭他的怒火不可了。

正在"光火"的时候,不去吹熄,也不浇水,也不掩扑,反而到火头上去撒一把松香,松香见火即起燃烧,这不问可知当然要引起一场大大的"火冒"。

"撒松香"一语在上海,就因为这个缘故,成为惹人发火的别名。

例如:张三李四同在王老大手下吃饭,张三要倾轧倒了李四,便能独占利益,于是张三每天在王老大面前说李四的短处,王老大在心平气和的时候,也许不信张三的谗言,不幸遇着王老大正在光火的当口,张三再撒上一把松香,这比火上浇油更历害,少不得火冒透顶,李四的饭碗就被撒松香者烧毁了!

做了一个人,难保没有虚火上升的日期,撒松香者用了细磨工夫,每日继续不断的用松香撒上去,总有一天能引起火冒来的。他们也许比戏台上放彩火人的技巧更精,起初是一手一手的小撒,等到紧要关头,便将全把松香拚命的撒上去,不怕不放出蓬蓬勃勃的大火焰来,撒者见大功告成,就不妨躲在傍边袖手冷笑去了。

"撒松香"者须瞒当事人为之,所谓背后进谗,与"戳壁脚"俗语相仿,亦称"凿冷拳";如果当面宣布人的丑史,是为"摊臭缸",你若不服气,与他引起辩论,那就要"顶山头"了。这是上海俗语的类别,一样是暴露人短处,也要分出几种阶段,不许有丝毫含混的。

撒松香乃对上司面前攻讦某一下属之短,范围比较狭小,如果扩大宣传,到处揶揄某人之短处,那又叫做"放野火"咧。撒松香者不能像放野火的大刀阔斧地宣传,这是"小刁码子"的行为,仅用傍敲侧击的方法,去煽动别人火气,因为是背了被撒者的面用的"小扇子",火已煽起,立刻起燃烧作用,被撒者闻讯挽救,已措手不及,自无申辩余地,故撒松香的原料,不妨"加油加酱",或竟无中生有,杜造些罪状出来,亦无不可。盖松香撒于"鬼头关刀"之下,无须当面对质,说话尽可以"两面三刀",做一只没肩胛的"外国黄牛"。

爱撒松香者,行为卑鄙,居心险恶,举动诡谲,有人将他们比作戏台上的三花脸,赐他们的雅篆叫做"白鼻头"。

二七 忘记时辰八字

我国风俗，以人生落地时之年月日时所值四个干支，借此推定人的一生富贵穷通，谓之"八字"。

据说八字为命中所定，无可强求。天生好八字，横里竖搭角会发财交运做大亨；天生坏八字，纵有盖世奇材，通天本领，也只好终身坐冷板凳，吃瓦爿饼，做小瘪三。是以：牧猪奴出身的卫青能做大将军，吃和尚白食的吕蒙正能做太师，做偷鸡贼的刘智远，做牧牛童的朱元璋等，都能做大皇帝。

俗语虽有"人比人，气煞人"之说，然而只是一句空话，各大医院里虽有许多死得奇形怪状的上海人，究竟尚没有发现过因为人与人比赛境遇而气煞的冤鬼。落伍份子之气不死，就因为"八字"救了他们的性命。

当人们气得七荤八素之际，忽然想起："别人样样都不如我，惟有他的八字比我好！"人与人可以竞争，但无法与八字竞争，这样打算之下，便能保全许多失意人的性命，可见八字对于人生，确有妙用，不能以迷信轻之，发明者倒是一位聪明朋友。

天下事有利必有弊，有一般愚人，一心迷信八字，以为命里注定他某年将要交运，他就不去奋斗，坐在家里等候好运的惠临；也有过份信任他某年将交恶运，他就舍弃一切事业，躲到远处去避难。关于此层，我们也有一种解释，叫做"祸福无门，惟人自召。"照此看来，命运只能给人精神的安慰，实际还是要靠"人为"。

古时算命，只有"六字"，并不将落地时辰计算在内。文海披沙云："李虚中以人生年月日所直干支，推人祸福生死，百不失一，初不用时也。自宋以后，乃并其时参合之,谓之八字"。

按旧唐书吕才传,叙录命引汉武帝故事,谓"帝以乙酉之岁,七月七日平旦时生。"是年月日时并举,然则唐初已有八字矣。

上海人之八字,尤重视落地时辰,故上海人称八字皆谓之"时辰八字"。中国人的八字,好似军人的符号,公务人员的证章,包打听的卡,田地房产的执业证或道契,每人都须牢牢紧记在心头。做了中国人若没有正确的时辰八字,那就同没有准姓一样不冠冕,第一件使你感到困难的,就是娶不到正式家主婆——轧姘头(★)无须先报八字,当然是例外。

死人的八字比活人尤其重要,因为和尚道士关亡婆之类,到阴间去调查亡魂户口,其惟一根据,就是时辰八字。死人若无八字,吃不到羹饭,受不到经忏,只好沦入无祀孤魂之列。是以凡是中国人,无论如何健忘,国耻可以忘记,家仇可以忘记,本人吃了耳光可以忘记,惟有时辰八字却万不能忘记,忘记了时辰八字就是失却了人的根据,鬼的立场!

"忘记时辰八字"在上海是一句骂人的话。八字是人生最重要的一块腰牌,此而能忘,何事不能忘?可见他是一个毫无灵性的东西!

八字既忘,当然将他的寿诞之期也一齐忘却,此君终其生无法发帖子做寿,就不配有做大亨的资格!将来翘了辫子(★)以后,无法为他"接眷",也许引起二房东的严重交涉。如果多数人忘记八字,上海的算命先生也将大起恐慌咧!

不过,对于八字,我却有一种疑问。一日仅有十二个时辰,即以上海一地而言,一昼夜间决不止产生十二个小孩,如果每日出世二十四个小国民,世界上至少就有十二个同八字的人,若推算到全国以至全世界,则同年同月同日同时生的人类,更不知有几千万个,这许多八字相同的人,活在世界上是否度着同等的运命?我们果然无法调查,他们死到阴间去后,那位执掌阴阳簿的判官老爷,不知用什么方法去管理这一票乱毛帐?

八字中最容易确定的,是为人的年龄,上海话骂人忘记时辰八字,就是说人把自己的年纪都忘记了。人的生活与年纪确有些关系,上海从前市上流行一种花纸,取名"十希奇",内中一有希奇道:

"希奇希奇真希奇,八十岁公公坐在坐车里!"

坐车与摇篮一样,是不会走路的婴孩坐的,八十岁老公公也坐在坐车里,这就是讥讽他忘了年纪,所以见得希奇。

放鹞子,踢毽子,后前都是小孩子玩的把戏,现在经党国要人提倡,老头子也去加入比赛,有人也说他们忘记了时辰八字。

事到今朝,时辰八字的确有打倒的必要!我们的年纪尽管大上去,我们的童心却不能让他失去,须年年保持我们的少年活泼精神。每见有许多少年老成的朋友,年纪并不很大,举止行动却都像老头儿一样。中国弄得暮气日深,大概把时辰八字看得太重了!

　　本画所绘的一对老年男女,穿着时髦服装,男的跪地求爱,我们看了好像有些肉麻当有趣!其实在欧风东渐的时代,却不算什么奇怪。不是有人说,民国廿三年是我们的"老人结婚年"吗?他们也许打倒八字,用不着合婚算命了。

二八

骑两头马

"人善有人欺,马善被人骑"!

马的体积比豺狼大几倍,马的力气不一定比虎豹小几倍,人见了豺狼虎豹要没命的奔逃,见了马就敢骑在他身上,要他到东,他不敢望西。这是什么道理?

原因就在马是吃长素的慈善家,爱学宋襄公之仁,以谦让为怀,不肯冒犯人家。蠢笨如牛,尚能决斗,大力士无事端端触动了他的肝火,他还要侧了牛头,竖起牛角,与人吃斗(★)一下。马,除了逃走起来,能够日行千里,夜行八百,此外从未听见与他们的同种或异族决斗过。

据心理学家说,马之所以不肯斗,乃因马族并无武装设备,不比牛羊头上还有两个抵抗外侮的触角,马即使光足火,只能四足乱跳,团团转的发一泡牢骚,被人鞭策几下,受到了些微痛苦,他又低头驯服了!马之不斗,颇有自知之明,实具明哲保身之意,欲求生存,不得不忍气受辱,否则马族就有灭亡的危险。

马祖宗的计划虽好,为子孙的生存打算,相戒莫启衅端,宁可让人一脚,等他们子孙的头上出了角再图报仇,不愧是老成持重的算计。可惜马祖宗不懂天演公理,马既无斗的需要,马子马孙永无出角之日,养成了他们的惰性,只好永远做人类的胯下物,若不另转回轮,再投别胎,马族更无出头日子。这一层意思竟想不到,此马之所以为畜生道欤?

马性太驯良了,终身做人的坐骑,鞠躬尽瘁,死而无怨,这是马祖宗挑他们做的世袭奴隶,当然怨不到人类对待马子孙太也暴虐。不过人类是贪得无厌的,只因我们的屁股计有两爿,骑一匹马还嫌不够,更想在同一时间使两爿屁股各骑一马,方觉得舒服。可惜我们的屁股,从出世以来即订下生死合同,永远团结,合作到底,无论用暴力威协,或用手段离间,终无法术使两爿屁股分成两个独立物;于是聪明的人类,便发明了一个"骑两头马"的方法。

滑稽家曾有一种奇异的发明,说是现在的五官位置生得不很方便,就以眼睛而论,两只都生在前面,如遇后背有人招呼必须掉过头去始能看见,最好将眼睛分一只到脑后去,走在路上就不会被后面来的汽车撞倒了。

发明骑两头马的人,其思想可说与发明眼睛搬家的滑稽家一般奇妙。原来骑马的人虽有"好马勿吃回头草"的戒律,然而马被人骑,马就失去自主权,人要叫马回头,马也无法违抗。骑马的人总以便利为主,当骋驰之际,忽然心血来潮,要想回到来的路上去,马非马托卡可比,是不能开倒车的,势非掉转马头不可,这是多么麻烦?如果马的身体能改造得像淞沪铁路的新式蒸汽车,或电车之两头皆能前进,在马屁股上也生出一个马头来,那就进退如意,无须掉头之劳了。

骑马为什么怕掉头?在新筑的平坦大道上,宽度足使十马并行,骑马在这种宽道上,自不会感到掉头的困难;如果你骑了马到苏州西乡去游山玩景,经过枣市到横塘,过了铜元局的大烟囱,再前进就是一道绝狭的长堤,左面是流急急的胥江,右面是很深的水田,此堤足有五六里路长,你如欲在中途掉头,就有连人带马一齐落水的危险。你就是到绍兴去游禹王陵,两边是湖,中间像九曲桥似的一道石板桥路,也有几里路长,要想在此间掉马头,也足够危险!

上海俗语有"骑着马找马"之说,此马并非真马,乃指职业而言。上海话又称人"现在马上",就是说此人现正轰轰烈烈的做着事业,并非失业同志。上海岂是真有"两头马",所谓马者,也就是指职业。"一马不驼双鞍",一人撒粪偏要占据两个马桶,这是什么道理?

生活之路,似较堤岸塘路更为窄狭,并且还有走入绝路的危险,骑了两头马,便能自由转变,发现前途是死路一条,不必回身,就能策马退出。这是"骑两头马"的正解。

有许多人因为担任一种职务,薪水微薄,不够开消,便在公余之暇,另兼一种职务,多赚一份工资,借以贴补生活费用。这又是一种骑两头马的方法。

社会多新兴事业,而工作人材十分缺乏,几个具有专门学识的人,求过于供,不敷分配,只得请他们分头兼任。这又是一种骑两头马。

骑两头马者,一部份是多才多艺的能人,一部份是生计困难的穷人,前者是应该钦佩的,后者是应该原谅的。其余还有一种贪心不足的朋友,自己占据了一个位置,已能度着很安逸的生活,还要去强夺别人的饭碗,骑上了两头马,便实行"口吃南朝饭,心向北边人"。弄得马的两头都糜烂在他手里!

　　做事须专心乐业,始能使事业发达,如果一身兼充数役,人的精力有限,难免有顾此失彼之虞。我以为人非不得已,切勿骑两头马!盖马亦为有灵性的东西,若生两头,即有两个脑神筋系,你控制了这一头,那一头便鞭长莫及,你命此头向东,那头忽向西行,就能使你在三叉路口死蛇迸(★),管教你寸步难移!

　　政界红人的骑马,两头是绝对少数,一匹马生十七八颗马头的不算希奇。这都是仙人骑的仙马,我们凡胎俗骨,如果妄想登仙,骑上马背去,包你立刻撞下马来,跌到你脑浆迸裂,气绝身亡!

二九　嚼　蛆

"龙生龙,凤生凤,猢狲不养尖面孔,说他三分缘外公"。

人养小人,牛产小牛,鸡哺小鸡,鱼生小鱼,究竟是上等动物,亲自制出来的子孙,虽不能像一个模子里印出来,大体总与父母一样。如果阿大笃娘到产科医院里去郑重其事的养出一对黄鼠狼来,那就成为妖怪了。

像苍蝇一类的下等动物,养儿子就有点"鸭屎臭"(★)！苍蝇的家主婆,养出来的儿子,既不像娘又不像爷,连他娘舅外公的形状都无一相像！

苍蝇是我们的老朋友,无须介绍,大家都能认识他的体态相貌。他养出来的儿子,既不是红头,又不披蝉衣式的斗篷,连毛茸茸的小脚都不生一只。他的儿子竟像一条无骨的小蛇,浑身洁

白肥嫩,说他们是白娘娘的子孙,还有几分相仿；如果不说明,谁也不相信会飞的东西,养的儿子却是天生会游泳的！

大概也是苍蝇自己以为养的儿子"不肖",不肯认这群小东西为他的嫡种,免诒祖宗之羞,所以他的儿子不叫小苍蝇,另外起了一个专名,叫做"蛆"。

苍蝇是逐臭之夫,他们的子孙当然也蒙不洁,自幼就生长在污秽之国。并非是苍蝇不爱讲卫生,实在也有他们的苦衷：

原来苍蝇是一个大量生产的民族,他们的国里已进步到实行打倒家族制度,儿子脱离母胎以后,即能独立自谋生活,比儿童公育制更前进一步,母亲的责任,就在养儿子的时候,须择定个有充分粮食能供给这一大堆儿子生活的环境,只要不教他们饿死,他的责任就算完了。

高等动物,吃东西甚是考究:马牛羊吃素,鸡犬豕吃荤,人类则平常吃荤,六月里就有吃雷斋素的。苍蝇却没有这样"疙瘩",大荤如人身的脓血汗液,小素如臭腐乳之类,他们都能甘之如饴。故世界虽然大不景气,苍蝇却生活裕如,决无饥饿恐慌,也不会因为争夺吃饭市场而引起金苍蝇与麻苍蝇的种族战争。

苍蝇对于人类,不过有些幸灾乐祸的卑劣心理,因为越是荒年乱世,他们吃大荤的机会越多。这是他们的恶德,除此以外,他们就没有别种罪过了。人类往往侮蔑苍蝇,说他们是传染病菌的媒介,这要怪人类为什么先自生病菌?若不是苍蝇的身体康健,这许多病菌吃在他们肚里,无异是人类请他们吃的毒药,他们还要向人类要求损害赔偿咧!

苍蝇敢大胆吃人,人却无勇气吃苍蝇,我们连苍蝇的蛆子孙都不敢去碰一碰!吃疮痂的刘邕胃口如何?他也没有福气吃苍蝇与蛆!多数死人都被蛆侵食,人类却连死蛆也不敢吃,这是人类不及苍蝇,更不及蛆的一个有力证明。

人死以后,装入棺材,虽不用科学方法抽去空气,吻口处却也用生漆固封,从此生死隔绝,生物如蚂蚁之微,也不得其缝而入,如此防范严密,苍蝇应不能钻入棺材开拓殖民地了;然而死尸身上仍难免有蛆的行辕!

上海俗语,形容懒人,谓之"懒得出蛆"!人类除非病得不能动弹,否则,无论懒到什么程度,总不至于眼望着自己身体的任何部份,让苍蝇的子孙自由繁殖。如果人类连这一点抵抗力都没有,那不是懒汉,简直是"死人额角头"(★)了!

奇懒入骨的人,谓之"骨头里出蛆"!蝇类虽说厉害,被人误吞入肠,即使是行将临盆的孕蝇,也不能再有生殖能力;她只能率领未出世的子孙在肚子里表演一场大暴动的巴戏,决无门路侵入人的骨髓。骨里出蛆,新鲜活死人尚无此现状,非经过相当死期不为功,是比寻常出蛆为进一步的骂人。

最恶毒的骂人,则谓之"嚼蛆"。人若犹能呼吸,决无大嚼蛆类的勇气;人死以后,遗体装入棺材,是否再能咀嚼,我辈无透视眼力,决难看见。惟有被杀的犯人,首级号令示众,这才大家都能有目共赏,看见那死人面孔的狰狞样子。

苍蝇吃人类的鲜血,像人类吃老山人参一样滋补,号令的人头,好像是人类专为苍蝇特设的"施血厂",各方蝇类,闻腥而至,麇集于此,恣意大嚼。这是他们最丰腴,而又最安全的殖民地,大嚼一顿之后,各各留种而去,不消一天工夫,就见无数蝇子蝇孙在嘴角边蠕蠕而动,被人看见,就说那号令的首级还在吃消闲食品,不是磕瓜子,乃是"嚼蛆"!

这篇东西,说到这里,已经足够,如果再细细描写,未免太也"腻脂相",宁波人谓之"腻心拨喇",尤其在大热天,看了会使人"倒胃口"的!嚼蛆的来由已明,以下再说嚼蛆在上海人嘴里是什么意思。

上海说人嚼蛆,语意尚不至于十分严重,大概说者也不明了人类到了什么地步才能表演嚼蛆的惨剧,比较严重的语气,谓之"嚼舌头根",这不过一种热病罢了,意思等于"谵语"。

上海人于胡言乱语,不经之谈,皆谓之"乱嚼蛆",意思就是"胡说"。本地土著也有称平常谈话为"嚼"者,"谈到天明"也能说"嚼到天明"。"嚼"在上海,等于北方人口中的"蝇",大概是指健谈的人居多,善嚼者,上海话称为"长舌头根",此与诗经之"妇有长舌"有异,长舌头根的人只是无目的地"瞎话三千",并无掉舌构陷的恶念。

(北史魏甄琛传)甄拜官,诸宾悉集,邢蛮晚至,甄谓蛮曰,"何处放蛆来,今晚始顾"?

"放蛆"言纵谈也,此君以人类发的言语为蛆,将人比作苍蝇,则诸宾团集,一齐对他放蛆,他的身体不是成了一块臭咸肉吗?

三〇 礼拜九

我们所谓阳历,乃是根据太阳计算的,地球绕太阳一周,谓之一太阳年 Solar year,地球自转一周,以太阳地位为起迄,谓之一太阳日 Solar day。

天文学家另有一种根据恒星计算时日的方法,谓之星年 Sidereal year 与星日 Sidereal day,每个星年约计三百六十五日六时九分,比太阳年约多二十分钟。

中国的历法,仅分年,月,日,时,刻,分,秒。西洋历法则于月日之间,还分七日为一星期。吾国虽然也有星期的名称,乃以二十八宿分配于每日,故中国的星期一周,须二十八日,适等于西历之四个星期,每逢星期日,恰逢房虚昂星四宿值日,以二十八日为一星期,日期与一月相仿,并且二十八个星

宿名称不易记忆,所以中国星期在中国境内也不很行得通。

积三十日为一月,此中区间的确好像太长久些。中国旧法有初一月半,大小月底之分,就是想将一月剖分为二;作场当牵日子,有定为初二,十六,初八,廿三者,将每月分为四期,这就与西法星期差不多了。可惜这是一种民间的习惯自由发明的分法,没有固定的名称。

西人称七日为 Week,乃犹太教及基督历书一周之名,每日皆有专名,以星期日为第一日,谓之日曜,星期一以下,为月曜,火曜,水曜,木曜,金曜,土曜等日是也。其排列之顺序,并无深意,盖古人以为各曜距地之远近如此,以每日第一小时隶于某曜,即称为某曜日也。欧洲未有历史以前,欧东亚西诸国即有行之者,至第四世纪,罗马采用此法,遂通行于各国;惟德国虽用此历,而改用其本国信奉之神名,故

星期名称与他国不同。日本人则译星期为七曜日,因日月五星,本有七曜之名,见于谷梁传,实我国旧有之名称也。

俗语称星期为"礼拜",乃根据宗教信仰的拜神而来,基督教七日礼拜耶稣一次,等于中国人的朔望烧香吃素,日曜为教徒休息日,亦为祈神行礼之日,故谓之"礼拜日"。这还说得过去,其余非礼拜之期,亦称为礼拜一,礼拜二,……,这样礼拜下去,一年三百六十日,无一日不礼拜,教人拜得头昏脑胀,简直将人当作磕头虫了。天主教的教律虽严,我看也无如此虐政!

礼拜虽是不通的名词,但是世俗已通称礼拜,我们虽非教徒,也只得被迫的跟着大家礼拜罢!

一礼拜共计七日,除掉一个礼拜日,还有六日,所以最多只有礼拜六,连礼拜七都没有这个日子,那里去找什么"礼拜九"呢?

然而上海的俏皮朋友,往往期会人于"礼拜九",有时还在礼拜九下加一个"十三点钟"的时间。

在一页页的日历上,翻过了礼拜六,便是礼拜日,以后又是礼拜一了。约人礼拜九者,乃向人声明这是一个永远盼望不到的妄想!

以前赖债的人有一句俗语道:

"等大年夜出了月亮还你的钱"!

阴历大年夜,适当月晦,当然不会有月亮出现,如今改奉阳历,大年夜出月亮乃成极平常的事。至于"十三点钟",新事业以上下午记忆不便,每日皆以廿四小时计算,航海家早就采用,新火车表亦无上下午之分。不过航海时刻,以中午为起点,上午钟点算在隔日;陆地时刻,以子夜为起点,下午钟点都在十二点以上。这个分别须要弄清楚。

癞哈蟆想吃天鹅肉,滑头大少叫了一个打样堂差,便想真个销魂,掉皮的先生(★)每以"礼拜九"答之,闻者末有不垂头丧气者也。

图中的富翁,想是不信任银行,前去提取存款,行员反而请他存些进来,那人对行员连连摆手,颇有"谢谢一家门"(★)的表示,语气中也有等礼拜九再来之意。

上海市面,在两三年来,骤然衰落,回忆一二八前,几同羲皇盛世,再要想恢复以前的盛况,只怕不是短时期所能实现的了,我总希望他在不论那个礼拜六以前能够复原才好,真要教人等到礼拜九,那就糟了糕咧!

在我们这个国度里,要等礼拜九实现的事情太多了,我们没有别的希望,只盼世界大历法家能把八大行星中之天王海王二星,和其他新发现的一颗最远的行星,一齐加入星期中,使每星期共有十曜,则礼拜九也许与除夕月与十三点钟一样,也有实现之日了。这可不像"痴子望天坍"一样渺茫,因为现在的历法本有使人不满意的地方!

三一　大英照会

世界上最自大的国家，只怕要算英吉利了！他们自诩每日太阳光无一时不照着他们的国旗；他们自称他们的国家为 Great Britain。除了英国，世界上无第二个国家自负 Great。

上海人对于世界各国的民族，都定下一种特别的名称，将我所知道的列举于下，并为之注释：

花旗　即美利坚，因其国旗上之星，有如花朵。

茄门　即德意志，为 German 之译音。

罗宋　即俄罗斯，为 Russian 之译音。

吕宋　即菲利滨，为 Luzon 之译音。

西洋　即西班牙，西班牙与中国通商最早，当初即以西班牙人为一切西洋人之总代表。

东洋　即日本，因日本在中国之东。

黑炭　即印度人，其他黑种亦概称黑炭，无暇细辨种类。

大英　即英吉利，英人自称为大，我们亦从而大之。

在拖辫子时代，我们自称是"大清国"，东西各国皆蛮夷之邦，从来不肯把"大"字尊号轻许给人，惟有英国却是例外，上海人对他们特别客气，至今犹称他们为"大英人"，称英租界为"大英地界"，称南京路为"大英大马路"，称英国领事馆为"大英公馆"，称红锡包为"大英牌"，称一切英国货为"大英货"。

英国与上海的关系较深，英国货的输入上海，多而且早，所以他们的货物都半被称为"老牌"，如品海香烟最初是英国公司出品，上海人称为"老牌香烟"。其他英国货，如茂生肥皂、鹰球牌洋袜等等，皆比较坚固耐用，深得上海人的信用；后来输入的大批日货，定价虽廉，而品质并不坚牢，购用以后，齐呼上当。在两国的货物比较之下，几十年前的上海市上便发生这样两句民谣：

"崭勿过,大英货,撒烂屙,东洋货"！

"崭"也是上海俗语，等于广东话的"顶怪怪"。上海话之"崭来些"，似乎比"好来些"更富赞美之意。"崭勿过"，再崭亦勿能过此，即好得不能再好的意思。上海人对于大英货的信仰，可算是从心底里赞美出来的！

凡在上海坐过黄包车的人，都知道"大英照会"是什么东西。在英租界雇黄包车，当然不会知道"大英照会"的尊严，如果到南市、闸北，或法租界去坐车，黄包车就会分成大小两种阶级；拉大照会的车夫，态度比小照会骄傲，车价也比小照会贵三份之一以上。有几位大照会车夫受了安南人的气，或马路转角的红绿灯开得迟了些，他们常要发牢骚的讥咕道：

"落妈妈！法兰西最是狗皮倒灶(★)，阿拉大英地界顶爽快"！

观乎黄包车，我们就要相信"大英照会"在上海是怎样威灵显赫的东西了！

照会在上海是极重要的东西，不但黄包车须有照会，任何营业性质的东西都须花钱捐照会。马路傍边的测子摊，弄堂里的卖五香豆等，如果没有将照会带在身边，被巡捕查见，就要捉到行里去，勒令捐照会不算，还要加倍罚款！其他，卖淫要照会，死人出丧也要照会，活人在马路上行走，幸亏没有照会，我们就应当感谢深恩厚泽了。

凡是照会，皆须张挂在明显之处，以便公务人员的稽查，我们只要一看照会的号码，就使捐照会者无所逃遁；所以上海人便把人的面孔也叫做"照会"。失面子人好比是面皮被人剥去，失却社会立场，等于做生意没有照会。从前租界公堂有逐出租界的判例，近来报纸上登着许多悬赏辑拿的照片，这种人一时不能出面见人，上海人皆称他们为"撬照会"(★)。

上海俗语之"大英照会"，并非专指黄包车的照会而言，这张照会就是人的面孔，"大英"即根据"崭勿过,大英货"而来，大英照会却不是说此面皮像大英货一样坚固耐用，乃言眉清目秀，唇红齿白，娇嫩得吹弹得破的一张标致面孔，上海话所谓"崭得邪气"是也。反之，如果面孔生得丑陋，那就能与东洋货媲美，称之为"撒烂污照会"。

在上海做人，照会乃是本钱，男女都是如此，不过女人的照会更为重要，简直比性命还要值价。如果爷娘知趣，为儿女留下一张大英照会，这就像香港政府注册的永安公司一样扎硬，毕生不必愁衣食住，自会有人情情愿愿的供养他们，真比传留十万家私更实惠。

大英照会，到处受人欢迎，事事能占便宜，男子之交桃花运者，固属大英照会居多，女子之享盛名而获有社会地位者，更是清一色的大英照会！

三二 拣佛烧香

中国是一个多神国,一部神仙通鉴,已有盈千累万尊神佛;其他如每个城池里有一位城隍,每个付庄里有一个土地;城隍的父母妻子等家属,同他部下的判官,小鬼,皂隶等属员,也要连带享受人间香烟;土地的排场较小,然而他的老家主婆与他并排坐着,你好意思拜了土地老爷不拜土地太太吗?

每一份人家,门有门神,灶有灶神,井有井泉童子,床有床公床婆,其余还有门角姑娘,火灯菩萨,瓦老爷等等,名目繁多,人口少些的人家,一进门去,多见神道,少见人迹,确有些可怕!

中国的神网,满布于各级社会里,凡是叫得出名堂的中国东西,几乎都有神道管辖,再加上许多印度运来的光头佛,更加多得不可胜计!况且聪明正直

的人,死后都有封神希望,而原有的神道却都是长生不老,永不会撤职查办的,故以后的神道,定是有增无减,照这样弄下去,将来当有神仙过庶的恐慌咧!

我们即使是极端信奉神道主义者,对于这一大堆神道,要想个个马屁拍得周到,在每个神前破费一份"七香八烛"四串元宝,看样子也非在航空奖券买得头奖以后不可了!只因无力谄媚这许多神道,所以上海人发明了一个"拣佛烧香"的好法。这就是说,我们需要他保佑的佛,对他烧一支香,磕几个头;不需要的佛,一律不必理采,搀他们瞎子!(★)

有人扳驳道:"你弄错了!拣佛烧香,只教你在和尚庙中拣几个佛出来,张天师隶属下的邪神魔道,与佛无干,你也要牵扯在内,不是自寻烦恼吗"?

的确,佛与道,一个是光头,一个是长毛,宗派确是不同。不过中国吃观音素的

佛婆,没有不兼信"三官""朱天君""九皇"等道教神仙的。灶家老爷并未受戒披袈裟,但是和尚到人家来做佛事,一群光头,也要拥到灶披间去对灶君念几句香赞。菩萨是佛的专称,而道教诸神,也能占用此尊号,如"三官菩萨","朱天菩萨","九皇菩萨","城隍菩萨"等等,民间都是这样称呼,菩萨就是佛,佛与神的界限,早已混淆不清。看见木偶即拜,不必辨别他们是佛非佛,大概多神教的民族都是如此。

万佛当前,看得人目迷五色,眼花撩乱,即使要想"拣佛烧香",究竟烧了那一个佛的香好?拜了如来佛,怕文殊普贤动气;敬了弥陀佛,怕得罪了韦陀佛;烧了四金刚,又怕哼哈二将作怪。这不是成了极难解决的问题吗?

上海人也知道这是个难问题,但是,在发明"拣佛烧香"的俗语时候,早已代我们定下"拣佛"的标准了。如何拣佛?上海还有两句俗语告诉我们道:

"看见大佛笃笃拜,看见小佛踢一脚"!

欲拣佛烧香而恨无所适从者,得此解释,当不患"无手洒锣(★)矣"!

"小佛能踢吗"?胆怯朋友常有此疑惧。

上海俗语又告诉我们道,"打蛇打在七寸里","花钱花在刀口上"。对付蛇如此,对付人如此,对付佛何尝不是如此!佛也是人变的,当然懂得人情世故,他捞了你的锡箔灰(★),岂有不帮你忙之理?大佛者,庙中之大亨也,一切小佛,都是他的部属,只要你把大佛喂饱之后,就不怕小佛作梗!小佛者,瘪三(★)之流亚也,他在庙中占据一点小地位,无非靠大佛的牌头,他见你有勇气踢他一脚,就知道你的来头不小,他怕吃大佛的牌头(★),断不敢有一丝反抗的表示。小佛若因为你踢了他一脚,当真对你有不敬的行为,你就能用施主的资格,去与向大佛严重交涉,那个不识相的小佛也许就要大触霉头咧!

上海的社会,就与佛寺情形相仿,所以做佛要做大佛,做人要做大亨!如果你是一个小鬼,休说"枯庙里没有人来烧香",就是要想抢羹饭,只怕你的手臂还嫌太短咧!

"拣佛烧香"虽说可以抱定拜大佛的宗旨,但是有时候仍能使你得罪了许多佛,弄得八面不讨好。

譬如,你走进了罗汉堂,堂中坐着五百尊罗汉,有的对你笑嘻嘻,有的对你板面孔(★),他们都是一样高低,使你分不出谁是大佛谁是小佛。你既不曾挑几担香烛进去,就不能不拣出几个来烧香;你若烧了板面孔的,他们说你"欺善怕恶",你若烧了笑嘻嘻,他们也许说你"爱灌米汤"。拣佛烧香的朋友,若遇到这种尴尬地方,就会惹起风波,教你眼睛地牌式!

上海的白相社会,就是一座罗汉堂!人人都是大亨,谁也不肯承认自己是小鬼,你若杜做主意,代他们分别大佛小佛,也去拣佛烧香,纵然你不敢去踢小佛,那班没有受到你香烟的佛们,就要多你的心,说你藐视他们。烧香原是要求人口太平,这样一来,反而烧出祸殃来了。所以他们忌的就是拣佛烧香!

中国的佛实在是太多了,即使是拣佛烧香,也有使人烧不胜烧之苦,聪明朋友索性不承认有佛,连一支香都不烧,诸佛菩萨也就奈何这般人不得!惟一拒绝烧香的方法,就是到耶稣教堂里去受洗礼!然而不拜中国佛,去拜外国佛,仍旧逃不脱一个拜,做人的困难也就在此!除非是自己去做佛,也要做大佛才有人拜,若做小佛,也难逃被踢之厄!

寒山诗:"择佛烧好香,拣僧归供养"。此亦喻待遇人之显示厚薄也。拣佛烧香的俗语,原来是和尚发明的,怪不得如此确切,如果难得到寺院中去随喜几次的"人家人"(★),当然不能知道和尚庙里的"佛多香少"会与"僧多粥少"一样的不景气!

三三 大名件

"三代以下,未有不好名者也"!

名为何物?饥不能食,渴不能饮,寒不能衣,为什么三代以下的人都要趋之若鹜?三代以上的历史,比阔人的讣文更简略,大概这就是太古人不好名的缘故,多数人都是无名氏,故无可记述。

"人怕出名猪怕壮"!

这是已出名的人,受过盛名之累,才能发明这句俗语;若是"无名小子",不知名为何物,怎能体会到出名以后的人,会与将受杀身之祸的肥猪一样危险?

"名至而后实归"!

念了这句成语,才使人恍然大悟!所谓"有名无实",并非是真正有名,不过是"虚名"而已;真获盛名之人未有不得实惠者也,故有"名下无虚"之说。

"招牌越老越值钱"!

名者,人生之招牌也,上海俗语所说"做出牌子",就是指"老牌"的人,招牌打响以后,自有人慕名而来,那就能坐收"一年四季大发财,大小元宝滚进来"的利益。是故名也者,到达荣华富贵之"金门槛"也。

"大名鼎鼎"!

夏禹收九州之金,铸为九鼎,遂以为传国之宝。名人不轻发言,放出屁来都能收一部份效力,所谓"一言九鼎",一句话说出来,与帝王的国宝一样价值,也可以说是无价之宝。一个大名,等于二九十八坐大鼎,这就是"大名鼎鼎"的估价。

"芝麻里绿豆"!

上海话称东西为"末事",称人为"末老"(★),"末"应是"物"字之讹。"大物事"者,大东西也,上海人称为"芝麻里绿豆"。绿豆为豆类中最小的东西,若挤在黄豆、蚕豆、赤豆、扁豆等豆堆里,当然显不出他的伟大,若投入芝麻淘中,他就能吃瘪一切芝麻,成为唯一大物事。未成名以前,先要做大物事,欲成大物事,须在"小鬼队里称大王",切忌"驴子跟马跑",是亦"宁为鸡口,毋为牛后"之意也。

"自称大好老"!

欲得其名者,不可自卑其身价,须从"自大"入手。凡足以扩大自己之声名者,牛皮不妨一五一十吹出去。凡足以附骥成名者,不妨老老面皮以追求之。例如:若遇名流集会,必须参加,能演说最好,明日报纸记载盛况,定有你的大名;如不能演说,也须要求记者将你的名字写在名流一淘,人家就会相信你不是"未入流"。若遇不到这种机会,即使在介绍花柳医生的名流堆中加入一份,多少也能染得一眼眼"名气"。名气一"大",叫出去如雷贯耳,铡刮亮响,即使坏入了骨髓,也成天然"好"人,同时被人称赞一声"老"资格。又大,又好,又老的人,上海滩尊之为"大好老";纵然别人不肯锡此尊衔,尽管可以"自称大好老",欲自称大好老,须从"大胆老面皮"入手!

"恶名扬千里!"

在上海做人,但求成名,即有发财希望,至于名之善恶问题,那倒不必顾及。靠赈济吃饭的大善士,果然可以坐汽车,住洋房,肥头胖耳,像无锡大阿福般一团和气。然而放印子钱(★)、开野鸡堂子(★),盘剥重利,逼良为娼的大恶士,照样也能坐了大菜间到普陀山去大打水陆,一挥千金,毫无吝色,在上海市中也度着"跌飞脚"生活!善名有善的财饷,恶名有恶的进帐,"戏法人人会变,各有巧妙不同"。上海人若都是大善士,上海社会就太单调了。你若将恶名扬在外面,有许多要想作恶而不懂诀窍的,都会来请教你,或请你去代他们作恶,这都是生财大道。不过恶人虽出名,却比善人难做,此做人之道,不可不知也。

"大件头货色!"

杭州人称小小的一块家香肉为"件儿",气派未免太小。上海则称大物事为"件头",除却衣服不算,凡堆栈中的大批货色,每一大包称为"一件";商店也称价值高贵的货品为"件头货";普通人也称出类拔萃的人物为"件子戏"。无论是人是物,被人尊为"件头"、"件子",那就不是平凡东西。譬如宝货,在上海人嘴里,照例该尊称"一件宝货"。如为"大件头",那更是大宝货一类的东西了。

"啥格大名件"!

人既享有大名,而又被尊为"件",成为一种"大名件",在上海也就非同小可了!郎中先生曰:

"病怕无名,疮怕有名"!

有名的疮,如"落头疽","人中疔"等,都是致命之疮,俗语也称为"名件",尤其危险之症,如秦桧生的"发背",曹操患的"头风",那就叫做"大名件"。上海的"大名件"也是一种毒物,平凡的人类遇见了,也许会患"大头瘟"的!上海也有"三个不相信"的朋友,听见有人说"某处出了一个大名件",他就大叫"啥格大名件"?有不信任那人是大名件之意。本来大名件原是不容易出产的希世之宝,数遍上海滩,也只有提得起名号的少数大名件,自称大好老的冒牌大名件,却不知其数,莫怪此君要怀疑"啥格老好大"呵。

　　"一等大枪花"!(★)

　　凡属名件,无有不善掉枪花者。他们将别人都当作瞎子看待,挦了瞎子(★)飞跑,别人跌了斤斗,他们在傍边哈哈大笑!名件之大者,不限男女两性。本来上海女人的枪花比男人易掉,女人很少度凄惨生活者,枪花越大,越出风头,一等大枪花,也就是最出风头的交际之花,她也就成为"一等大名件"了!

　　"有点汗毛凛凛"!

　　上海人遇见大名件,都有点汗毛凛凛,只怕他们"名下无虚",实行大掉枪花,将我们当枪靶子看待。因此大名件在上海,就不是什么荣誉的头衔。"大好老"还能作英雄好汉解,大名件则比"大滑头"更可怕,所以当面称人为大名件,大家都不很乐意接受;尤其是女人,若将"名件"加在她头上,也许会引起她的"大板面孔"(★)。

三四 叫开

龙吟虎啸,狮吼狼嗥,鹤唳鸡啼,羊咩马萧,牛哞犬吠,鬼哭神号……凡是动物的鸣声,皆有专名,不但中国如此,外国畜生也是各鸣各调,不相混淆,记得华英进阶上有一课专述鸟兽鸣声的,如毛头鹰声为呼司,鸡啼为度而度,猫叫为妙乎等是。

动物的发音,俗语势难为之各定专名,统而言之,皆名之曰"叫"。人为高等动物,与虎豹狮象,牛羊鸡犬不可同日而语,故人之发音,随口而出者,谓之言语,无意识之单音,谓之长吁短叹,高声发音而有节奏者,谓之歌唱,否则亦谓之呐喊,故在中国话中,只有狗叫鬼叫,绝对没有"人叫",(人化为鬼,原已削除了人籍,而注册于鬼箓)。

"人头畜鸣",就是说人而能叫,便等于畜生,在说书先生打的蓝青官话里,有"鸡猫唤叫"一语,此指唤叫者非猫之叫春,即鸡之叫晓,人类决不该有叫声也。

"神惶鬼叫"!这是上海人形容大惊小怪的举动,鬼叫即指人言,因人不能叫,故贬人为鬼,是亦讥讽之词也。

在上海地方,当面指摘人善叫,一定会惹起人的光火,因叫的东西,非畜类即鬼类也,惟北方人似乎无此讳忌,北方第一名伶尝自称为"叫天",可见他们非但不讳叫,还以善叫做他们的招牌,在南方就没有人肯自认能叫的了。

近年来的马路游侠儿,居然亦以善叫鸣于时,他们的叫,却不像小叫天之叫,也不似叫哥哥之叫,更与啾啾之鬼叫不同,我们常听得人家说:

"老三与老四的纠纷,现由老大出来替他们叫了"!

这个叫,并非像抱烟囱叫喜那样真的去叫回老三老四失去灵魂,不过是"排难解纷"的别名而已。

代人解除纠纷,何以谓之"叫"?

原来老三老四发生了误会,双方拔剑张弩,皆欲得而甘心,其时各人的嘴里不免猪五杂六,有许多不堪入耳的话发出来;南方人打架本有些牵丝攀藤(★),未动手以前,先要来一套唇枪舌剑的大战,这就是留下一犹豫时期,希望有人出来调停,即能化干戈为玉帛咧!

恰巧老大经过其间,知道双方都是弱种,挺身出去,一喝大声,老三老四便乘机下台,将全部纠纷都堆在老大身上,借此避免战祸,老大此时的地位便成了国际联盟的主席,由他去判断是非黑白,若论实际,他的权力也许比国联会议"有肩胛"得多!

老三与老四吃斗(★),有如蟋蟀之斗争,老大好比是长胜将军,他在中间发一声大叫,双方都被慑服,便夹着二尾子向后退去,老大一叫,老三老四各各避开,故上海话谓之"叫开"。

考"叫开"二字的原意,正似旧小说的两员大将厮杀得难舍难分,忽然来了一位与双方都有交情的战士,对他们大喝一声,双方即刻停战,由喝开的人与他们介绍,惺惺相惜,结成知己之交,这叫做"不打不成相识",也就是上海人打话"叫开"。

现在的"叫开"不一定打得头破血淋,才需要有面子人出来"叫"。大至劳资纠纷的大罢工,小至争风吃醋的打耳光交涉,皆有请大亨或小亨出来"叫开"之必要。

"叫开"好像是法院的调解庭,而带几分强制执行性质;"叫"就是调解,"开"含有斩除瓜葛之意,"叫开"乃合解成立,得有圆满解决之谓,颇有许多重大纠纷"叫而不开"的也不在少数。

从前律师事业尚未十分发达,遇有拆姘头(★)等交涉,皆到茶会上去请三光麻子(★)叫开,叫开以后,当然要破费若干钱钞,站出来叫的人,与参与本案的大小蟹脚,都能沾润一部份利益,茶会上的叫开,也许比公堂判决更有效力,因为若有一方不服从条件,担任叫的人就能去寻他说话,因此至今尚有人信任白相人的叫开,而不愿意求法律的正当保护。

现代大亨代人叫开天大风潮,他们决不想于中取利,有的劳资纠纷,双方各不相让,担任调解的大亨,甚至于掏腰包,贴大量金钱出来,使风潮得早日平息,而所得的酬报,仅是几句歌功颂德的空言而已,上海大亨之难做也就在此。

担任叫开之责的朋友,一半须靠口才无碍,一半也须有实力为后盾,否则决不能使人信服,资望未到的人,自身尚难免有被人讲斤头的危险,断无叫的资格也。

张飞喝断坝陵桥,一声大喝,曹兵退避,有人以为这可以算是"叫开",我以为这仅能等是"吓退",而非"叫开",拿三国演义上的故事来引证,唯有吕布辕门射戟,为刘备解围,退却了纪灵的雄兵,保全了小沛,这才与上海人的"叫开"有些相像。

三五 捧卵子过桥

人身各种性命交关的器官,大都有骨骼保护严密,使外来暴力不易侵犯损害,如脑之有脑壳,肺之有胁骨是也。惟有与人中及脐眼作直垂线的那两颗睾丸,却只有一个薄薄的皮制肾囊做他们的掩护物。国防如此空虚,被人一捏就牢,性命就在他人掌握之中,莫怪上海人特别重视此一对小东西,号称"性命卵子筋"!

造物是大公无私的,睾丸破碎与脑浆迸裂,皆足以损害人类的生命,何以上身的脑浆保护得特别道地,对于下身的弹丸之地便视同化外呢?

据生理学家说,睾丸为雄性动物所特有之器官,以营制造精子之作用。其数无定,高等动物仅有一对,下等高物则为数甚多。生理学名词谓之"外肾",以示与"肾脏"有别,肾脏亦曰"内肾",为分析血中废料成尿液之器官,即俗称"腰子"者是也。

据此,则所谓睾丸,除却与"传种接代"直接发生关系外,其余竟不能派什么别的用场;如果我们不需要传种接代时,对于任何动物皆能割除其睾丸,非但与动物的生命无关,且能助长其发育,使其体质格外强健,肌肉特别肥硕。

(躅仙肘后经)"骟马,宦牛,羯羊,阉猪,镦鸡,善狗,净猫"。是皆为牲畜割除睾丸之专门名词也。

上海话则分得没有这样精细,无论马牛羊鸡犬豕,一概皆称之为"镦"。我们在幼年时代,尚看见有沿街叫唤的镦鸡犬"兽医"(?)我还亲眼看见他在人家阶沿上施过手术。他只有一把锋利的小刀子,和一个竹制的攀弓,施手术时,用弓在畜类的腰部绷紧几分阔皮肤,即在此处割开,用竹钳取出一对腰子,再将创口封好,手术即行告毕,那被割后的牲畜照样鲜龙活跳,并无一些病态。我看见的是镦鸡与净猫,割治过以后的鸡猫,身体特别肥大,不过他们永远不会再起性欲了。这位沿街叫喊的无名兽医,我看他的手术,也许比来路货的什么希米德博士高明得多咧!

绍兴有一样名肴,是胗鸡腰,据说这许多鸡的睾丸都是在活鸡身上镦出来的。同时绍兴的鸡也是十分肥嫩,大概镦后之鸡,即使养十年八载,依旧是童子鸡,它们的肉是永远不会老的!

人类的肉体组织,与牲畜固无多大分别,牲畜能镦去腰子,人类何尝不能骟掉睾丸。中国古代的五刑,有一种"宫刑",即仿镦鸡之法,将人类传种要具,根本毁灭;人类被镦以后,虽无性命危险,却奄奄无生气,形同朽木腐石,故又称"腐刑"。

中国历史上最有名的受腐刑的古人,要推太史公司马迁,他在"蚕室"中被镦以后,仍能完全他的不朽巨著史记。至于后代帝王宫中,因防免许多久旷的嫔妃被人占了边去,用暴力制造成的许多"人工雌孵雄",那就是阉侍宦官一流人物,俗称太监,北京人呼为"老宫",他们只有年老时不会出胡子,壮年时说话也带几分"雌鸡啼"色彩,此外竟与寻常男子毫无分别;也许他们因为绝欲的关系,身体的发育比未镦过的男子特别强健。他们第一件占便宜的,就是不会染花柳病,或发生遗精色痨等麻烦病症。

因以上种种证明,可见上海人说的"性命卵子筋"俗语,除却直接毁损睾丸以外,不一定是十分可靠的,故造物者对于睾丸的防卫也就比较疏忽了。但是有一般神经过敏的上海人,对于睾丸的护卫却特别当心,在过桥渡水的时候,生怕这一对无自卫能力的小玩艺儿,从肾囊中脱颖而出,岂不是无辜的要丧失性命吗?平常在岸上行走,不幸失落卵子,还能当场拾起,请医生为之重装进去;若在过桥时候遗失此物,恰巧堕入急流涌湍的江河中,将他的性命余到东洋大海,那是叫救生局火轮捞寻都来不及,这不是大大的危险吗?

上海滩真有"捧卵子过桥"的小心朋友吗?巡遍苏州河各桥,也没有看见这种古怪人!这不过是一句讥讽胆小朋友的笑话罢了。

古人教训我们的治事格言是"胆欲大而心欲细"。

(论语)"季文子三思而后行,子闻之曰,再思可矣!"

凡成大事业者,不能不具有几分冒险精神,故胆子不能不泼。思想虽欲缜密,然而考虑到过份周到,则天下将无事可为!所谓"畏首畏尾,身余无几!"躲到牛角尖里去,以为身体十分安全,也许遇见辣手朋友,将牛角一劈两爿,此君照样要与牛角同归于尽。

尤其是在上海做人,胆子更宜放得大些,始有做大亨,发大财的希望,彼"捧卵子过桥"的朋友,为绝对信奉明哲保身主义者,很少飞皇腾达的希望,即使发财,最多只能装满一"痧药瓶"!

三六 牙签主义

古人以藏书之标题备检查者谓之牙签。经史子集四库全书,以红绿碧白四色牙签以分别之。本篇所谈的牙签,却不是这种古雅的东西。

提起近代牙签,现在虽已成为一种极普通的日常用品,此中却也有一大番沧桑。

百年前的古人对于口腔卫生,似乎并不十分注意。古人谈及牙刷者已极少,仅郭钰(生于元末明初)有诗曰

"南州牙刷寄来日,去垢涤烦一金直"。

牙刷之微,须长途邮寄,价值不贱,足见异常名贵,非一般普通平民所能使用之物。我们所见的老辈先生,犹以刷牙为有伤原气之举。爱清洁的人,每晨于洗脸之时,用面巾抹牙,就算是比较

开通的人了;最考究的,用少许食盐加在面巾上擦牙,那就是最爱卫生的朋友了。我们现在到内地茶馆中去吃一碗早茶,还能看见年老茶客有用面巾擦牙的。

说出来也许似宁波人打话,"有点疑心叭喇",我看见过一位老先生,写好了信不必用浆糊封口,只消将长指甲在门牙上扒些黄白物下来,就能将旧式信口封得十分坚固。他们利用牙垢来保护牙齿,终身用不着牙刷,更谈不到牙签了!

中国人初度普通尝试刷牙,都半是东洋货的舶来品,尝与金刚石牙粉同时畅销中国至数十年之久;现在国货的牙刷牙粉,出品精良,已将权利收回来了。至于牙签之使用,在国内似较牙刷的年代久远;不过古董牙签,并不是现在用的这种"触掼式"的木制东西!

老年人在衣襟钮扣上都挂着一根银练条,下面系的并不是钟表首饰,乃一大串

每饭不忘的剔牙器具,名曰"剔牙杖";此中有三件头,或七件头,多的竟像理发匠的扒耳朵家伙,形态大小粗细不同的器具,取出来有一大串之多。至今旧式银匠铺中尚有这古董银器发售咧。

中国东西讲究坚固耐用,自己用了一辈子不算,最好还能够传子传孙,旧式剔牙杖就是一种能传代的东西,不过不到四五十岁以上的人,甚少使用这剔牙器具。

贫民无力置办银制剔牙杖,便有沿街贩卖的紫铜丝制品,也能悬挂在衣襟上,三件头的,有一个枪尖似的,一个钩子,另附一件挖耳。此项小贩兼售"九连环"等游戏品,现在市上尚未绝迹。

这种牙签究竟嫌得累坠,并且以金属制的东西剔牙,亦嫌不很舒服,后来始进步到象牙制的剔牙器。牙制牙签,形似小洋刀,可以折藏,一头尖锐,一头挖耳,形式简单,收藏便利,大家都乐于使用。不过用惯银制牙杖的老人却嫌此物不能过瘾,故银匠铺的生意终仍未抢去。

木制牙签,当初仅有东洋货应市。三十余年前四马路一枝香东首有一家东洋杂货店,玻璃柜中陈列着一扎扎的圆木小棍子,每扎售制钱七文,总有四五十支,见者以其售价甚廉,买来当作玩具,多数人都不知道这小木棍有什么用处。

圆木牙签当初只有番菜馆中使用,以后始逐渐推广,凡酒菜馆无不采用,那时只有此一种货色。后来因抵制日货,国人发明一种竹制牙签代替,但因大家用惯这种上尖下粗的东西,竹制牙签,上下一样粗细,用时有些异样,不久即被淘汰。以后有扁形的美国货牙签输入,大家都乐于使用,国货也有仿造的,一直沿用至今,东洋货的圆牙签几乎绝迹了。

洋货牙签未输入以前,我们有用稻草心作剔牙器者,这倒不输木制牙签,只是上海近来烧稻草的人家不多,要觅一根稻草却也不甚容易了!

说了许多牙签历史,上海人何以会由牙签而发明一种新的主义呢?这问题的确有些玄妙!

新式牙签,无论其为木制,竹制,或用稻草代替,他与老年人用的剔牙杖,有一个绝大异点。这就是剔牙杖非但本人可用一世,且能世代相传的遗留给子孙;新式牙签,无论其制造如何精美,每签只能用一次,一度用过,即随手抛弃,别人连手指头都不愿去触他。

牙签之用度在剔除牙缝中的残余食物,而用之日久,牙缝渐稀,用者每将牙签穿通牙缝以为快。用签子穿通窟窿,上海俗语谓之"触";而性交的俗语亦与此相同,所谓牙签主义,也就是"触撮主义",盖言男女恋爱,仅为泄慾,一度接触,即似牙签之弃如敝屣也。牙签主义也能说就是"兽欲主义"。

牙签主义实在是很秽亵的话,而上海实行此主义者,男女皆有,实不足为奇!法院里许多闹不清的男女官司,大概都是因牙签主义而起。我愿上海的自爱男女,千祈将自己的身体看得宝贵些,不要凭一时高兴,随便与异性结合,如果不幸遇见对方是一个牙签主义者,那是"一失足成千古恨,再回头已百年身",即使在法庭上占到胜利,本人已经身败名裂,损失也就不小了!

牙签主义说到此地,似乎已经足够了,若再细细描写浪子荡妇的如何"触掼",未免味同嚼蜡,就此完了!

三七 抖叉袋底

用麻布袋制成的大袋,袋口布作成两尖角,或为便于结扣,形似裤叉,故江南人呼作"叉袋",其实就是麻袋。

叉袋最大的用处,是以之盛米,一石米分装两个叉袋,每袋五斗。上海贫民阶级,每日持饭箩或包袱到米店中去零碎籴米,叉袋永不进门,惟有站在米店门口,望着堆山似的叉袋而兴叹!

上海土产,以米绵为大宗,二者皆须盛以叉袋,故叉袋在上海的销场极繁。上海的富户,以叉袋的贮藏愈多,其家愈为殷实。上海的叫化子,冬天以破叉袋为御寒之具,那就十分凄惨了!

上海人看见门口的叉袋堆积如山,这是表示人家的富庶,心里都很高兴。然而有时候见叉袋太多了,也不免要头痛起来!这就是遇到了战事时期,各交界马路处,都堆满了无人看管的叉袋,袋里装的尽是些黄土,拿他们当作枪靶子用,是为叉袋最出风头之时期,也是叉袋最不幸之时期。上海马路上叉袋最多的时期,要算一二八之役,打破了上海叉袋展览的纪录!

上海麦根路一带的旧地名,叫做"叉袋角",此地也许是当年叉袋集中的所在。别的城市中,以叉袋为地名,只怕是少有的。即此可以证明上海的叉袋比别处为多了。

关于叉袋的俗语,上海也很不少,例如:

"手拿枒义,钻在叉袋里,一直差到底"!

此为以"叉"谐"差",表示说话人千差万差,全都差在他一人身上,即"万方有罪,罪在朕躬"之意。

上海瘪三称钱囊为叉袋。身无分文,坐下去与人赌博,赢钱拿了就走,输了钱便与人赖皮。这种行为,上海俗语称为:"空叉袋斛米"。

以空叉袋与人相博,仅能偶而尝试,若屡屡为之,被人看破了他是一个邱六桥(★),则在未入局以前,同赌的人就能要求他解开钱袋来看过明白,若无充份赌本,便能拒绝他入局。这种举动,上海俗语谓之"亮梢",也叫做"亮叉袋底"。

诚实无欺的商店,发售一叉袋货色,叉袋面上与叉袋底下的货色都是一样的品质;如遇滑头商店,则将上等货物做"面张"叉袋底层摆杂的尽是劣货。粗心的购主,不会当将叉袋底层的东西都翻开来看过,拿到家里始知上当!

上海是一个虚伪社会,老寿星拆空不得(★)!许多在市面上活动的份子,他们竟与滑头商店的经营方法有些相仿!他们所注重的只是一个"面张",如要盘根究底的去调查他们的叉袋底层,非但不是劣货,有的竟发现一堆一堆的"烂痾"(★)使人臭得不可向迩!

你不要看他们排场阔绰,家里住的洋房也许半年没有付房租了;分期拔付的汽车,开在路上具有戒心,怕被汽车公司派人拦住去路,只得绕道荒僻马路而行;三四处小房子,因拿不出开销,只得睁眼望着姨太太们开后门(★)而不敢放半个响屁!近来上海市面受着不景气影响,不但小亨中亨们的叉袋底不便抖穿,即有少许大亨也度着这种哑子吃黄连式的凄惨生活!

"抖叉袋底"是一句上海俗语,意思与"拆穿西洋镜",或"戳穿猪水泡"相仿佛,语气则比较严重。"西洋镜"与"猪水泡",不过指一事一物而言,"抖叉袋底"则将其人之陈年宿古董的丑历史为之全部揭穿,正似奸商在叉袋底下混杂劣货,遇见了吃精麻子(★),将叉袋底层翻将过来,使奸商无从遁形,被抖的朋友虽然难堪,一般社会却洞见黑幕,以后不至上当,未始不是快事!

"抖叉袋底"在瘪三社会里则谓之"摊臭缸"。天下粪缸未有不臭者,但是静如止水的粪缸,不去搅乱他的秩序,则他的臭味尚能蕴藏在里面,不至臭气四溢,如遇不识相朋友(★),用毛竹淘动缸底,则臭气惊动四方,人皆掩鼻而过,此上海人之所以有"屎坑越淘越臭"之俗语也。抖叉袋底即淘动屎坑之底,虽未摊开臭缸,其芬芳馥郁之气,也就有些不大好闻咧!

人非圣贤,终有一两桩私弊夹帐,不可告人之事,平常藏在叉袋底里,希望他烂得无影无踪,若一旦被人将他的叉袋底货暴露在千人百眼之前,其人纵有涵养功夫,难免忍不住要三光透顶(★),他唯一的报复方法,就是将那人的叉袋也大抖一番,"抖人叉袋者,人亦抖还之",臭缸互摊,丑声四播,请看此日域中,竟是"倒老爷"的世界,我们如入鲍鱼之肆,久而不闻其臭。君子曰:"大臭不臭"!这就是我们不至于天天吞痧之理由。

上海人称坏坯子为"着底货",抖叉袋底者即将着底货公开展览,此中魑魅魍魉,牛鬼蛇神,无不兼收并蓄,正似时髦人打的新法麻将,叫做"无奇不有",洋洋乎大观,猗欤盛哉!

三八 出门勿认货

诚实无欺的商铺,店堂中都悬着"货价不合,包退还洋"的标语。但是也有人借此作欺骗生意的,如卖滑头药的商人,也用"服后不灵,包退还洋"的广告。药吃腹中,已变成尿粪,怎能再拿原物去"退洋"?

有许多店铺,因有不得已的苦衷,卖出货物即不能退换,不过是有限制的。如绸缎庄之"剪断折皱,概不退换",如不剪断不折皱,照样能退换;药材店之"丸散膏丹,一应花露,真伪难辨,恕不退换";这些都是有理由的"概不退换",我们应原谅的。

上海有一部份商店,出售的既非鲜货,顾客拿回去看了一遍,又不会污损原物,他们竟挂着煌然金字招牌,说是"货物出门,概不退换"!这种商店,一

半是怕退货麻烦,一半是倚靠老牌子,以为顾客相信他们货真价实,始登门购买,买后即不许反悔!这是十八世纪的营业方法,到现在是应被淘汰的了!

据旧式商店老板说,退货也有一种困难,因为旧商店售货,向来不用发票的,有一般不道德的买客,买了上等货去,拿次货来退换,双方争执,各无凭证,商店为免骚扰纠纷,只得一概不换。既欲防免此弊,何不采用发票制?一举手之劳即能改革了。

货物出门,概不退换式的商店,实有些"死人额角头"式气(★),上海俗语谓之"出门不认货"!顾客买了货物,未离柜台尚有商量掉换的余地,若跨出门槛,非但不退,即此货物也不承认是本店出售的了。这种店规未免定得太也严厉!从前有一部份商铺,将一半柜台装在门槛外面,顾客购货,根本没有跨进店铺的门槛,那是

店伙计于银货两交之后,顾客未移寸步,伙计即能反颜不认,天下岂有此理!

"出门不认货"!上海的游艺家,于未歌唱之前,引这句俗语来向听众打招呼,意谓他们所歌唱的词曲,是东拉西扯随口胡诌的,说出唱出,就此算数,他们自己即不负错误责任,请听众不必盘根究底,吹毛求疵!

有许多说话不负责任的人,他们也不是存心欺骗别人,只是爱打谎话,有人信了他们的话,少不得要上他们的老当。上海人称这种人的言语,谓之"十句九笃落,一句无着落"!"笃落"即抛弃之意,十句话中有九句须抛弃不能听,内有一句似乎比较可信,试加调查,还是毫无着落,结果是十句尽是谎言!大家知道这种人的脾气,便称他们的说话是"出门不认货",只可当笑话听,不能拿他作准!

社会愈进步,人类的说话愈不可靠!原始时代的人民,没有文字,全仗说话为信,上海下层社会中人所谓"牙齿要当阶沿石",即季布一诺重千金之意,此语绰有古风,盖打流朋友亦以信义为重也。近代交易,则说话等于"豆腐肩胛",完全不能作凭,非订定契约不可,契约条文,不厌求详,还双方签字盖章须,始能发生效力。

但是契约文字,难免挂一漏万,存心作伪的朋友,不难在"豆腐里寻骨头",契约推翻,等于废纸,双方就无发生法律纠葛了。至于口头所许的利益,则"出门不认货",更能图赖得一干二净,对方纵能提出证据,也自奈何他不得!"一言既出,驷马难追",这是古来戆大所奉行的话,现在世界已不大通行了!

西厢记的红娘,因崔老夫人图赖张生婚姻,尚能说出一番"人而无信,不知其可也!大车无輗,小车无軏,其何以能行之哉"的大道之理。臭丫头尚懂得一个信字,堂堂相国夫人的说话竟也实行"出门不认货"主义。可见信义之实行,殊与人的身份无关,神圣不可侵犯的国际条约,也许不及上海瘪三之一诺!

旧剧中有一段玩笑对白,颇能描写"出门不认货"的真义,原词不很记得清楚,为述大意如下:

(生)拿来!

(旦)拿什么来?

(生)拿我的话儿来!

(旦)话出如风,怎能抓取?

说话与放屁一样,出口以后,被一阵轻风吹散,无凭无据,到那里去抓取?俗语有"说话赛过放屁",即指"出门不认货"的说话而言。或云,放屁尚能闻到一阵臭气,说话则有声无臭,若无留声机为之收音存案,竟是无影无踪的东西,故"外国黄牛"不妨烂吹其皮,即使被人当场捉住了虚伪,仍能强辨抵赖,是以俗语有进一步的说明,叫做"说话不如放屁"!

古人著作,每成一书,须费数年心血。有价值的文章,每人毕生不过数卷,或仅有一两篇可以传世。现代的所谓作家,都以卖文为活,朝书夕刊,连自己复校一遍的工夫都没有,以至疵谬百出,前言不答后语,居然也能灾及铅粒,出版行世。大家也承认这种文字为"出门不认货"的东西,老实不客气的批评,也就是等于"屁文!"在下所写,亦屁文之一,不得不挂起"出门不认货"的招牌,尤其在病所作,甫写下句,已遗忘上句,不但篇篇有雷同字句,即每篇中亦多前后矛盾之言,是诚狗屁不如也!在下自己先打招呼,免得有干众怒。

三九 倒胃口

口为人体之收入机关，胃为分配机关，我们将饮食纳入口腔，由食道送进胃中，胃司分化之责，将有用的滋养料，分门别类的输运至各脏腑，渣滓排入大肠，作为废物排泄出去。

如果将人身比作政府，则口好似征收国税的机关，胃好似财政部。口为自由肌肉，"贪嘴勿留穷性命"的朋友，能多多益善的将食物送入胃部，故有"病从口入"的古训，胃则宣布独立，对于他的主人，颇有"将在军，君命有所不受"之概，所以他能大公无私的尽他的责任。他既自己不思中饱，又不肯偏袒任何一脏！如果口腔贪得无厌，收进了过量的食物，使胃一时来不及分化，胃便要"掼沙帽"（★），实行罢工，那时口

腔也要大受影响，眼望着山珍海味，美酒佳肴，使他一滴不能下咽。请问政府中可有像胃这样的廉洁的官吏吗？

胃脏如果像口腔一样，也成了自由肌肉，"贪多嚼不烂"的食物尽量的望里面塞，逼着他加紧消化，使人类的食量大增，那是不但世界上的粮食将发生绝大恐慌，即人类的寿命也将为之大大的短促！

高等动物的胃脏，仅占腹腔中之一小部份，低级动物，如虱类蚊虫之属，身体虽小，胃口却极大，他们吸食人身的血液，能将身体吸得像红灯笼似的一个。他们饱食一餐，能维持大半世身命，高等动物则非日进数餐不可。而且他们即使吃得几乎胀破肚皮，肠胃也不会罢工，这是人类不及下等动物的地方。如果人类也能像他们一样，吃饱了一餐就能半辈子不发生饥饿恐慌，则我们的世界就不会像现在这样多事了。

我们如果尚未得到辟谷之方,而未达到成仙得道之际,若遇胃纳呆滞,饮食不思,身体上发生了障碍,这大半是受饮食过量的影响。此时胃与口同时停止工作,上海俗语对于这种现象谓之"倒胃口"。

"倒胃口",即胃与口同时倒闭之谓。近来上海社会受世界不景气的波涛所鼓荡,倒闭之风大盛;不但银行钱庄会倒,即基础坚固的百年老店也会学时髦,请律师会计师宣告清算。尤其是有几个微资存放在外面,靠此生息养命的老弱孤寡,听见了一个倒字,格外来得提心吊胆!然而银行钱庄之要倒,与"天要落雨,娘要嫁人"一样,断不是几个无拳无勇的存户所能反抗的。现在是相继倒闭,将来还不知闹出什么新花样来咧,大家只有听天由命罢了!倒胃口者,正与此相仿。再以近事譬喻,胃好比是宁波实业银行,他首先宣告倒闭,与他有直接关系的口,便似上海国货公司,不得不连带的被他牵倒。这就是胃口二物相互的关系。

上海倒了重要银行,也许要牵动整个金融市面,但是上海市尚不至于就此坍倒,虽有金融界出而维持,也不过聊尽人事而已。你们看,上海倒过多少银行,有几个能够起死回生?"倒胃口"则较倒银行的情势更为严重,因为食物为人生养命之源,胃与口同时宣告清理,弄得不进不出,身体内缺乏了滋养料,短时期犹可勉强支持,若长期停止支付,则全部腑脏都将发生恐慌,最怕的是心脏与肺部罢工,那就要全体崩溃,魂灵儿无所依附,只好去另投人生咧!现在的我就这种状态之下,胃口已于一月前宣告倒闭,这几日虽在加紧清理,但因烂帐太多,清理人甚为棘手,虽连日服药,舌苔上的厚腻竟无法消灭,看来我的躯壳也将全部崩溃了!

不但是病人会倒胃口,即康健人也有倒胃口之时,穷人日食无油水的青菜豆腐,果然要吃倒胃口,就是富翁每日吃重油腻的鱼翅海参,也要吃倒胃口。这种倒胃口并非真倒,只要每日换些新鲜口味,胃口就能复原。譬如银钱业,有的地产吃进太多。有的押款吃进太多,也会吃倒胃口,这就全靠主持人的善于调剂了。如果吃得进,拉不出,也许要牵倒身体,上海就有不少商家,就是这样胀死的!

倒胃口在上海俗语中还能作一种比喻。例如:

凡看见不愿意见的人物,要倒胃口。

凡听得不愿意听的事情,要倒胃口。

被人羞辱一场,也算倒胃口。

"厌人面前说厌话"的不识相人(★),谓之倒胃口。

坍台(★)亦倒胃口之一种。

与声望资财不如己的朋友交游,据说也会倒胃口。

干求不遂,亦倒胃口。

马屁拍在马脚上,求荣反辱,最倒胃口。

揭人冻疮瘢，使人难堪，是为倒对方的胃口。

上海人的胃口真是太弱，胃口一碰就倒，倒胃口的倒子也举不胜举。大概上海人吃得太考究，胃中贮藏的油腻太多，多数人皆患重轻不一的胃病，所以吃饭都像蟋蟀似的只吃少许，稍微一经风浪，胃口就要倒闭咧。

与倒胃口立于相反地位的，是为"好胃口"。廉颇一饭斗米，肉十斤，胃口果然不错；樊哙拔剑切食生彘肩而能尽之，则其胃口似比廉颇更好；李太白的斗酒诗百篇，吃酒的胃口也不算推扳。近代百事进步，人类胃口之好也随同进步，在游戏场表演吃活蛇活乌龟的冒牌生番，他们的好胃口竟压倒一切古人。

在上海做人，胃口不能不练习得比较好些，"唾面自干"的朋友是一等好胃口，"吠痈舐痔"，"捧臀撅屁"，胃口也不能算怀。被人说一句重话，就会面红耳赤，见别人拍马屁，自己的汗毛也会站班，这种人的胃口太无训练，根本就不宜到上海滩来混饭吃！

"叫化子吃死蟹"（★）也属好胃口之一。做垃圾马车（★）者，不一定为了发泄兽欲，有的是为爱风光，有的贪图厚利，即使遇见了无盐嫫母一类怪物，也只好捏了鼻头将死蟹细细咀嚼，嘴里还不许露出半个臭字。这种人的胃口虽好，精神上也就十分痛苦，别人见了那怪物就要"倒胃口"！

有人说，旧小说中常见的两句成语："长他人志气，灭自己威风"！这两句话颇可以作"倒胃口"的注解。我则以为上海俗语的"倒胃口"涵义很广，此二语只能代表一部份意义，未能包括全都倒胃口。

胃口倒得厉害的人，据说会将"隔夜饭"一齐呕出来。"呕隔夜饭"又是一句上海俗语，限于地位，以后再专论隔夜饭吧。

四○ 自痫不觉臭

福建人吃的笋䐗,浙江人吃的咸菜梗,臭气传遍三间屋,我们闻见了这恶味就要恶心,有特别嗜好的人却视同珍馐,据说有此异味,即能多吃两碗饭。异省人见之,皆佩服他们的好胃口!

刘邑见别人床上落下的疮痂,他便抓来像广东人吃龙虱似的大嚼特嚼,欢为异乎寻常的美味,这果然是更好的好胃口!

邓通为汉文帝吮痈,这胃口似乎比刘先生更好!因为疮痂好比为腊肠虾米等东西,都是风干的,吃起来比较容易下咽;至于生在别人身上的痈,那就好像奉化水蜜桃了,里面包含着充份玉液琼浆,轻轻的一吮,如果像水蜜桃一样成熟,则浓血会像自来水一样直浇到吮痈朋友的喉咙口,若非天生特别好胃

口,到有不呕出"隔夜饭来"者也!如此胃口,只怕永无倒闭之日。以此好胃口,到上海滩来活动,怕他不能白手成家,挣他几百万好家私吗?

有人说,吮痈邓通的胃口之好,尚不及那舐痔朋友。痈不过是脓血气味难熬罢了,痔则生畏的地位十分尴尬,脓血淋漓之外,还包含一部份宿粪味道(有痔病者大都便闭,故其粪多宿),合之脓血,好像一碗烂痈三鲜汤(★),滋味更加特别!况且痔受舐以后,刺激粪门,难保不送一两个小达子式的又长又响的夹屎臭屁出来,如果舐者也是须眉男子,便像泼翻了一碗炒蟹黄在他脸上。这不是比硬咽脓血更不是滋味吗?

话又要说回来了:痈也,痔也,疮痂也,生在别人身上,我们就见得有泥土气,如果移生到自己身上来,那就无法嫌比其腥醒咧!

"螯蛇在手,壮士断臂"。壮士并不愿意牺牲他的臂膊,实欲保全他的性命,如果舍不得臂膊,全身俱将随臂膊同归于尽。爱搽脂抹粉的时髦女郎,不幸在她的额角头上生一个热疥头,她也只好乖乖地在游丝眉毛上面贴着两条十字交叉的橡皮封条,如果使用西药久久无灵,为保持她将来的美容起见,就是中国式的肮脏膏药,也只好贴一两块在她的特别照会上。这就可以证明,在别人身上的东西,都嫌得不干不净,一旦弄到自己身上的话就无法可想,即使十分污秽,也只得耐性忍受!

时髦女子每嫌臭男子身上腥臊,其实上海之有女浴堂,旅馆里附设男女通用的浴盆,以及中国人租住浴室的房屋,这些都是近年来才有的设备;在若干年前,女子只能潜伏在木制红漆浴盆中洗浴,女子的沐浴时期仅限于夏季,生炭火盆洗浴的人家,千家不能有一,那时多数上海女子,每年至少有八九个月是停浴时期。三春天气,看她们外貌打扮得粉搓玉琢一般,身上略加摩挲,就有不少灰白色的面条子随手而下。男子虽有懒洗浴者,到了大除夕的下半夜总要偷空到浴池中去浸一浸,总比女人干净些。

现代的时髦女郎也许与前大不相同,爱游泳的小姐,天天下水,她们浸润在水中,皮肤虽被烈日晒得很黑,身上总不至于有应手而落的面条;但我不敢保证她们冬季也是如此。

天下仅有许多爱洁成癖的朋友,忽浴(★)成了瘾头,每天要洗一百二十盆脸水,表面上不很清洁的东西,连手指头都不愿去接触;但是,他们每天却不能不翻过手臂去替自己擦屁股上的余秽!

粪是世间最污秽的东西,但是无论如何干净的人,肚皮里不能不包藏几许大粪。人而无粪,即不能算人。即使是神仙,或为鬼怪,人类常将猪头三牲,面筋豆腐等物供养他们,如果他们食后不化为粪,则一切神仙鬼怪,岂不要患肠胃病而胀死?

大便,上海人谓之"撒痢",久不撒痢的人,即使是一等老枪,也要翘辫子(★)的。康健的人,最好是天天见痢,就是自己手指须天天与屁股接触。无论是谁,断不能嫌自己的粪,臭而不擦屁股,所以上海人有"自痢不觉臭"的俗语。

自己的痢,当然也有臭味,一阵背后风吹过来,若不患重伤风,自然也能闻见,不过自己的痢,总比别人的臭得好过相些。故人人不怕擦自己的屁股,若教人去代擦别人的屁股,胃口虽好也不敢效劳!

代擦别人屁股不是没有,最平常的是不会自擦屁股的婴孩,撒了烂污必须母亲代擦;一等老三老四的大亨都须经过此阶级。据说,故院长谭延闿先生,因身体肥胖,自己的手指无法与屁股接触,不能不命亲信当差代擦屁股。他是一个有地位的人,始有雇用仆人代擦屁股的能力,如果是肥胖的穷人,那末怎么办法?只好终生不擦屁股了!有人说,肥人时常发生饥饿恐慌,根本不会养得太肥,故无雇人代擦屁股之必要。吾友李阿毛,为上海标准大块头,据他的报告,也常感到擦屁股的困难!

为谭院长擦屁股的二太爷,无非也是看在铜钱份上,忍气吞声,不得已而为之。当他代院长擦的时候,与湾手自擦屁股,他的感觉总有些异样,这就是俗语"自痴不觉臭"的心理作用。"自痴"也许食伤之后比"他痴"更臭,只因是自己的肠胃亲身制造,而从自己肛门中输出的本厂货,纵然臭气直冲鼻端,却还臭得有点儿回味,心理作用,能使人疯狂,甚至送掉性命,何况区区一泡粪?

"自痴不觉臭",并不教人效法猫狗,出恭以后,还要低下头去细辨粪的气息,此语在上海也不过一句比喻而已,意思与"癞痢儿子自家好"的俗语相同。凡是亲手自造的出品,在自己眼光中看出来,总觉得比别人家的东西好一点点。这种例子甚多,请举两则如下:

平常看见别家的孩子总觉得讨厌,等自己养了一个出来,纵然骨瘦如柴,浑身疮痂,日夜泣哭,尿粪满地,他也不会嫌恶,知道小孩子是应该如此的。

狗屁不通的诗文,自己摇头摆尾,吟哦不休,听见别人对他有忠实的批评,他就会生气!交稿卖给人家当然不要,他就自备资斧,印了很考究的专集,分赠朋友,不怕读者冷齿!

这种例子实在太多,不必多举,免取读者讨厌,可见"自痴不觉臭"固不止揩屁股一端也。

天下的东西都是自己的比别人的好,唯有家主婆一物,却是别人家的比自己的好,这是"自痴不觉臭"的一个例外!

四一 花头

事有凑巧,接连写了"倒胃口"与"自痫不觉臭"两篇都是不很干净的东西,脾胃稍微薄弱的人,读了也许真个要大倒胃口,呕出隔夜饭来!俗语的确有许多涉及污秽的,事实上无法避免,只是不宜连二接三的发表罢了。诸君连闻了两次臭气,今天便用一朵香喷喷的花来为诸君解秽。

植物学家把一朵花分析得十分精细,计有花冠,花瓣,花蒂,花须,花苞,花蕊,花粉,花丝,花萼,花茎,花托等专门名词。花的组织,异于动物,故无四肢身首,惟有上海地方最多"花头"!

"花头"并非真是花上之"重骷髅",乃是一种比喻。名贵的花,如牡丹山茶之类,每株仅开一朵二朵;种类比较平凡的花,如木香,茶蘼(俗称十姊妹),牵牛等花,花朵就开得极多,有的竟是数十朵聚为一簇,这一株的花朵未谢,那边又穿出一丛新的来,姹紫嫣红,开得十分灿烂。

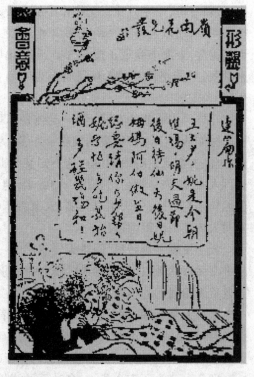

含苞未放的花朵,植物学家的专名谓之"花牙",北方人叫做"花钮",上海人则称之为"女头"。繁花的草木,东穿出一丛女头,西穿出一簇女头,使人目不暇接。上海人所谓"花头",或即指此捉摸不定的女头而言。

花头多的草木,大半都是牵丝攀藤(★)的东西,就是上面所举的几种,茶蘼,木香,牵牛,也都是攀藤的植物。是以善翻花头的东西,必须具有牵丝攀藤的个性,草木若不依附有力份子,则这许多五光十色的花头,其本身即将无法支持。

花头须磨练始成,凡物久经磨练,必甚光滑。花头多的朋友,上海俗语谓之"花头透",凡花头透者,其头必滑,是即滑头麻子也。

滑头麻子以"出花头"为吃饭本领,他们能无中生有的掀起风波,使人掏出腰包来平息风波。他们的术语谓之"翻门槛",或"出噱头",亦名"掉枪花"(★)。花头为滑头麻子的衣食所系,据说他们有一部祖传的秘笈,专载各奇各色的出花头方法,书名等于圣贤所遗经传,名之曰"花样经",故花头亦曰"花样"。

　　"花样经"者,正似大工厂大商店所出之商品样本,书中所载,虽未有人目睹,顾名思义,大概总是各种出花头的样品。根据花样经以出花头,则花头可以层出不穷,日新月奇,千变万化。上海市中的花头,往往有出得匪夷所思的,看了自能教人拍案叫绝;所以上海有一新花头出现,便能风行全国,各处争相效尤。花样经真是人间秘宝,上海书商现正搜罗古书,翻印出版,供售重价,若能悬赏征求一部花样经来翻版,必能洛阳纸贵,不胫而走也。商务中华其有意乎?敢为贡献一条发财生路。

　　花样经中所载的花头,不一定纯是坏事,内中也有许多思想巧妙的新发明事物。譬如从前上海市中突然发现了许多"烤"字,大家都不懂这葫芦中卖的是什么药,上海人都议论纷纷的说:"这不知又要出什么花头了"!过了几天,那"烤"字才告诉人家,原来是烟公司新出一种香烟,他们的烟叶是烤过的。说穿了半文不值,但因烤字与纸烟,牛头不对马嘴,人家总不会联想到一块儿去,所以大家都称赞这发明人的花头出得蛮透!

　　天空发现一颗彗星,闷热天气忽然响一个霹雳,发大风刮来一阵黄沙,这些都是平常无奇的天象,无知的愚民便会惊走骇告,说是"这又要出什么可怕的花头了,天老爷先给我们的预兆"!

　　上海人真有些"谈花色变",因为大家都被花头闹怕了!一二八来了一个大花头,闹得满目疮痍,市面大变!从此上海市好像得了一种虚痨瘦削症,只见他一天天的瘦弱下去,不见他肤色红润,肌肉坚实起来!

　　即舍大花头而言小花头:多时不见的朋友上门,不是谋事,便是借钱,多少总要出一点小花样;偶而想出去消遣数小时,翻开报纸来看,家家游艺场所说得天花乱坠,几使人无所适从,拣一家宣传得最广大的去领教一番,结果不是上当,便是失望,原来他们大半是出卖噱头势的;商店家家减价,广告上便宜得异乎寻常,一经尝试,难得给你揭着一些便宜货,翻花样经的居其多数。

　　商人也很困难,处在这花样百出的时代中,被环境压迫,若不想出些新花头来,便不能立足,所以邵万生也破例登大减价的广告了!大家争奇斗胜的互卖噱头,商业道德日渐堕落,信用日渐丧失,但等花样经上的花头一一翻完,也就是大崩溃的末日到了!有人说:旧花样经告毕,又有新花样经继续编制,世界上的噱头是卖不完的。所以靠噱头势吃饭的人,大可以不必担心。

花头由友人口中翻出来,效力比男人的花头大得多,故上海人称花头为"女头",不是没有理由的。妓女敲嫖客的竹杠,邀嫖客碰和吃酒,不得不略施小手段,所以妓院称碰和吃酒为"花头"。现在的嫖客也受不景气影响,听见了花头,都有些头痛脑胀,自愿掏腰包做花头的阔客,在近来的花界中已不很多见,莫怪花丛姊妹也唤着"倘子饭难吃"的口号!

中国人的生活,以"平安无事"为大吉,最好是终其一生不出花头,惟有妓院则盼望花头越多越好。上海滩花头如此这多,大家见了头痛,恨不得将成千累万的花头移赠给新任的花国当选诸名妓。

四二 香伙赶出和尚

家里不死人,不知道和尚道士的妙用。新近我死了一个家主婆,我家本就人少,虽然临时请了几个帮的忙人,总觉冷清清的,尤其是半夜以后。后来雇用了一班和尚来,顿时觉得热闹了许多。预备明天要奔跑忙碌的朋友,此时也能休息假眠一会,把守尸的责任全部交给几位光头先生了。

至于以后的接管,和逢七做的一切拔亡斗,穿大桥,铺血河,放焰口等法事,虽是骗活人的玩意儿,但为纪念死者起见,借此号召亲友的惠临追悼,我以为还比活着时叫几班恶劣的堂会来胡闹一场有意思些;就是几个老资格的和尚念的字正腔圆的香赞,我以为也比什么"写字台","哭七七"等小调唱得有味儿。

吾国曾有一个时代,高唤"破除迷信","打倒僧道"的口号,结果未能损及和尚头上一个香洞,大概就是为了上述的原故。

和尚是出家的人,未出家前,与我们一样的;既然出家,照理就不应再在都市中溷迹,合该隐蔽在深山中去静修才是。不过,全体和尚若都遁入深山,上海滩死了人都要赶到四川峨嵋山去叫和尚来追荐,那又觉得太不便利了!

顷见报载,日本僧人截至一九三三年八月一日止,共有十六万二千六百八十一万人。上海究有多少和尚?不是容易调查的,因有许多住小客栈的和尚,佛教机关亦难查明。在上海活动的和尚,的确有许多不理于人口的地方,如和尚打野鸡,长期在燕子窠(★)挂单的和尚,都是不能十分否认的事实。和尚是无利欲心的,而上海滩偏有许多请律师争庙产,官司打到大理院的和尚。黄色新闻里还能发现和尚轧姘头（★）的怪事。凡此皆足以启社会轻视出家人之心。

凡是多数人的集团，总是良莠不齐，我们不能以上海少数撒烂污和尚，就抹煞一切善良的和尚。中国的和尚究有多少，虽无精密统计，住在上海的仅不过一小部份，撒烂污的极僧，又是少数中的少数。请佛门子弟不必多心。

中国多名山胜迹，凡属名胜区域，堪说全部皆由和尚管理。古语"天下名山僧占尽"，确是事实。

名山胜迹，危崖绝壁，这是多么好的去处，我们偶尔高兴，邀朋友结侣，到那里去暂时观光，在和尚寺中吃一餐麻菇香蕈饭，觉得比都市中的鸡鸭鱼肉的滋味要鲜美得多。吃饱了素斋，捧着一盏山泉，呆望着山门外的青山绿水，翠柏苍松，凭一时冲动，就会羡慕着山中和尚，发生超尘脱俗之想。如果教我们连住一星期，即使和尚特别招待，天天请我们吃麻菇香蕈，也会嘴里淡出鸟来；若教我们伴着普通僧众到大食堂中去尝试一次盥斋饭，只怕连夜就要逃下山来咧！

在名山大泽中苦行静修，已是不容易事，如果是将一片荒山交给你，要你赤手空拳建造一座璀璨庄严的庙宇，则其中经过的困难，确不是我们所能想像的。所以凡在穷壤僻邑的高山峻岭上建造寺院的开山祖师，实具非常魄力，一砖一瓦之微，都是用阿弥陀佛，或竟是磕头礼拜换来的，我们应对他们表示敬意！

香伙，顾名思义，应是代人烧香点烛的伙计，他是和尚雇用的雇工，譬如俗家的仆役，到了和尚庙中便叫做香伙。香伙的工作，平常在寺中打扫佛殿，遇有佛事出门，代和尚挑经担，念经时伺候和尚的茶水，并保管法衣法器等杂物。他们的性质，好像戏班中的"箱管"。

和尚绝对有权指挥香伙，香伙得了和尚的工资，也应服从和尚的命令。香伙在庙中是非必要的，规模较小的寺院，没有香伙，仅有和尚，我们仍能承认他是一座完备的僧庙；若使庙里仅有香伙，而无和尚，这就不成其为庙了。所以庙里只有和尚赶出香伙，香伙万不能赶出和尚。

上海俗语之"香伙赶出和尚"，乃是一种反常的举动，新名词叫做革命。

样样命都好革，惟有和尚命却不易革！叫花子可以革皇帝的命而自登龙位，因为叫花子穿了龙袍，与皇帝并无两样。香伙要革和尚的命，除非先投降和尚，烫好了香洞，学会了念经，否则，即使赶出甲和尚，又有乙和尚来争夺庙产，势难长期霸占。但是，香伙投降和尚后，香伙即成和尚，原是和尚赶出和尚，不能算作香伙赶出和尚。

"香伙赶出和尚"的俗语，在上海有"奴欺主"之意。我们出资本经营的事业，请了一位精明强干的经理先生管理，将全部银钱出入都交给他掌握之中。因为我们太信任了他，他便营私舞弊，将资产饱入私囊，我们因不堪赔累，只得将事业出盘,经理先生便老实不客气的接盘下来,大好事业就此属他所有。这就叫做"香伙赶出和尚"。

我们因事远行,不便携带家眷,幸喜有一位好朋友,看他诚实可靠,颇堪信任,便托妻寄子与他,将全部家务都托他照应。等我们出去了几年回家,门口已换了公馆招牌,儿子已跟着他娘改了姓,那屋主人就是我们最要好的老实朋友!此亦"香伙赶出和尚"也。

其他如妓院中之"剪边","割靴腰子"等怪剧,亦在香伙赶和尚之例。凡是"反客为主"的举动,在上海发生,客人都是香伙,主人少不得屈居和尚。在这诡诈百出的社会中生存,我们虽不欲出家,却有人强迫我们剃了光头做和尚!

我们住着的租界,就是一个香伙赶出和尚的局面。数百万隶属中华国籍的上海市民,有家等于出家,被统制于少数香伙,我们天天念经赚钱去供养他们,还要受香伙的穷气,大家神经麻木,都不很觉得。这就不能不归功于和尚皈依吾佛以后,涵养功夫比香伙好得多咧!

现在是提倡敦睦邦交时代,这种费话也不易多说,就此罢休!

四三 | 买司干

据最近调查,上海的人口已有三百三十余万。

在未辟租界以前的上海有多少人口,上海的旧杂志总有记载的,手头无书,不能查考,大概最多不过现在的一个零数。

三百三十余万,都算是上海市民,欲求真正土著,只恐百不得一;尤其是租界居民,千人中也不过有一两个真上海人。

混称上海市民,不但全国各省市县的人皆有,内中还混杂了许多东西洋的外国人。如果分门别类的调查清楚,上海竟可以开一个中外人类展览大会。

自开辟租界以后,上海便被称为华洋杂处之地,华人与洋人,既经杂处,不能不有交接往来;既有交往,不能各装

哑吧,互作手式,势必有一种交换意见工具。中国人既不通洋话,洋人更不懂华语,于是发明了一种专为华洋对白的特别语,只能在上海通用,定名曰"洋泾浜"话。外国人向来就以洋泾浜代表上海,如租界条约至今犹称为"洋泾浜章程"。洋泾浜就是现在的爱多亚第七路。

因上海人口之杂,上海的言语跟着杂夹起来。现在上海租界中通行的言语,已不是真正上海话,内中不但夹杂了许多中国各地的方言,并且混进了不少洋泾浜话。例如,赌钱合伙,谓之"哈夫"Half,钱多曰"麦克麦克"Much,囊内空虚曰"瘪的"empty,热汽曰"水汀"steam 等皆是。"买司干"也是此中之一,同为洋泾浜话。

关于洋泾浜的口诀,我在那摩温(★)中曾经举过些例子,只是没有提起"买司

干"一语,因为现在的"买司干"颇风行一时,所以本篇专论此语。

"买司干"据说是一句西班牙语。西班牙从前原是一个很强盛的国家,其人民最富冒险精神,国境虽不大,海岸线却比较的很长。滨海居民,皆善航海,哥伦布虽是意大利人,他的能够发现西大陆,却完全倚仗西班牙女王伊萨拍拉赞助之功。

上海人与欧洲人通商,大概亦以西班牙人为最早,至今上海俗语犹以西班牙代表一切白种,称他们为西洋人。在洋泾浜中搀杂几句西班牙话,并非是不可能的,"买司干"之外只怕还有西班牙话的成份,不过没有这句话的流传普遍罢了。

"买司干"为 Maskey 之译音,英语作假面具与钥匙解释,从前有人设买司干商店,即以此二物为商标。

"买司干"之意义,在上海人的口中,与英文之 Never Mind 同义,即"不妨事"之意。但是有许多人以"买司干"为口头禅,含义极广,牛头不对马嘴,都能将"买司干"装上去。

上海下层阶级的口头语,如"勿要摆拉心浪","勿摸乱","谈也勿要谈",凡此"漫不在乎"的话头,皆能以"买司干"一语代替。其他如电影界流行的"蛙开",以及一切肯定词,"买司干"语意中,皆能一一包罗。

露天通事引导外国人到城隍庙店铺中去买东西,通事对外国人说,一声"买司干",即包含该物品质优美,定价低廉,可以买得的意思。这个字的定义实在太广泛了,不是一两句话所能说得清楚的。大概对人说"买司干"总是好意,决不会得罪人的,可以说是一个吉祥字,所以有烟卷商将买司干取作纸烟牌名。

天天将买司干挂在嘴上的人,也许成功一个"买司干主义者",此人就是一个绝对谦让的无抵抗主义者。有人指在他脸上辱骂他,他也说"买司干";有人将唾沫啐在他脸上,他也是"买司干";甚至伸手打他两记耳光,他还是一个"买司干"!这样的"买司干",未免就有些太"买司干"了!

有人说,耶稣就是一位买司干主义者。有人打他的左颊,他能以右颊承之。耶稣若不买司干,怎能受后世人的长期膜拜?释迦牟尼的似睁非睁的眼睛,何尝不买司干?世界上的宗教始祖,都有些抱买司干主义,惟有谟罕默德的回教,他一手执可兰经,一手执宝剑,若遇叛徒,当场溅血!因为他不买司干,所以信奉他宗教的子孙,至今还是很顶真,遇有牵涉他们教规,他们认为不敬的举动,决不肯像和尚那样买司干过去。

我们不幸做了中国人,尤其是现在的中国人,遇事欲求不买司干亦不可得!你若稍微不买司干一些,大则有性命危险,小则也能请你吃一场官司。现在大家共谋昌明佛教,政界名流也大事提倡,劝人念经拜佛;这就是暗示我们,凡事不能不买司干,最好是教我们都变成"做一日和尚撞一日钟"的光头马驴子!

埋埋呼呼,糊里糊涂,眼开眼闭,得过且过,今朝有酒今朝醉,过一天算两个半天,心中切莫滚油煎!天大事。买司干!天坍自有长人顶,我们身材矮小,压不到我们头上,买司干!

国家事,买司干!世界大战,买司干,农村破产,买司干!商业崩溃,买司干,世界末日,买司干!上海人打话,"死人才勿关"!

四四 | **白蜡烛拜堂**

青黄赤黑白,在中国为五种正色,黄色曾被专制皇帝霸占去做御用颜色,红色则为民间最欢迎的颜色,对此异常尊崇,故尊称之曰"大红",别种颜色就没有加大字头衔的资格。"大青"与"大黑"果然不曾听得这种称呼。"大白"惟有在洗冤录上时常发现,至于"大黄"则成为药材店中货色,吃了要教人撒烂污的东西了。只有"大红",惟我独尊!

中国人遇有喜庆大事,厅堂上装成一片大红,布置得像火烧场一样。我们认红为吉色,纵然他的色彩与鲜血相似,包围在大红堆里,鼻孔里好像隐约开着一阵阵血腥气,待得时间稍久,就会使人眼花脑胀,但因习俗相沿,大结婚时决无人敢用雪白的堂幔,或张一道大黑幕。

据老于世故者说,人生有三个最出风头的机会:第一,呱呱坠地时,弥月请客,他是一个小主角,人人都要趋奉他;第二,是大结婚的日期,他被称为新贵人,到处饮宴都是朝南坐着首位,在封建时代,他能僭服红顶花翎而不怕破靴党敲竹杠(★);第三,是死后大殓的那一天,长一辈的人也要对他屈膝下拜,穿衣服戴帽子都要大吹大擂,棺材请出大门更是郑重其事。

人生三大威风,初生不识不知,死后莫知莫觉,风头虽出得极大,都是做给别人看的,自身未沾毫厘实惠。所以最有趣而自身最感到风头十足的,惟有结婚的那一天,尤其是被赞礼生三次相请"稳步登堂"的那一刹那。

我们为甚要重视结婚大典?

中国人最重五伦,夫妻为五伦中之第一伦:没有夫妻,便无父子,不养儿子,那里来的兄弟,更不会发生朋友君臣等关系了。夫妻为人伦之开场戏,故夫妻淘里实行周公之礼谓之"敦伦",夫妻若不敦伦,五伦便伦不起来,人类就有绝伦的恐慌!

夫妻拜堂为第一伦行开幕礼,男女行过此礼之后,即须担起制造第二三伦(父子,兄弟)的重大责任,故有"多子多孙"的颂词,关系至为重大,岂能随便忽视?所以结婚又称"大喜",就是没饭吃的人家,对此天大喜事也须讨个吉利,决不许有触霉头的事情或言语发现。

结婚礼中所认为最重要的,乃是一对花烛,因为他们是左右两支,人家便借他们作一对新夫妇的象征。拜堂时的花烛须请亲友中之有福气者擎着,跟着新夫妇捧来捧去,一直送到洞房,供在新娘的妆台上为止;从此便不许花烛灭熄,如果中途花烛自熄,这就暗示一对夫妻不得白头到老,是为不祥之兆!

举行结婚大礼的人家,你如不识相,送一对白蜡烛进去,那你就得预备吃了耳光出来。白蜡烛是死人家用的东西。送白蜡烛到喜事人家,新娘子刚进门,与新郎尚未开始敦伦,你就去咒咀他们死亡,是比送小棺材给王小妹更触霉头,焉得不挨了嘴巴子出来?

别人送白蜡烛给结婚人家,尚且认为"恶矢做",岂有自家拜堂而自愿点白蜡烛之理?这是上海人打话"只有这句话,并无这件事",就叫做"空头闲话"。

"白蜡烛拜堂"在上海确是常听得人说的,这也是一句隐语类的俗语,隐射的乃是"不是长久夫妻"。意思就是说,新娘子刚进门,已经点着白蜡烛,竟像是抱牌位做亲,在最近的将来,不是新郎娶续弦,便是新娘做孤孀,白蜡烛是给他们一个抽象的预兆。

上海有许多残忍的人家,尤其是自称诗礼传家的破靴党,常有强迫女子抱牌做亲的。不过抱牌位做亲,也须先穿吉服,照与活人拜堂一样的要点红蜡烛,待婚礼行过以后,方遵礼成服改为小寡妇上坟的打扮,蜡烛也就改点白色的了。故白烛拜堂在中国旧式社会里是绝对没有。除非是信奉耶稣教的人家,在教堂里结婚,礼坛上始点几支白礼氏的白洋蜡烛。他们才是实行白蜡烛拜堂的夫妻,但是耶教徒也未必结婚后就此谭老三!

"白蜡烛拜堂"的俗语,不一定指男女结婚而言。任何事实,凡属基础不固,或创业的动机不佳,在傍观人的眼光中看出来,预料这件事定无善果,或不久就要坍台(★),都可以叫做"白蜡烛拜堂"。

将大事来譬喻,国际联盟会就是一个白蜡烛拜堂式的机关,他创始的目的,是因身受欧洲大战的惨痛,想联盟世界强国,共同消弭战祸。但是主持会务的就是列强的代表,为了自身利害,决不敢有公道的表示。意阿战云密布,看他们将燃起第二次的白蜡烛来了!

上海的许多所谓大企业家,有了一万元资本,要做几十万市面,一发牵动,全身便成僵尸,只得躺下来一倒了事,受他们害的人却不计其数！我们不要看他场面撑得极大,实在都是白蜡烛拜堂的交易！

四五 崐山城隍

（易经）"城复于隍"。城隍二字连用,原与"城池"同意,现在的"城隍"已成为"城隍神"的专名。提起"城隍",大家都知道他是头戴乌纱,身穿红袍的泥塑木彫的神像。

城隍神是中国极古的神道,他的历史,不但印度输入的如来观世音等佛不及他久远,即国货的东狱大帝,太上老君等大神道也瞠乎其后了；至于关老爷,岳夫子等更没有出道咧。礼记上的八蜡,水庸居七。据说水庸即城隍,那时候的帝王就发明祭祀城隍。八蜡之神,城隍位居老七,与神农后稷同吃胙肉,足见他资格之老。不过古代城隍专管水上事宜,故名"水庸",现在的城隍老爷则兼领水陆空三种政权,范围比数千年前扩大了许多。

北齐书有慕容俨祷城隍获佑事,唐张说张九龄皆有祭城隍文,至后唐清泰年间,又封城隍为王爵。城隍香火,世代不衰,这位老爷交的倒是一步长生运。

宋朝以前的城隍,通中国只有一位,香烟都由一人独享；赵匡胤得了天下,城隍始遍及全国,不过他还是个闲散神仙,并未执掌阴世政权,管理"鬼情"。

朱太祖打天下,好像得到过城隍的阴空助力,城隍也成了开国元勋之一,洪武坐了龙庭,便命京都郡县到处设坛恭祭城隍,并加封府城隍为公爵,州为侯爵,县为伯爵。洪武二十年,改坛设庙,制度一如阳世公庙衙门,设公案判事,与阳官同。城隍从此就一变而成地方亲鬼之官了。清朝仍因明制,列入祀典；民国以后,政府对于城隍不僦不采,由他自生自灭,给他一个阴干大吉！一直到现在还是如此。

据说,凡人死后阴魂,被无常鬼拘去以后,都要经过城隍的审问,然后正式解往阴曹阎王殿去。城隍好像是租界的巡捕房，每天要押解新鬼到临时法院，中国有四万万人口，每日的死亡率亦颇惊人，如果全国只有一个城隍，每夜要审理几万件鬼案，每日要解几万个死囚，城隍虽神通广大，只怕也要忙得他同城隍奶奶谈爱情的工夫也没得了！

朱太祖想得周到，将城隍与阳间官府一样分配，每个城池中有阳衙门的，即建立一所城隍的阴衙门，将聪明正直的出缺官员，依其阶级，封为各府州县的城隍，分别管理鬼政，以免城隍鞠躬尽瘁，有二次因病出缺的危险，弄得死后没有着落。

关帝庙的老爷都姓关，岳王庙的老爷都姓岳，城隍庙老爷则各地不同。上海城隍贵姓是秦，苏州城隍也许姓张王李赵。各地城隍的面貌年龄，也不能一律，上海城隍是朱红漆面孔，据说是吹了海风的原故，别处城隍多数是白面孔。首都的城隍是光下脖，别处的城隍多数是有五绺长须的。

江南地方的城隍，以"崐山城隍"最出名。崐山有两件名产，一为名闻全国的崐腔剧，还有一件，就是城隍。崐山不过是小小的县城，何以县中的城隍竟比他的上司府城隍省城隍出风头(★)呢？

据崐山人相传的神话说：崐山的城隍有一特点，就是眼睛永远闭紧的，原因就为崐山出过一位名人顾亭林。

相传顾亭林幼时，在城隍庙后读书，每天经过城隍神座前，城隍老爷居然会站起来迎接他，见者都很惊异。亭林的老师便劝他以后不要在神前经过，免得惊动城隍迎送。亭林却说："我并没有请他站起来，他若怕看见我，何勿紧闭双目"？

崐山城隍也真听话，当真的闭紧眼睛，给他一个"眼勿见为净"，以后顾亭林再经过神座前，城隍也就不再欠身迎送了。崐山城隍的眼睛一闭，便养成了他的惰性，永远不肯再睁，至今几百年还是像吴鉴光一样。因此崐山人便流行了一句俗语，叫做"崐山城隍，有眼勿开"。

"崐山城隍"的俗语，在沪宁路没有开筑以前，就由崐山流传到上海来了；不过大家只知道"崐山城隍"是指着眼不开，或睡眼朦胧的人而言，却不晓得是什么出典。

睡觉，江南人都叫做"睏"。睏，与崐字谐音，城隍是泥塑木彫，"崐山城隍"以为是指此人精神萎顿，眉眼不舒，老像是睏不醒的木人头一样。不知"崐山城隍"乃是一句谜语式的俗语，下面正隐藏着"有眼勿开"四字咧。

中国没有研究俗语的专家，崐山城隍俗语在上海已流行多年，大家只知其然而不知其所以然！上海至崐山的距离不远，坐火车一个钟头可到，礼拜日由上海到崐山去游玩的人也不少，大家只知道去游玉峰山，总想不到去瞻仰一回上海脍炙人口的"崐山城隍"，究竟是什么样儿，所以我们也老像崐山城隍一样的"有眼勿开"！

四六 烂污三鲜汤

"鲜",左鱼右羊,造字的古人,没有尝过"味精""味母"等调味品,便承认鱼羊二物为最美味的食品。不过这两样东西到了现代已失去了鲜味代表的地位了。羊肉多数人嫌他膻味太重,摒除不食,大汉筵席上也难得遇见髯翁的惠临;虽然北方人的涮羊肉烤羊肉依旧风行,这似乎带些游牧时代的遗风,若照了孔夫子"席不正不坐"的条件,便素然无味,因为吃烤羊肉必须短衣挽袖,将一条腿搁起在长凳上,这才是标准吃法;如果交绉绉的端坐在沙发椅"请吓请吓"地吃,就会被北方人笑话的。

鱼在江南是极普通的食品,尤其在上海,除了河鱼,塘鱼之外,还有许多海鲜可尝。若在北方,鱼鲜则比较尊贵,以海参席请客,也就可以表示相当敬意了。如果到了沙漠区域,即使每天非鱼不食的老雄猫,也只好将就些吃些免腥东西罢。

鱼羊二味,一则奇腥,一则奇膻,羊肉已非多数人所嗜食,鱼亦非人人爱食之物,我就是一个绝对不爱食鱼的一人,我还遇见好几位怕腥味或骨鲠的同志,可见鱼羊已不能认他为鲜味的代表。

江南菜馆中有一碗普罗化的大菜,名曰"三鲜汤",顾名思义,应是三味鲜品,合烹成汤,但是事实上的三鲜汤,并不如此简单,汤中的所谓鲜品,决不止三样。

三鲜汤中之主要东西为海参,块鸡,肉圆,鱼圆,鱼肚(也许油煎肉皮),这就占了五鲜;其余的杂夹东西,如虾仁,猪肚,猪腰,鱼翅,块鸭,鸡鸭肫肝……都能加入,样数最多的三鲜,可以给你吃到十几鲜。

上海菜馆中的"炒三鲜",到了北方菜馆就叫做"大杂脍"。若论实际,"杂脍"的名称比"三鲜"确切得多,实在是把许多杂菜混煮在一堆,决不是三鲜所能包括得尽的。

三鲜汤不是什么名贵食品,上等酒席筵上决无此品;平常请厨司煮的饭菜中却少不了的,所以上海人谓之"不登台榻"的大菜。

三鲜汤中的鱼肉鸡鸭,煮得极烂,都能入口即酥,断无一触一跳的东西,所有鲜味尽都煮在汤里,故有"烂污三鲜汤"的称谓。

到本地饭店中去吃,堂倌每爱打合我们吃"西汤",所谓西汤就是简单化的三鲜汤。为什么菜馆爱举荐我们吃三鲜汤?原来厨房中多余什么菜,就能多放些进去,免得有卖不完的隔宿食。三鲜汤中的主要物品,本应平均分配的,如果厨房里的白斩鸡过剩,厨子就多放几块鸡进去,其余的东西平铺在面上聊为点缀,吃客也不能否认他不是三鲜汤。所以三鲜汤是饭店中的缓冲食品。譬如吃客点炒虾仁,就不能用黄鱼羹去混冲,若虾仁卖完,只得回覆吃客。三鲜汤则为常备食物,除非饭店炉子熄火,总能应付得出。

许多人不爱吃三鲜汤,因为有些靠不住的店家,也许将客人吃剩的热炒大菜的余沥,拼凑在一起,加些鸡汤,煮成一碗真正的大杂脍给你吃。这样的三鲜汤也许比真三鲜味美,只是知道他为残羹,未免有些倒胃口,若在三鲜汤中发现几根鱼翅,这就有些可疑。

因为三鲜汤里的食品太杂,上至鱼翅,下至啃剩的鸡骨头,都能加入汤中,所以上海人便将"三鲜汤"比作泛爱主义的女子。这就是容形她凡是男子都能拉来做好充饥的食品。

三鲜汤上再加烂污的头衔,在菜馆中是没有这名称的。本地馆只有"烂污肉丝"。是肉丝与黄芽菜煮得极烂,计分"白烂污""红烂污"两种。所以不用烂污肉丝,代表人尽可夫的女性,就因红白烂污虽烂,只有两种东西煮成,不比三鲜汤是什么东西都加得进去的。

"烂污"头衔,在上海确是不大好听的名称,不但良家妇女不能烂污,即长三妓女如果出了烂污的声名,淫业也会大受影响,尽有许多上海女人,实际上比黄芽菜肉丝更烂污,面子上却都要装得板板六十四(★)。

老兄,你如初到上海,对于上海的任何女性,你如当面叫她一声"烂污货"!你不吃着耳光,也得做一次杀千刀。即使她是靠烂污吃饭的野鸡淌排(★),也绝对讳忌烂污二字,因为烂污是她们生殖器的恶劣形容词。

烂污三鲜汤似乎比垃圾马车(★)还高一级。三鲜汤虽烂污,尚是能吃的东西,垃圾马车中所载的却尽是醒醒弃物了。

有人说,普通饭店中的三鲜汤,尚为干净食物,故无烂污头衔,比作女人的烂污三鲜汤,乃另是一件东西。原来在我们所知道的小饭店以外,上海地方还有一种低级菜馆,他们食物的来源,是向普通酒菜馆收买吃剩的残肴,称为"下脚",他们的店名也就称为"下脚菜馆"。

下脚菜也分上下两等,上等菜是将残肴购来后,分门别类的经过一次拣选手续,照样有鱼翅,虾仁等品应客,就是没有整个的鸡鸭鱼,价钱比较贵些。次等的下脚菜就不能由你点菜,尽是一碗碗的烂污三鲜汤,运气好的吃客,也许盛来的尽是鸡鸭鱼肉,额角头低的朋友,就会吃到许多豆腐青菜。

次等下脚菜,每碗定价一律,不许吃客挑精拣肥。已经由上等菜馆煮熟的食物,经他们重煮一遍,当然烂熟,菜中却不敢保险他们不夹杂些瓜子壳断牙签等污秽东西,这才是名副其实的"烂污三鲜汤"。

真烂污三鲜汤,都是黄包车夫与劳动家吃的,以之比作女人,应是上海已经绝迹的"钉棚"一类下等妓女,故与垃圾马车相较,好似半斤与八两相比(非市称),实分不出什么高下!

四七 踢飞脚过日脚

练武艺的拳术家,手脚身体都比平常人活泼。我们的双脚都直垂在身体下部,轻易不能抬到腰肢以上;武术家的腿,轻轻向上踢起,就能与眉毛相齐。这一点就叫颜色!

在广场上玩把戏的小武术家,不但腿踢得很高,并能将一足抬起,脚底朝天,直扳到小和尚头的顶上,向天的脚底上还能放一碗水,表示他与水准一样平稳。这种玩艺儿,他们叫作"朝天蹬",我们看了虽有些觉得残忍,但在表演者本身却因自小练成的幼工,玩这一点花样给人看,倒是满不在乎。

"拳不离手,曲不离口"。练武术的人并不是练就了一套功夫,就能终身都属他所有,还须天天勤加练习,使筋骨的疲劳养成习惯,则练成的功夫始能归他长期享受。如果拳离了手,据说功夫仍要散去的。散功以后,虽不致于就会像痨病鬼一样衰弱无用,然而再教他们表演,也就感到很困难。据说长久不练,骨头会硬化的。

卖拳头的人,在未献大套武艺以前,必须先在场中往来踢腿一番,这并不是故意要消磨时间,确是先要借此活动他们的筋骨。他们叫做"溜腿",上海的外行朋友就称他们为"踢飞脚"。

唱戏的伶工,不一定是武行,自幼习戏,必须先练腿工,踢飞脚亦为他们必修科之一。脚底下有了功夫,到戏台上去的一举一动,自然美观;尤其是扎靠的戏,脚底无功,便难保胜任愉快。票友串戏,每多"洋里洋腔",内行见之,一望而知其为"羊毛",原因就在票友的两条腿总有些摆得不大稳当。

我们既不要学打拳,又不想玩票献丑,原无学踢飞脚的必要。不过当我们突然逢着一件意外的喜事,或是听到一件出乎意料的喜信,也会情不自禁的惊跳起来,有时候如快活过了份,更会手舞足蹈的在屋里打几个盘旋。手舞足蹈的姿态,与拳术家的踢飞脚有些相仿,上海俗语便老实不客气的称此人在"踢飞脚",当然,他们踢的脚尚不及拳术专家一半高度,因为踢时打着盘旋,也就冒冲"飞"了!

(庄子)"鸿濛拊髀雀跃不辍"。

麻雀虽一样生着两条腿,他们却从来不会学鸭子的从容态度,慢慢的踱着方步。麻雀走起路来,总是一踪一跳,举动似太轻狂!拳术家也有所谓"麻雀步",就是两足并进,学麻雀的跳法。庄子发明了"雀跃"名词,后人皆以为形容绝倒,便借来描写人类大喜的跳跃。上海人也许对于"小麻雀"的名称有些讳忌,因为"小麻雀"长大以后,便成"北鸟",上海人读"鸟"如"吊",似乎有些触耳朵,所以用"踢飞脚"代替"雀跃"。

"度日",俗话谓之"过日子",上海人则曰"过日脚"。光阴似箭,日子像射箭一般过去,原不必有"脚";但是古人又说"光阴易逝,有如白驹之过隙",光阴像了跑马,纵然飞驰,却不能不露马脚,古人并未声明过隙之白驹乃行空之天马,故"日脚"亦不能算错误。何况古人已有证明"阳春有脚"者,春既有脚,夏秋冬三季未必就犯刖足之罪,更见"日脚"之信而有征。

靠拳脚吃饭的术武家,或专唱三本铁公鸡的武老生,的确是每天非踢飞脚不可;不过单单只练好一种踢飞脚,看客决不肯掏腰包来欣赏你的飞脚艺术,所以靠踢飞脚决不能活性命过日脚,更谈不到养家活口了。

上海俗语的"踢飞脚过日脚",并非指那天天踢飞脚的艺术家,更不是说艺术家之外还有一种专门倚靠踢飞脚度日的特种阶级,他是一句形容度快乐生活的写意人,每天吃饱了饭,无所用心,柴米油盐酱醋茶,开门七件事都不用他担半点心计,他的脸部表情,常像"敲开木鱼"一样,这就是"过踢飞脚日脚"的人。

内地度踢飞脚生活的人,每日光阴大半消磨在茶馆里,故内地茶馆的营业特别发达。上海的社会繁华,对于踢飞脚朋友的设备也特别周到。戏院,舞场,妓院,旅馆,票房,回力球,跑狗,弹子房,游戏场,土行,麻将牌商,……以及一切消闲遣兴场所的大批老主顾,就是上海的踢飞脚阶级!

踢飞脚人度的生活,上海俗语谓之"泰山"(★),言其永无倾倒之日,像泰山一样稳固。前几年,若在上海有几亩祖传的地产,每月有规定的进益,除了养几个大小老婆以外,还能送些存款进银行;如此生活,本人当然不必再转念头,每天在家里踢几个飞脚,一日光阴就消磨过去了。不过,近来的市面大不景气,地产市价大跌,召租贴出去无人来问,过这种日脚的人,他们的飞脚也就有些踢不大高了!

上海的踢飞脚人,不一定是大富翁。譬如:拉黄包车人,每天赚几只角子,若能省吃俭用,照样也能大踢飞脚。有一班大商家,市面做得野大,排场非常阔绰,内里却十分空虚,移东补西,偷天换日,每日都像过大年夜一样,一个周转不灵,就要树倒猢狲散,这种阔人,上海最多,我们看他好像在踢飞脚,其实是他在摩挲脚底,生怕现在露出"马脚",又怕将来不免"蹩脚",时时刻刻想预备"滑脚"。同一脚也,其性质之相异如此!

　　"踢飞脚过日子",大概是带几分赞美的意思,上海决无自称踢飞脚度日的人,即使别人称你踢飞脚,你也要谦谢否认。但是,你若表示一种希望,则不妨先踢飞脚。

　　例如:当你在做人家一个小伙计而感到生活困难时,你不妨说:"我若做了经理,就能踢飞脚过日子了"!如给你真个达到目的,做了经理之后,你又要说:"我若自当老板,就真能踢飞脚了"!这样一步步的高升,一直升到你做了五大洲的大皇帝,你还可以说:"我若能够并吞了火星上的世界,那时才能真踢飞脚度日咧"!

　　我们在路上行走,所以看不见踢飞脚人,就因上海人的飞脚是永远踢不成功的。

　　较踢飞脚进一步的武术,是为"发虎跳"。虎跳双脚离地,为具体而征之腾云。过踢飞脚日子的人心犹未足,还想过发虎跳日脚,这就是希望做驾雾腾云的神仙了!

　　以身殉舞女的王虎辰老板,每爱在马路上大踢飞脚,大发虎跳,见者皆目为疯汉,本来,在上海滩踢飞脚度日已自不易,何况发虎跳!风闻王老板生前为大昌当铺的老主顾,每日在此中交换当夜需要戏衣,他度着这种凄惨生活,也要踢飞脚发虎跳,这就莫怪他要不得好死咧!

四八 **手铳壳子**

先来介绍两首大日本大诗翁的汉诗绝句。

出五稜郭
大鸟圭分
三军竞进气如霓。
旗鼓堂堂大马嘶。
遥识先锋方交战。
数声铳爆翠微西。

雪日观练兵
菊池三溪
喇叭声高万铳鸣。
朔风挟雪卷龙旌。
武人无复清人态。
不比翱翔河上兵。

再来一首　　　　某氏刀战,铳丸中股,创痕久不瘥,诗以慰之。
前人　　　　　　　　村上佛山
寒透毡裘暮未回。　　铳丸如雨落纷纷。
阵云开合合还开。　　奋进蒙创创尚存。
五花散在六花底。　　多年难疗或天意。
铳队分成骑队来。　　留取示人忠义痕。

以上所举几首大日本诗,乃是从"鳌头诸大家作例"的日本诗韵大成中抄出来的。这是关于军事类的好诗,与吾国的"葡萄美酒夜光杯",及"将军分虎竹,战士卧龙沙"等唐人名作并列,足见所谓鳌头诸大家也者,认为可作大日本的代表诗,所以精选出来给人拜读的。我们读了,却真有天晓得(★),也算王翰李白触霉头,会倒这种东洋胃口!

这几首诗,当然比我做的高明得多,我非常佩服他们的大胆,因为他们能将汉人所不取入诗的东西,一股脑儿揉入诗中。"喇叭"还许在新文艺家吟的新诗中可以看到,至于"铳爆"、"铳鸣"、"铳队"、"铳丸"等许多"铳"字,我友朱诗翁看见了便大呼"吃不消!吃不消"!我问他,"为什么胃口如此推扳"?他说:"铳手犹易对付,如对着我来一个手铳,则我非滑脚不可"!

我的意见则不然!刘梦得作重九诗,欲用"糕"字,因六经中无此字,即辍而不为。已被宋祁讥笑道:"刘郎不肯题糕字,虚负诗中一代豪"!吟诗若字字欲求有来历,则我们的诗祖宗屈原就吟不成功那部洋洋大观的离骚了。日本诗翁能以喇叭铳丸入诗,正是诗的进步。更进一步说,凡是世界所有的东西,皆能吟入诗中,古代的马桶夜壶,现在的电灯泡,电竿木,马路,汽车等的东西,几乎触目皆是,包围在烟囱电线当中,硬要别人吟哦风花雪月,山水田野,当然不会有好诗作出来。东洋货的铳,也是写他们看见的东西,不足为奇。

日本人的"铳",就是我们的"枪",我们的枪炮,他们叫"铳炮",我们的长枪他们叫"长铳",我们的手枪,他们却不叫"手铳",改称"短铳"。放枪的人,日本称为"铳手",我国虽有"铳手"之名,放的铳却不能伤人,仅有吓人一跳的力量。

大户人家死了人,从前照例要雇用一名铳手,在大门口大放其铳。戴红顶子的大人,由衙门口进出,每次要放三个响铳。每日天亮与黄昏,也要听见铳声。近年来久已不闻铳声,不知是被官厅禁放的呢,还是人家自动停放的,恕我尚未调查,无从报告。

上海有两种职业,同名"铳手",一种是剪绺贼,与本题无关,不必去谈;还有一种就是专门放响铳的人,也叫做"铳手"。放响铳的铳手用的工具,就叫做"手铳"。

手铳是铁制的,一端有柄,长约四五寸,以备手握;一端有四个铁管,内装火药,再用砖头击坚,铁管下有小孔,预装药线,铳手手执手铳,燃着药线,就会轰然爆发,声音比爆竹更响几倍。手铳每放必三响,所以要装四管,只怕临时失风有放不响的,主人以为大不利,故须有一预备铳。

放铳与放枪一样,反动力极大,铳才放时,必须五指紧握手铳之柄,还怕手铳走火,更须伸长手臂,蹲倒在地。当手铳将响未响的一霎那,铳手既怕手铳失风不响,又怕火药由铳屁股里放出来伤了他的手,那副患得患失,非哭非笑的表情,实有些难画难描!

当初不知是那位先生发明的？以铳手握住手铳的姿态，与铳手放手铳时的表情，拿来比作吾佛菩萨的"非法出精"，谓之曰"打手"，这真是想入非非的妙喻！

非我友胡适之先生，我尝与之同席，座多熟客，笑傲谑浪，不拘形迹，不知如何一来，竟会谈到手铳问题。他笑着说："在座诸君敢对天明誓吗？说一句今生没有打过手铳"！合座为之大笑，但亦无人提出异议。

在报纸上的医药顾问栏中，时常发现许多自己承认因犯手淫而致身体虚弱的人，医生的答复总是劝他们绝力戒除此恶习惯，乞灵于药石是效无的。可见手铳确是一件危险工作，不幸旦旦而伐之，持之有恒，即能将宝贵的性命牺牲在这一铳之手！

上海俗语称人为"手铳壳子"，倒不一定是吾佛的信徒，不过是指此人瘦得可怜，血肉全无，只剩了一个空壳。推想他致瘦的原因，也许是为了常常放铳的缘故。

手铳壳子不一定为手铳而成壳子，正与烂浮尸（★）不一定因游泳水浸而肥胖，这是一样的道理。大概下部开消太大的朋友，不问以何种方式消耗，都容易变成壳子的。

上海之手铳壳子，不言而喻，都是指男性而言，女性之骨瘦如柴也，另有"烧鸭"做壳子，已详本书前集，恕不多说。

手铳壳子为人类中之弱者，他的手握惯了铳，即无力缚鸡，与人打架果然不敢，即别人打到身上来，也只有磕头求饶，绝无抵抗能力。我们的国家所以弄得如此绩弱就是被二十余年来的捣乱份子将国家比作手铳，打来打去，打成功一个空壳子了！

四九 出头椽子

鹤立鸡群,鹤虽一时大出风头,在野鸡堆里可称大王,但被猎户老远走来,总是先看见昂首天外,像煞有介事的鹤。猎户目的原在打野鸡,但因鸟枪空着,对鹤放了一枪,一群野鸡尽被惊散,猎户顿足唤可惜,可怜那头又长又大的鹤,却冤枉送了性命,还要受猎户的辱骂。鹤死后也无处伸冤,谁教他爱出风头去立在鸡群中!

"宁为鸡口,毋为牛后"!古哲虽也劝人做鸡,但做鸡的方法却各有千秋。"鹤立鸡群"之鸡,因为鸡数太多,便成平凡的小鬼。"宁为鸡口"之鸡,乃勖人即使做鸡,却不要做埋没在鸡身下部的鸡屁股鸡腿鸡脚,须要在鸡头上占一个位置,我以为最优越的位置是鸡冠,但老母鸡的冠并不雄壮,所以古人

要做鸡的嘴巴。好在是做鸡不是做人,即使是母鸡多管闲事,忽而高兴在清晨学她的老公唱两声高调,最多是杀去整个的头,断无零碎打嘴巴的危险,是亦"士可杀不可辱"之意也。

鸡虽比鹤小,比麻雀却大得多,"麻将虽小,五脏俱全",鸡也自有他的独立组织。我们既不能做像煞有介事的鹤,便当做鸡的头脑,不宜跟在牛尾巴傍吃屁,上海俗语就叫做"小鬼堆里做大王",鬼虽小,不妨自封为王也。

先哲格言,无非劝我们"为人须为人上人",上海滩的人上人就是"大亨"。大亨绝无标准,不一定是全上海社会闲人才算大亨,瘪三社会中也有瘪三界之大亨。第一等大亨,鹤也,瘪三界大亨,那就是"鸡口"了。

既做大亨,不能不扩张地盘,广植势力,然而古语又对我们说:"树大易招风",

如果遇见的是飓风,就不免有"树倒猢狲散"之虞!为鹤,为鸡口,皆不无招风,于是古人便又翻转来说:"为人莫做出头人"!

潘老丈曰:"你不说,我还明白,给你这一说呵,我越发糊涂了"!究竟怎样做人?我也被古人搅七廿三的搅糊模了!

在这个年头做人,我看还是埋呼些拉倒罢!休说中国的大亨弄勿落,就是一向称雄五大洲的世界大亨,也有些"大不亨气",还是把头颈缩缩短吧!

缩短并不是十分不上算的交易。宋朝皇帝对金邦太子缩头称臣,究竟保全了东南半壁江山;如果头颈强一强,小朝廷的龙椅就坐不稳。是为缩头的功能。

缩头的对面就是"出头","出人头地"在太平无事时,固然是好听名词,不幸头上出了毛病,拘票捉拿,必捕"首犯";小而言之,孩童闯了穷祸,也须找到家长说话,家长者一家之出头人也。如果你在小鬼队里自称大王,一旦有事,则"擒贼擒王",你就成了众矢之的。

上海人将出头的首领比作房屋上的"出头椽子",此中就含有极严重的警告意味。

我们试仰望屋檐,即使是竹篱茅舍,也像直线一样平整,决不容许有一根椽子特别伸出个长头颈来。然则上海俗语之"出头椽子",在何时何地始能瞻仰得到呢?

你若要看"出头椽子",须到营造新屋的工场中去,并且要守候木匠正在装钉椽子的时候,那时椽子刚正装钉完工,木匠手中已拿好一柄利锯,几十根椽子中,如被他发现一两根不肯与众椽子立于平等地位,而想伸出头来,木匠毫不迟疑,立刻将他们的头儿截去。

椽子预先制成一样短长,然后上屋装钉,论理原不该发现椽子出头之弊,此非木匠手工不佳,即系材料有时尴尬,乃须重费一番截长补短之手续。故椽子之出头,为时极暂,俟房屋完工以后,他早已消声匿迹唡。

用钢骨水门汀制造的新式房屋,连椽子的身体都不用,更加有椽子出头的机会了。是为椽子的末路!

上海人以出头椽子比作"硬出头人",就是讽刺此头之不可妄出,恐有被木匠锯头之险!

"路见不平,拔刀相助",出头椽子也。此君本无出头之必要,一时为义愤所驱,情不自禁,便伸出头去与人碰一碰,纵然碰得头破血淋,情愿回去贴伤膏药,当时却非"摘台型"不可。这是上海马路侠客的见义勇为——但有时也许见利勇为!

马路侠客不一定全体都肯做出头椽子的,比较乖觉的朋友,看见形势不佳,会将已伸出去的头,用十二道金牌在半路上吊缩进去。这也有名堂,叫做"光棍勿吃眼前亏"。

"出头椽子"并不是十分坏东西,天下的大冒险家,大革命家,都是出头椽子。他们若怕出头,怎能成功轰轰烈烈的大事业?上海话的出头椽子,大概是专指一般从事捣乱的反动份子而言,他们不肯安份守己的吃太平饭,偏要想做群众的领袖而强要出头,则将来终有一天如他们的心愿而得到截头的结果!

五〇 鬼摸大蒜头

天生万物,不管是死东西与活东西,形状都是圆的,大至天空中几千万里周围的星球,小至几千万份之一寸的细胞,没有一样不是浑圆体。植物中虽有方茎的药草,然而叶子与花朵总没有方棱出角的。

古人看见"天"像坟墓一般圆顶,配给"天"做家主婆的"地",总以为是有棱角的方东西,故有"天圆地方"之说。其实故人却没有仔细想一想,既然要拉拢天地配对成双,教一个圆家伙与一件方家伙结合的结果如何?太史公曰"持方枘欲内圜凿,能入乎"?屈大夫曰:"圜凿而方枘兮,吾固知其龃龉而难入"!天地配为夫妇,而使他们格格不相入,请教他们如何能孕育万物?事到今朝,小学生也知天圆地方是入不进的谬说了。

人类亦天地所育万物之一,故我们亦为圆形。古人因被天圆地方之谬论所惑,硬要叫我们上半身像爷,下半身像娘,乃称人类为"圆颅方趾"。但是我们的脚,自脚指头起,到脚根为止,有的像萝葡,有的像木瓜,都是圆形,古人乃发明一种方头靴出来,装像"方趾"的形状,以符地象。如今,连下棺材的死人都很少穿方头靴的了。现在的人类都穿圆头鞋,已成"圆颅圆趾",通身都像我们的爷娘——圆天圆地。

圆头确比方头便利,不但是人,连螺蛳钉也是如此。方头螺蛳钉,即使钻进了窟窿,被老虎钳一夹就牢,轻轻几转,就能请他"出松"!换了圆头钉,纵有旋凿在手,也觉滑塌难拔,若不用家伙,只能对他白瞪白瞪,休想推扪得动他的死人额角头(★)!

头宜圆,圆则滑,此理本图说早已有所阐明,不再噜苏。

要在植物中寻一件东西来做骷颅头的象形,东南西北四种瓜类都有几分相像。只是他们都像号令示众的首级,因为缺少了颈项。其他如橘子文旦等水果亦同具此缺点,都不能申选。

不要看轻那吃了要拉臭矢的大蒜头,他倒生得颇有几分人样子。他的头颅,圆而略带扁形,真像人类的母亲地球的脸蛋瓜子;尤妙的是头颅之下还带一根长颈,虽比王无能的鹅头颈瘦长得更可怜,然而别种植物,连这"鸡拉夫式"(长颈鹿)的细长头颈还生不出来咧。大蒜头亦足以自豪了。

或云,人类的头颅像大蒜,大蒜头也像人头,只是一个大蒜头包含好几个小头,一瓣瓣分开,仍能下土种植,照样能生长小大蒜苗。人类的头岂能像大蒜头般的分家吗?

可笑此君的见识未免太浅薄了!端午节将近,上海市上每闻高唤"独瓣大蒜头",他的头不比普通大蒜头那样扁得不像人形,小姑娘买来用五彩绒线作络,挂在小儿胸前,据说可以辟邪的。上海人以大蒜头比作人头,就是指此而言。

中国风俗,以五月为毒月,端阳日用的东西,都带几分驱毒性质。白娘娘吃了许仙的雄黄酒,就难逃显原形之劫;蒲草做的假剑,也能用以斩鬼。大蒜头既与别种端午应时品一样时髦,当然也有退鬼的力量,大概鬼魅也怕大蒜头的臭味。

据知医的朋友说,雄黄与苍术等物为中国的消毒良药,大蒜头有杀菌之功,端午日经过一度消毒,夏季可免疾病,不能以迷信目之。不过愚夫愚妇,是不可以理喻的,只可以假神鬼设教,始能教他们乐于仿效,故大蒜头终成为退鬼之物。

小儿身佩大蒜,鬼物理宜退避三舍,何物大胆,竟敢伸鬼手到大蒜头上去乱摸!上海俗语之"鬼摸大蒜头",岂不成了自相矛盾?

"龙困沙滩被虾戏,虎落平阳受犬欺"。龙虎皆为神物,尚有受厄之时,何况于人?人到了倒霉的时期,难免要受鬼之揄揶,此大蒜头之所以要被鬼摸也。

"鸡吃百脚,百脚吃鸡"。上海又有这样两句矛盾俗语。他的理由是鸡活着,将蜈蚣当人参果吃,鸡被人煮熟后,蜈蚣也将鸡肉当补品吃。"鬼摸大蒜头"正与此同一原理。

新鲜大蒜头,气味剧烈,始有退鬼功能,但等日子稍久,大蒜头走了气,群鬼齐来报仇,看见大蒜头,皆称"不摸乱",便伸鬼手到大蒜头上去乱摸。大蒜头被鬼摸过,就此萎靡不振,变成干枯无用的废物。

"鬼摸大蒜头"!上海人以此语喻人之神智昏乱,遇事颠倒黑白,不辨是非,到了扬州人嘴里,就是"晦乎,倒头,活见鬼"!

此大蒜头其实就是人头,人的脑袋不幸被鬼手摸过,此人便会往倒霉路上狂奔,所谓"人揽不走,鬼揽飞跑",就是鬼摸大蒜头的结果。

上海滩的确有许多倒行逆施的人,正当生意不做,会去跟贼伯伯学偷鸡剪绺的艺术。白米饭不吃,要去学吃黑饭,白面,红丸。父母妻子不养,赚了钱拿去塞狗洞捞淌牌(★)。便宜的中国货不买,要用东西洋来路货,将钱送给外国人。凡此皆被鬼手摸过大蒜头的朋友!

朋友们,当心点!请大家慎防你们的大蒜头,上海的鬼太多,不幸被鬼手摸过一下,你们就会往鬼路上跑,许多自杀朋友,都是不注意自己的大蒜头,被鬼手偷摸了去,以致有此凄惨结果!

五一 坑缸板上掷骰子

人类在茹毛饮血时代，食的问题尚无法解决，当然顾不到拉矢问题。原始时代的人，我们虽无缘拜见，他们的日常生活，古书亦少记载，然而有一部份生活我们则可以想象而得。

原始人类的食物尚不懂得煮熟，连毛带血一齐吞食下肚，连许多杂夹东西到了肚里制成粪后，自须排泄出来。那时水木两作的祖师鲁班尚未出世，人民无发明马桶的智力，帝王(?)住的尚是土屋，当然没有砖瓦木料去盖造排粪的毛厕。我们的祖先当遇到矢急的时候，可以毫无顾忌的蹲下来就撒，不择时，不择地，比现代的猫狗更自由。不像上海市民会因忍粪而感到绝大痛苦！

上古人的拉矢，我们敢确定都是"登野坑"的，当时的"坑"也许就地随便挖一个土坑，决不是后世的"毛坑"；即使贵为三皇五帝，我想他们也得撅起了屁股，每天到野外去撒一泡风凉屎。

拉矢当随人类文明同时进步。陶器发明以后，始有"粪缸"的名称。那时候定是男女同登屎坑，虽然古人的礼教对于男女的防卫甚严，而礼记上却无"男女不同坑"的规定，古人笔记亦无谈及女厕所的设备，大概古代对于此事是很马虎(★)的。我从前住过烟台旅馆，眼见山东姑娘提了裤子在毛厕里出入，可见鲁省的民俗朴实，至今尚绰有古风！

"马桶"是比有屋子的毛厕更进步的用具。这是极污秽的东西，文绉绉的人偏要叫他"净桶"；此与上海的倒马桶一样，臭气熏天的行当，偏要称为"清洁事业"同等幽默！

坐抽水马桶的朋友,堪说是科学的拉矢,与坑缸拉矢法相去太远,本文且不去谈他。由此我们可得一个"拉矢进化论"的顺序:

（一）就地随意拉矢。
（二）掘土为坑的拉矢法。
（三）埋陶制缸于土坑,始发明"坑缸"名称。
（四）有遮蔽的坑缸。
（五）坑缸上搁置石板或木板,使粪直落坑心。
（六）由坑缸扩大为毛厕,坑缸板增多,可容多人同登。
（七）由粗制大粪桶(上海旧式浴堂尚有此设备)进步到红漆马桶。
（八）由抽水马桶进步到(?)——也许是坐飞机拉矢。

我们可见拉矢的进化,是由"蹲"进步至"坐"。太古人是否有"立而拉之"的,现已不可考,"坐"比"立"舒服,以后定能进步到"拉睡矢",虽然药房里早有拉睡矢的西式马桶出售,形如畚箕,能藏在被窝里拉矢,不过这是不能动弹的重病人始采用及之,平常人宁可不贪这"睡拉"的舒适,大概"睡马桶"尚未研究到尽善尽美之境。

上海市民大半是登坐坑的居多数。上海华洋当局取缔旧式毛厕甚严,租界区内已绝无仅有;公共厕所亦改良建筑,受粪空穴大都筑成圆洞,欲在热闹区域内寻两块坑缸板以资考古,已像发掘殷墟一样不容易了!

旧式坑缸的建筑,仅有屋顶与矮墙,四边皆无门户窗牖,屋顶下面当然更无天花板的设备,所以梁柱纵横,空气甚是流通,臭气亦因之传播甚广,从前的人还比现在愚笨,当他们为环境逼迫而要自寻短见时,决想不到去开了旅馆房间舒舒服服的死在床上的。要想寿终,而又不愿累及正寝的朋友,他们的惟一出路,就是到坑缸室中去悬梁自尽;因为坑缸是通宵不打烊的,人晚绝鲜顾客,横梁甚低,系绳甚便;故上吊朋友趋之若鹜!

因为坑缸上多吊死人,大家都不敢去登夜坑,以讹传讹,就说坑缸屋里都藏着鬼魅。

"坑缸板上掷骰子"!在上海是一句讥笑人的俗语。倚老卖老的人每指年纪稍轻的人教训似的说道:"阿弟,我们所谈的都是多少年前的古语,请你不必插嘴!当年我们出风头的时候,你还在坑缸板上掷骰子咧"!

年轻孩子,纵然无赖,也不至于到臭气直冲的坑缸板上去掷骰子;何况坑缸板非特污秽,且甚狭小,骰子掷在板上,若随粪秽同坠入缸,就此掷不成功。坑缸板仅堪驻足,一不小心,就要失足而成千古遗恨,实属危险之至!

以"坑缸板上掷骰子"讥笑人,并非说他幼年时代在坑板上的顽皮游戏,乃是说他的魂灵儿尚未投到娘胎。只因坑缸被人认为群鬼荟萃之所,此君前生已死,到阎罗王殿前挂了号,阎王已准许他重投人胎,但他一时尚找不到相当的父母,像候差使的官僚似的,鬼生活闲得无聊,便邀集几个鬼同志,同到毛厕的石板上去掷骰子,藉此消磨候补岁月。坑缸成为一所鬼总会!

有人说,坑缸板上掷骰子的并非鬼魂,乃是业已作废的精虫,由他母亲早晨用过的马桶里带出来,随同尿粪倾入坑缸,他幸而溅在坑板上,快活得像掷骰子一般跳跃!

后说视前说更为恶毒!鬼魂尚有遇缺即补的投人生希望,精虫已被作废,只能作壅田的肥料,须待他在田里经过相当时间,等候菜蔬的成熟,复经滚油煎熬之苦,吃到他第二个父亲的肚里,重化为精,方有成人希望。兜这样一个大周折的圈子,其中须经过多少磨难?如此讥讽,可谓想入非非,不过我总觉得太也费事,脑筋简单的人决想不出此中有这许多曲折。骂人而使别人不懂,等于不骂一般,那又何必多此一举!

五二　会捉老虫猫勿叫

据五行家说，万物皆逃不出相生相克的原理。鼠昼伏夜出，扰人清梦，并有传染鼠疫的危险，人力无法对付，上帝便生出一种猫来，专司捕鼠之职。

提起老鼠，真是一个厌物！他的身体特别矫捷，能在屋梁间来去如飞，手脚笨拙的人类，休想捉得牢他。他的脚同人的手指头一样，吃长生果栗子等东西，能够坐定了慢慢的剥壳，他的足也能照样握物，这就比人类更方便了。

老鼠的肠胃组织特别健全，故胃口特佳。皮鞋，肥皂，书籍，电线的包皮，抽屉的木头，他都能当作粮食，吃了报纸上的火油，他不会大便干结，吃了滑肠的肥皂蜡烛，他不会肚皮造反因而腹泻，他的牙齿像钢锉一般锐利，世界上他啃不动的东西很少很少；老鼠死后口眼不闭，据说就为他活着啃不动陶磁二器，乃引为毕生遗憾。

上海人称鼠为"老虫"，与老虎老鹰同列为老字辈，号称禽兽界之三杰，实亦带几分钦佩之意。鼠明明为走兽，而贬之为虫，得毋小觑了老鼠？我以为不足为病，身重几百斤，大得像水牯牛的老虎，我们照样称他为"大虫"。老虫虽小，如果真有像他这般身材的大毛虫，我们又要当作怪物了。

鲁迅先生写猫捉老虫曰："猫的捕鼠，不声不响的是猫，吱吱而喊的是老鼠；结果还是只会开口的被不会开口的吃掉"。这就是上海俗语的"会捉老虫猫勿叫"。

猫的嗅觉也像猎狗一样灵敏，他闻到了一些老虫气味，便会整日整夜，不惜功本的守候着。猫守老虫，决不像人与人打架，先骂山门，先来一阵叫喊，然后再动手。

猫捉老虫,不声不响,是为真捉老虫,决不是与老虫打朋,或向老虫示威,而使鼠辈有所慑服。人与人打架,或国与国战争,事前不免先来一套虚张声势的把戏。阿毛与阿狗打架,必须先将敌方的母亲大人晦气,互相对操一场,这好像是告诉大家:"我们要预备打架了,你们快来劝和罢"！结果这场架就打不成功了。意阿战争,也叫喊了几个月,双方始正式开火。

前几年盛行的喊口号贴标语,我们费了几千斤馋唾,糟蹋了许多国产笔墨,和东洋货的纸张,结果是一无道理,未损敌人半根毫毛！现在大家相戒不许叫喊,看来也是学会了猫捉老虫的乖。

猫的品性,亦各有不同,不叫的猫未必只只都是善于捕鼠的,吃粮不管事的懒猫,日以继夜只会昏睡,老虫在他身边打架,他假装痴聋,不问不闻。这种饭桶猫养在家里,每天徒耗主人的白米饭,与臭猫鱼,要他何用？我希望我们的不叫喊,是学猫捉老虫的沉著,不要变作懒猫的长年昏睡！

上海人的"会捉老虫猫勿叫"是实行家,不是言论家。他用傍观的冷静头脑,观察世变,见有可乘之机,比人捷足先登；他在事前不露声色,当然更不会像"触麻乱头子"般高声叫喊,他专在肚里用功夫,往往事成之后,还瞒得铁桶一般,看那班钻营朋友像无头苍般纷扰,他却掩着嘴冷笑。

勿叫的猫,在上海各级社会里都有。坐汽车住洋房的上海人,俨然富翁,其实不及穿老布长衫,安步当车的土老儿实惠。绑票匪也会上当,专注意几个空心大老官,土财主却能过着踢飞脚的日子,这就是会捉老虫猫勿叫的益处。

嘴里说得天花乱坠,笔底下写得头头是道,这未必是能做事的人；见了生人,面孔胀得飞红,一句话也说不出口,提起笔来写不出一张便条,他们也许是任事的干材。见了老虫就叫的猫,他不是想吃老虫的肉,只是用打草惊蛇法吓退老虫,或竟是见了老虫害怕,发几声极叫,想向别的猫讨救兵,是真饭桶(★)之尤！

在恋爱场中,"会捉老虫猫勿叫"的譬方用得更多。多数男性追逐一个女性,几个热心朋友的爱火焚烧得橡火车头一般,却没有追逐到手,羊肉未吃,都沾着满身膻气,倒是一位不声不响的阴间秀才,已与她秘密同居,等几位失恋朋友知道消息,爱人已笑嘻嘻的请他们吃红蛋了。

会捉老虫的猫,不限定是老雄猫,小雌猫中也有许多善捉老虫的,"板板六十四"(★)就是专指雌猫而言,"六十四"之下还隐藏一句歇后语,说出来似乎有些不雅,请诸位参考"板板六十四"的说明罢。

会捉老虫猫勿叫的特质就是"勿声勿响"。勿声勿响在上海也是一句不很冠冕的隐语,话到嘴边,顾不得秽亵,只得由他滑了出来,这句话隐射的就是"操皮先生"。

一切让读者自己去意会罢,恕不多说。

五三　搅七念三

三七念一,四七念八,这是很容易算的数目,读过乘法表的小学生,习过九九归的小学徒,都能够算得出。

二十三是一个质数,不用小数点,天大的本领也分算不清。如此七分二十三,从民国二十四的双十节算起,算到民国百年纪念日,还是一个分不通;因为三之余数下,还有一个二八五七一四的循环小数。

无论是珠算与笔算,在计算的时候,必须心无二用,否则难免错误。我们在算账的时节,如果有一位不识相(★)的朋友在傍打朋,即使极容易算的数目,也会被他搅得七荤八素。明明是三七念一,被人从中一搅,嘴里虽然念着三七二十一,一点不错,手指头却不听你的意识指挥,会多拨两粒算盘珠,变成了二十三!

"不管他三七二十一",全国皆有此俗语,意思就是"不必管他娘的细账",凡事皆可以胡乱的搅一下。虽然不必管账,但是他们的账却算得很清楚,并没有把三七算成二十三。

上海俗语的"搅七念三",竟是一笔混账。

但是"搅七念三"的混账,并非算账人自己故意作弊,乃被动的搅成混账,打算盘者算成结数,还以为是一笔清账咧,其实已中了别人的奸计,错算了两粒算盘珠给人,结果难免掏腰包吃赔账。

上海地方,将三七二十一故意搅成念三的事实很多。有一班吃空心饭的人,惟恐天下不多事,专事诪张为幻,掀波作浪,搅乱乾坤,念一搅成念三,他们就能于中取利,攫夺那错算的两颗算盘珠。

"搅"在上海,也是近年来始发现于低级社会的新名词,从前只听见一个"㐱"字,胡闹谓之"混㐱",调戏妇女,谓之"㐱女人",会白相朋友或如现在的抖乱(★)朋友,皆谓之"㐱客"。

"混㐱",好比金鱼缸里放了一条黑鱼进去,将清水淘成浑水。"㐱客"一到,地方就不得安宁,孙行者大闹天宫,可算是第一等大㐱客。后来"混㐱"改为"胡调",几成追逐异性的专门名词,妓女号称"胡调党"者,即专指爱结交小白脸而言。若批评男性,言其人爱胡调,也是说此人爱嫖。

"搅"字大概也从"㐱"与胡调之"调"字中脱胎出来的。不过"搅"的行为比"㐱"更进一步,"㐱"仅属游戏性质的行为,"搅"就含有几成恶意了,并且范围比"㐱"广过多。

与人寻雾,谓之曰"搅"。搅的程度,可大可小,从正正当当的清理账目,以至评判曲直,法律解决,破口对骂,或流氓拆梢(★),甚至于打作一团,手枪对付……以及一切纷扰纠葛,皆能以"搅"字概括之。白相人嘴里的"搅过明白",不是与人办交涉,就是预备同人打架,反正不是好事体。

甲方发表要搅,乙方并不软化,也准备搅些花样出来,可见双方皆非善与之辈,将来搅成什么结果,这就要看"仙人碰仙人"(★)的道行了。往往芝麻般小事,只因双方都是吃抖(★)朋友,就会搅成一件大血案,结果搅到法官手里,还是搅不明白,上海滩这种例子很多,大家拔长了耳朵留心听吧!

"搅七念三"是存心与人捣乱,弄得你晕了头,他们便从中取利。我所遇见的善于"搅七念三"的上海人类,未有甚于婚丧人家之六局中人者也。他们是零拆碗菜式的临时仆役,只要看见人家门口挂出两盏灯笼,他们就会寻上门来"卖身投靠",你如拒绝他们,他们能几个钟头的钉住你不放与你胁肩谄笑的搅七念三。未收卖他们时,面孔都是笑嘻嘻的围绕在你身傍,只要等你点一点头,他们就不见面了;等到来要钱的时候,便又变成狰狞面目,与你穷凶极恶的搅七念三。同一搅七念三也,而态度表演之不同如此!

尤其可恶的是人家有丧事,主人心中纷乱如麻,(也许死人搁在板门上,他还在转棺材本的念头,)这班临时仆役却像苍蝇叮臭肉似地与你搅七念三,你骂他们几句,他们只是与你赔笑脸,那种不屈不挠的精神,真堪教人佩服。在没有搅成功生意经以前,他们总归继续不断的与你搅过明白,直搅到你赌气催用他们为止。

这个搅字的发音,与"打搅"之搅不同,在上海还没有同音字可注。足球运动的球门,英语谓之 Goal,"搅"字之音即于此球门的上半截发音相同。近日当令的蟹之大钳，文言谓之"螯"，读作上声，即与"搅"音不远。

遇人与你"搅七念三"，你不妨操甬音挥之去曰"毛搅来"！据此，则"搅七念三"一语看来是宁波的来路货。

上海俗语之杂有各地方言者，为数颇多，外国话的"那摩温"，(★)"买斯干"等尚能收为上海"市有"，何况是宁波与上海人，都是江浙两省的大同乡，而宁波人在上海又占着极大势力，上海儿童也都自称"阿拉阿拉"，将来沪甬两地的言语同化，实为意中事，"搅七念三"不过其肇端耳。

五四 垫刀头

与其说"天下名山僧占尽",不如说"名胜都教尸占尽"。山上不一定有和尚寺,然而要寻一座没有埋葬死尸的山,在中国确似与寻不生蚤虱的猫一样烦难。

我们试往郊外散步,不必登山,就以平原而论罢,总是先发现许多土馒头,后看见一两所红墙僧寺。坟墓之数应比和尚多几千百倍。死尸所占据的都是膏腴之地,怕在死人头上动土,只得牺牲地上的出产。如将全国因安置死尸而荒废的土地测算一下,这笔损失亦大可惊人!

日本人多地少,他们处置死尸的方法,便比我们吃精(★)。日本人采用的火葬法,每尸仅炼成一堆死灰,容量仅及中国的一个胞衣瓶,照样埋在地

底,所占的面积等于几十分之一的一口棺材,多余的地皮都能给活人派正当用场了。

中国糟蹋许多有用土地,原因就在我们太重视死后的躯壳。伍子胥将楚平王从坟墓里掘出来鞭尸三百,后世的评论都说伍子胥太残忍。我们一拳一脚将活人打伤,不过拘禁几时,如果打坏了死人的遗体,那就犯了损毁尸体的法律,犯的罪比打伤活人更大。

中国旧时法律处置囚犯,亦以损毁犯人身体部分之多少,以定犯罪之轻重。犯罪最重的死囚须施剐刑,将他的身体切做几块,其次是杀头,使罪犯身首异处,最轻的死囚是为绞罪,性命虽失,却能保得全尸,总算是特别优待了。

凌迟与杀头,都是极残酷的刑罚,文明国家早已将断头台等非刑取消,有的利

用科学杀人法，在几秒钟内解决犯人生命，为了要减少犯人苦痛，杀人也要讲究"人道主义"咧。中国的新刑法，亦无杀头明文，在上海犯了死罪，都送到漕河泾去执行绞决。虽然我们耳中常听得枪毙人犯，那是犯的军法，不在普通法律范围以内之事；至于有时候仍不免杀头号令，那又是军队为节省开销计，免为死囚犯浪费子弹，不得不从权办理，我们也不敢诽议！

虽然命里注定要"头颈过铁"的人，在新刑法保障之下，杀头机会已逐渐减少，即使触犯军法，若非军队官长为经济学大家，"过铁"的人也只能用"过铝"作替了。

金圣叹曰："杀头快事也，我于无意中得之，岂不大快"！事到今日，即使你有意要想杀头，亦无此快事临到你头上来了。

"你快快下马投降，免作刀头之鬼"！在旧小说与戏台上，常会发现这两句对白，现代的争战，炮火无情，决不能容许将士们作如此写意对话。故杀头一事，除非遇见了中国的大刀队，在战场上也难幸遇。

"刀头作鬼"为杀头别名。无论是古代战场上的大将，或法场上的刽子手，若举起刀头而无人可杀，也许是被杀的人，身藏妖法，或身体活灵，逃走得快，这在举刀的人认为失职，或因此干咎，于是不得不拉一个倒霉人来"垫刀头"！

"垫刀头"者，别名"替死鬼"。他原是不该死的人，只因刀下应死之人脱身逃去，临时抓他来做杀头的代表，他虽无罪，既钻在刀头之下，也就不许他有分辩的余地，纵有冤情，只好请他到阎罗殿上告阴状去罢！

凡属代人受过，或别人逃出火坑，你跟着钻进去上当的事实，上海俗语皆谓之"垫刀头"。

王先生承蒙绑匪垂青，屡接恫吓函件，他不堪缠扰，偷偷的搬了一个场，空屋被李先生租去。绑匪因王先生不买他们的帐，实行绑架财神，便将穷无所有的李先生错绑了去。李先生便做了王先生"垫刀头"，有冤无处伸！

从租界打电话到华界，每次须费大洋五分。吾家从未打过华界电话，每月账单都开有几次通话费。大概是电话局查不出打华界电话的户头，但又不肯牺牲这笔通话费，便分摊在各用户头上，教大家都"垫刀头"，使我们有理说不清！

王先生请李先生"垫刀头"是无心的，电话局请我们"垫刀头"，是否有心，我们不得而知。上海地方有绝对恶意的教人"垫刀头"，居心就不可问了！即以小事而言，在小便处时常发现的纸条上写道："出卖重伤风，一见就成功"！自己染了重伤风，不去请医生吃药医治，却用卑劣的手段想移祸于人！听他的口音，凡是看见这张字条的人都要代他分担伤风病症，教多数人垫他一个人的刀头，字条子未免太辣！若此而有效，则市上一切伤风咳嗽药都无销路，唐拾义也许要为他弃行咧！

上海有许多巧妙的"垫刀头"法，决不像"出卖重伤风"那样穷凶极恶。你如经营商业,感到前途绝无希望时,赶快将赚的钱藏入腰包,一方面去向朋友亲戚游说,劝他们入股,不妨说得天花乱坠,但等别人的股子加入,他就脱却干纪,以后亏本破产,皆由别人去"垫刀头"!

　　侦探警察,有几处警务机关,据说每天非交进几件公事不可,他们除了拼命撬黄包车照会以外,如遇公事不足,便捉几个马路瘪三进去垫刀头充数。听说有一部份瘪三是专门养着垫刀头的,此事若确,则上海真可以说是无奇不有了!

　　在上海走路也须当心点,一个不得法,就会不知不觉的被人弄去"垫刀头",你垫了刀头,受了损失,结果还是希勿隆冬!

五五 丹阳客人

世界各国,用金本位的居多,我们中国用的是银本位,因金银二币的比价,早晚行市不同,于是乎始有标金交易所的投机生意可做。

我们以银为本位,还是近四十年事,古代的中国币制是用铁本位,刀钱都半是铁制品,圆形孔方兄也有许多生铁的,我友读书楼主就是一位专门搜集圆铁钱的收藏家。

后汉崔烈,久钱五百万为司徒,论者谓为"铜臭"。古人仅指将钱买官者,谓之铜臭,以后凡属富翁皆含几分铜臭。铁只会烂而不会臭,古人嫌得铜臭,当然铁本位已被铜本位打倒。从此以后,在江南地方,凡钱皆称之曰"铜钱",一直流传至今,虽然我们掏出去的是银圆钞票,俗语仍称为铜钱。

用钱的单位,从前都是以一个有孔铜钱为一位,须用专为穿钱而特制的串头绳穿成一串串的,以便携取。每百文为一小串,连十小串为一贯,是为最大的数目。因为一贯钱已有十多斤重量,力气小的人带在身傍已不能走路了。

杜牧诗:"腰缠十万贯,骑鹤上扬州"。我尝对他发过一个疑问:"缠钱十万扬州去,不怕仙人压断腰"?

十万贯,应有一千万个有孔铜钱,装装须要好几塌车,即使像四金刚般身坏,也难缠在腰里,何况还要骑鹤,这头鹤至少也要有几百匹马力,才能吃得消这许多铜钱的压力。

自从发明铜元以后,孔方兄的孔被造币厂封闭,钱就无从贯起。只因没有辫子可抓,钱都变成滑头,每爱从中国人手里滑到外洋去。所以有人说,中国人之所以民穷财尽,就为铜钱上无孔的缘故。

铜钱被人填塞方孔以后,我们用钱的单位较孔方兄当道时代增加了十倍。从前一文钱能买三张揩屁股的草纸,现在一只铜板还买不到三张。

铜元价值日贱,几只铜板大家都不放在眼里。从前买地皮置产业,都以钱串计算,现在买广东馒头吃都要算大洋了。无形中由铜本位跃升到银本位,我们花钱的单位,就由铜元一步跳到银圆,买水果的小贩也讲究"一块大洋钱几只"!

铜钱虽然无孔,人类的眼孔却较从前放大了几百倍。从前瞧不起有孔钱与无孔铜元的,现在渐渐的瞧不起大洋钱了,上海俗语的"丹阳客人",就是瞧不起大洋钱的一种轻蔑表示。

"丹阳"在此地,并不是京沪铁路上的一个车站名字,不过是借此为谐音而已,"丹阳"与"单洋"同音。指人为"丹阳客人"者,言其钱袋中孤零零的只有一块"滑洋"也。

"丹阳客人"起源于妓院,妓界金融,最先采用"洋单位"。数目大似国情,还有几角几分的零数,惟有上等妓院的定价,则向无奇零小数,嫖客一切开销皆以大洋钱为单位,从来没有看见过嫖客拿了洋钱出去,命妓女找回几只角子或铜元的事实。至于在上海脍炙人口的"一元二角"打野鸡(★),或"两角念钿"跳老虫(★),那是不齿于嫖界的廉价嫖法,当然不能拨在算盘珠上计数。

长三堂子(★)定价最廉的嫖法,是为"叫堂差",每差仅值一元,还要拉开大红嘴唇唱一只曲子给你听。上海百物腾贵,惟有堂差没有齐行涨价,几十年如一日,这也算是异数!

据说,妓女出堂差,收嫖客一元钱,实无多大好处,因为她们要开销拉胡琴的先生钱,酒馆中还要抽去一笔回扣,其余包车夫、药水灯、跟堂差等等,都是要开销的。每天出几十个堂差,不过名气好听,凑凑热闹罢了,若论实惠,却沾不到什么光。如遇"漂局客人",或"打样堂差",照例要掏腰包算蚀本帐咧。

"丹阳客人"只有纯单的一只洋生意经,也叫做"一次头老主顾",叫过一次堂差后,绝无做回头生意的希望。妓女对于此类客人毫无贪图,一向不放在眼里。估量这户客人是丹阳麻子,妓女的态度便非常倨傲,大有"老官不在乎你一块单元"之意。

上海叫堂差,不比外埠,妓女向不肯当场收嫖客一块大洋钱的,如遇嫖客在台面上掏堂差钱给她们,便引为奇耻大辱。初次叫局,谓之"打样堂差",照例可以不必付钱。所以在事实上,上海嫖界殊无产生"丹阳客人"的可能性。每逢三节,嫖客不开销则已,如去付局帐亦无付"单洋"之理。所谓"丹阳客人"者,乃指仅叫一次打样堂差之客人而言,实际上竟连单洋都收不到手,莫怪他们要怨声载道了!

跳舞场中，现钱交易，最廉价的，单洋能跳九次，此中倒作兴有不少"丹阳客人"发现。只是我对于跳舞场的情形不很熟悉，不敢加以论断。

"丹阳客人"，由嫖界流传到各级商业社会，乃成为"一次头主顾"的别号，在他们身上总难做到回头生意了。我们不能怨丹阳客人的啬刻，要怪商店自己没有招揽主顾的本领。客人初次上门，店家如不给他上当，或招待得没有十分怠慢，客人断无不肯回头之理；如果第一次就将客人弄怕，当然吓得他不敢再来，丹阳客人都是自己造成的。

看中国的形势，在最近的将来，只怕要由银本位进化到"纸本位"了。如真到了那一天，雪白大洋钱都要退归林泉，市面上闻不到一点银气息，丹阳客人都回到丹阳养老去了，再也不会回到上海来被人看轻，那时的上海，只怕要请"单钞客人"出山咧！

五六 呼幺喝六

赌博,看来也是人类的天性。

酒徒与人赌醉,豪客与人赌钞票,女人与人赌气,强盗与人赌性命,大力士与人赌拳头,强国与人赌兵,弱者与人赌命运,光棍与人赌咒,无赖与人赌食量,商店与人赌减价,文人与人赌笔头,名媛与人赌行头,时髦人与人赌风头(★),广告家与人赌噱头,黄包车夫与人赌脚劲,流氓与人赌狠劲,……世界上的事情,无一不是赌局,四个人坐下来弄一场五百铲,这是最小的赌博。

从前的广东澳门等处,据说政府就是靠抽赌税维持生命的。欧洲巴尔干半岛的毛脱泥葛萝,据说是一个赌国。美国四十八州,法律民风各异,有几州禁赌,有少数州也靠赌活命。

不论中外古今,都有嗜赌若命的人。首都杭州的叉麻将都悬为厉禁,然而麻将牌的销路依旧很好。牢狱中的囚犯,能自制纸牌聚赌,做输赢的是揩屁股的草纸。

中国的赌钱方法,五花八门,种类极多,三十二张骨牌就能翻几十种花样,骰子从一粒到六粒,都能翻花样做输赢。

赌钱历史,以舶来的轮盘及吃人老虎等为最摩登,扑克牌次之,麻将虽然风行全国,历史并不久远。最古的赌法,倒是几颗骨雕的四方骰子,古人谓之"色子"。或"掷子"。

(太平御览)"老子入胡作摴蒲"。摴蒲,赌戏也。据说就是掷骰子。不要藐视这小玩艺儿,还是太上老君发明的呢。这本来是一件奥妙东西,非绝顶聪明人想不出!

（国史补）"摴蒱法,三分其子三百六十,限以二关,人执六马。其骰五枚,分上黑下白,黑者刻二为犊,白者刻二为雉。掷之,全黑为卢,其采十六,二雉三黑为雉,其采十四,二犊三白为犊,其采十,全白为白,其采八,四者贵采也,六者杂采也。贵采得连掷打马过关,余采则否"。

这是最古的掷骰子赌法,现在已经失传,看了说明,还是不大明白。法虽不传,摴蒱却成了中国赌钱的古典,不但是掷骰子,就是叉麻将,打扑克,也难称为摴蒱之戏。

（山堂肆考）"古者乌曹氏作博,以五木为子,有枭,卢,雉,犊,塞,为胜负之采,博头有刻枭形者为最胜,卢次之,雉犊又次之,塞为下"。

此与摴蒱好像又是一种赌法,"珊瑚钩诗话"称之为"呼卢",看来掷骰子的时候,定要大声叫"卢"的。

"却忆咸阳客舍里,呼卢喝雉烛花底。"此瞿佑咏骰子诗也。"山堂肆考"说"枭"为最大,"卢雉"次于二三,若呼喝为希望取胜,则应"呼枭"才是,为什么要"呼卢喝雉"？如果不是诗人为回避"失粘（卢枭二字皆平声）,则"呼卢喝雉"乃是形容摴蒱古赌。现在的"呼卢喝雉"仍为赌徒的形容词。

"卢雉"虽古雅,但非现代生活的赌博,现代的骰子已寻不到卢雉等东西,一粒骰子共计六个平面,分刻幺二三四五六。六种色点,幺为最小数,六为最大数,得幺得六,皆有博胜希望。因此,我们以"呼幺喝六"代替"呼卢喝雉",倒是比较的说老实话。

掷骰子时,如果有一颗旋转不定,掷者博胜心切,自须大声呼喝;例如："不同"缺"幺",必大声"呼幺","马军"缺"六",即大声"喝六"。其余二三四五等点,自然也有呼喝之时,"呼幺喝六"者,仅举其大小两数作代表耳。

"呼幺喝六"的历史很古,元曲中已时有发现,不过"呼幺喝六"到了上海人嘴里,却不当作赌钱的专门形容词,另外成立了一个新解释。

赌钱的输赢虽小,却能发现人的真性情。欲知其人脾气如何,但与他叉八圈麻将,看他打牌的善恶,得失的表情,态度的静躁,就能窥见其人的肺肝。在麻将牌尚未发明以前,掷骰子也能收同样效果。好胜之心,是人人必具的,不过有的放在肚里,有的形于声色。"呼幺喝六"就是不大有涵养功夫的表示,希望赢钱的心理,拿来当口号般叫喊,与他同赌的人听了,就有些不大高兴。

上海人的"呼幺喝六"就是形容举动浮躁,盛气凌人的朋友,换一句话,就是"像煞有介事"（★）。

"像煞有介事",无声电影也能表演,"呼幺喝六"却非用拍拉通收音不可,因为这是"像煞有介事"的有声表演。前清官吏出门,必须开锣喝道,驱散闲人,这就是

"呼幺喝六"。这几天警察老爷到民间去调查烟民,也不免有些"呼幺喝六"。

"呼幺喝六"就是用不客气的态度叫人,或与人说话,张嘴时至少要涨高两三个字的胡琴调门。

外国牢监中的犯人称红头巡捕为"呼幺麻子",乃"呼幺喝六人"的簸语。巡捕对付不犯天条的黄包车夫尚无好面孔,儿子困水门汀的跌囚牢(★)朋友,不开口则已,开出口来,当然皆以"呼幺喝六"态度出之。囚犯爱他们的印象较深,故以"呼幺"尊号奉敬阿三。

五七　慢爷面孔

在江南地方,秃头爷最最尊贵。江南人断不肯无缘无故的称人为"爷",不比北方人,朋友淘里也不妨爷来爷去,若在江南地方,不幸脱口爷了一爷,则被爷者认为塌着天大便宜,爷人者更引作重大损失。

爷在江南,乃父亲的俗称,上海也是如此。称人为爷,有蚀本一个母亲的损失,好为人爷,就因为有公然戏弄其娘的权利。中国骂人,欢喜辱及母亲大人,爷也者,与娘有密切关系之人物也,故上海人爱做爷,而不愿叫别人为爷。

如果在爷上加一个头衔,则爷的份量就轻了许多。例如,老太爷,老爷,少爷等等,虽然也是尊贵称呼,但花了一只铜板,就能买教化子叫几声;破费三块钱雇用一名大姐,你爱做什么爷,她就叫你什么爷;不过就是不肯叫你秃头爷。即贱如乞丐,也不类胡乱爷人。我们是礼教国,向以父性为中心,故绝对尊重爷权,天无二日,人无两爷,娘则多多益善!爷与娘双双寿终正寝以后,还是不肯轻易爷人,万一爷亡娘存,不肖的娘弄了一位事实上的爷进来,则爷上也须另加头衔,谓之"晚爷",上海人则曰"慢爷"。

晚者迟也,迟就是慢,故慢爷与晚爷,二而一者也。田中第二批收成谓之慢稻,慢爷也就是第二个爷。

"天要落雨,娘要嫁人"。以上两事,性质相差悬空八只脚,而上海人偏要合在一起算账,表面上看来好像有些岂有此理,但在上海人算来却是一笔统账,因为我们把这两件事都归入"非人力所能抵抗"的账中了。

天要落雨,即使天天到龙王庙去磕头,甚至连外国侨民都不许吃猪羊牛肉,或进一步,断屠断及小荤,连鱼虾大煤蟹都欣逢皇恩大赦,结果还是白费心机,照样天天落几场阵头雨给人看。娘要嫁人,难道情势会与落雨天一样严重吗?鸡毛当令箭,未免有些轻事重报!

今生没有做过娘,当然不会知道爷死以后要嫁人的心理,是不是与天要落雨一样迫切。上海人的俗语,不知是从多数寡娘处实地考察来的呢,还是一种猜测之词?因为社会局没有报告,我也无法说明,只能算是一件悬案。

嫁人者既称为娘,娘的膝下至少还须有一个儿子,或者女儿。如果儿女生活有人维持,则母以子贵,为娘的咬紧牙齿守寡,也就不必嫁人。娘之所以要嫁人者,究竟还以生计问题居多。贞节牌坊都半是富贵人家的装饰品,穷娘逼不得已,始带了儿女去嫁人。如果有钱贴汉,谁也不愿教儿女去公然认陌生人为爷!因为这是儿女的终身耻辱,活到五六十岁,还洗不清拖油瓶(★)的臭名。

慢爷与娘结合以后,爱情虽然浓厚,但慢爷总是见不得拖油瓶儿子,因为看见拖油瓶,就会想起他的前爷,就会想他未出世以前时候的前爷与娘的关系,就会想起……一切的一切。总而言之的幻想与烦恼,皆由拖油瓶身上而起,慢爷见了拖油瓶总无好嘴脸,于是乎"晚爷面孔"就不大好看了。

"鼹瘌儿子自己的好"。天下无不爱惜儿女的父母,但是晚爷与拖油瓶的关系,隔了两三层肚皮,当然要另眼看待。平常的慢爷面孔,已不很好看,如遇慢爷与娘发生口角争执时,第一个倒霉人就是拖油瓶,"近水楼台先得月",拖油瓶常在眼前徘徊,便成了慢爷最便利的泄气家伙!

慢爷与娘不生儿子,也许要怪娘的肚皮被拖油瓶的爷养空了,罪过又在拖油瓶身上;幸而养了儿子,则拖油瓶的地位重降一级,慢爷嫌他是个赘疣,恨不得立刻交割,以清手续,而全面孔。这时候的慢爷面孔,越发的狰狞可怕了!

慢爷面孔之所以难看,就因拖油瓶长期挂着,实足以妨碍他本人的面孔,欲保全自己的面孔,即不得不以难看面孔对付拖油瓶矣。其时娘的心已倾向慢爷,拖油瓶纵含沉冤,亦无处伸诉。慢爷只要不使拖油瓶身上有显著伤痕,妇孺救济会也无从出头,给他常看慢爷面孔,只是精神上的创痕,外人无法调查的。

上海人将晚爷面孔当作一切难看面孔的总代表。笑脸,哭脸,愁脸,至甚于三光(★)透顶的怒容,都是人生应有之脸,必要时不可不看,看了也许使人发生快感;惟有慢爷面孔却最最难看,因为他与死人额角头(★)一样,没有丝毫表情,天王老子看了他的脸,也识不透他是喜,是怒,是哀,是乐,这就教人不易对付,只有向后转,拿屁股对他,是为上策。

人的面孔之所以异于禽兽者,以其含有电力感应也。人与人对面而立,面孔的表情为相对的:人以欢颜来,我以笑面迎之,人以悲容来,我以哭丧脸对之,此亦"一拳来,一脚去"之公平交易也。

惟遇慢爷面孔来,则我们的电力感应即由面部而移至背部,只觉脊梁上好似浇了一桶冷水,全身汗毛根根站班,能使我们手足无所措。由此可知慢爷面孔之严重性矣!

上海的晚爷面孔实在不少,凡属公务人员与洋务人员,都有些拿我们当拖油瓶看待!

上海最好看的面孔,要算大菜馆的西崽,看见客人上楼,都是笑嘻嘻的装着拖油瓶面孔,我最爱看他们。

有人说,这种好看面孔,并不是装给你看的,乃是装给洋钱看的,如果一旦实行废除康密兴,则拖油瓶也会变作慢爷!

北方人最讲究"外面儿",挂着京都或北平招牌的店铺中,慢爷面孔比较少些。广东人生成硬绷绷的脾气,面部不很有表情的,你到宵夜馆里去吃一顿夜饭,包你可以发现几只慢爷面孔,不过你不必生迂气,他们的心地也许比拖油瓶更坦白。

五八 绵花里引线

（唐李商隐诗）"木棉花发鹧鸪飞"。

丘文庄谓："绵花，元始入中国"。此语如确，则唐诗人简直将绵花当作平常花卉一样看待，元朝以前的古人都是不怕冻的，下雪天也无绵衣上身，则景况与现在的灾民一般可怜。

宋罗大经撰"鹤林玉露"，有一则道："何斯举云，雨雪连旬，忽尔开霁，闾里翁媪相呼贺曰，黄绵袄子出矣"。

是宋人已知道穿绵袄了，再说得远些。

（通鉴）"梁武帝木棉皂帐"。史照释文云："木棉江南多有之，以春二三月下种，既生，须一月三薅，至秋生黄花结实，及熟时，其皮四裂，其中绽出如绵"。

绵花始于元朝之说，辍耕录载："黄道婆，江苏上海县乌泥泾人，流落厓洲。元元贞间，附海舶归，教乡人以纺机木棉之法，并纺织器具，织成各式花纹，乡人以致富"。黄婆卒后，上海人祠之，称先棉黄道婆祠。

照此看来，绵花又确是元朝始入中国的了，带种子来中原的是上海黄婆，有根有据，未便反对。但是昆曲中有一本"芦花记"，演闵子骞受后母虐待，用芦花代替绵花制衣。则春秋时代已有绵絮了。

按绵有三种：一曰丝绵，出于蚕丝；二曰木绵，又名班枝花，产于热带；三曰草绵，史照释文所言，正与此相类，但他所解说的乃木棉，这又把人弄胡涂了。

（清高士奇天录识余）"南中木棉，树大盈抱，花红似山茶而蕊黄，花片极厚，非江南所艺者。云南阿迷州有之，岭南尤多"。

上海是产绵的区域，果黄婆带来的是木棉种子，则上海地方从未见过像山茶花般的高大木棉树，本地所产仅是草绵，难道黄婆的木棉在上海已经绝种了吗？

在下并非考据家，不管他是木棉草绵，我也无暇细究，反正承认他是绵花就是了。

绵花是什么样儿？绵花店门口挂着卷得像如意头式的雪白东西，各马路皆有陈列，三岁孩子也能认识。

绵花弹得轻而且松，可以保持温度不散，我们用以取暖。人类都是"吃软不吃硬"的居多，硬的代表物为生铁，软的代表物即为绵花，故人类除了大热天以外，皆爱与绵花亲近，却不愿与"生铁弹"接触。宋人于雨雪连旬之后，忽见日出，便以黄绵袄子喻之，盖亦"冬日可爱"之意，足见人类对于绵花感情之浓厚。

品评绵花质地之好坏，必须伸手入绵，试验他的软度。绵花以秉性温柔著称于世，绵花之所以讨人欢喜，就为全体绝无棱角，即使被人弹做被褥，终生受人压得像猪油渣，他也断无一丝一毫反抗表示。铁的性质，冷而且硬，正与此相反，故不讨人欢喜。

我们素知绵花品性，故伸手入绵时，不疑有他，谁知绵花里竟会藏着一根不讨人欢喜的锐利铁针，因为事先没有抵防，遂予人以重大伤害。

上海人称针为"引线"，引线，人人知道他能刺人出血，故人见引线，必慎为预防，毋使针尖与皮肤相触，人亦鲜受其害。但是，引线得绵花的掩护，便似用烟幕弹迷住人的目光，刺得人手见了鲜血，尚不知道针藏身何处。

上海话以"绵花里引线"比作阴险家。这种人自知力量薄弱，不足以与人明枪交战，乃用暗箭伤人法作损人利己的企图。他们见人出了血，还是遮遮掩掩，不肯出头，仍利用绵花的温软态度与受伤人周旋，人虽为他流血，却还不疑他是坏人！

上海各级社会，到处都有"绵花里引线"潜伏着。上海滩就是一个大绵花园，古人所想象的温柔乡，也未必有此写意。不过外貌虽温柔可爱，里面却横七竖八的暗中埋伏着几千万根绣花铁针；你跨进这社会，若偶不小心，便会刺得你遍体千孔百疮，管教你失血而死！

在上海做人，的确也是采取绵花里引线式的方法比较合算。你如锋芒太露，就会遭人妒忌，也许将你的针头敲成钓鱼钩；如果太无锋芒，又会被人当作"起码人"（★）看待。是以最妥善的做人方法，莫如使人知你绵花里有引线，别人便不敢来伤害你，但是你切莫利用引线去伤人，别人也就不来损害你了。

上海流氓，貌为善良，见人谦恭万状，人亦不疑其作恶，暗中则分遣爪牙，荼毒地方，无所不为，台风波扩大，乃由道貌岸然者出面和解，目的即在竹杠（★）。此辈自为绵花，而命其牙爪为引线，即能常年在上海滩度踢飞脚生活矣。

绵花里藏引线，事实上也是常有的，上当的人也不在少数。裁缝做绵袍，须用无孔别针定在作台上，有时忘记取去，嵌几根在绵花里，就能教穿衣人刺痛屁股。我就遇见过一次，我没有短少裁缝工钱，大概不至于是有心吧！

五九 光　棍

凡分发"阖第光临"之请柬者,意在教人破费一份礼物。滑稽朋友,扶老携幼,空身而来,大嚼而去。人问其故。答曰,"他请帖上写的阖第光临,分明教我们光着身体来,我没有脱了裤子,光着脊梁来吃喜酒,还是客气的呢"?

光字有好几种解释,除了"光明","光荣","光大"等光以外,还有:滑泽谓之光,如俗语"滑搨精光";竭尽无余谓之光,如俗语"吃尽当光"。

三字经曰:"三光者,日月星"。上海瘪三曰:"三光者,吃光、用光、当光也"。倒霉老板曰:"三光者,蚀光、倒光、欠光也"。摩登落难公子曰:"三光者,嫖光、输光、骗光也"。中华民国曰:"三光者,打光、偷光、抢光也"。□□□曰,"三光者,□光、□光、□光也"。

破落户的中国,充斥全国者,厥惟三光麻子(★),欲达光明之路,难已!

人类之光搨搨者,譬如吃大炸蟹,先去其大螯二,次第擗去其蟹脚八,硕果仅存者,乃为一个圆兜兜,孤零零,无倚无靠之蟹团,于是乎蟹也者,等于钝光玉菩萨!

种在地上的草木,有枝,有叶,甚至有花,如蟹的有脚有螯,不能为之光也。樵夫伐树,去其无用枝叶,运入木行,加以刨工,乃成光木。此类木材,北方人谓之"光杆",江南人则名之曰"光棍"。

棍有两种:一种是古代武士用的兵器,如武松燕青用的齐眉棍,及四杰村打的连环棍之类。现在警察手中拿着指挥车辆的交通棍,也能当作武器敲击黄包车夫,只是比齐眉棍略短。一种是家常用的短棒,如古诗中常用的"砧声",就是用棍打出来的声音,其余如打面做饼等事,也须用到短棍。棍之短而粗者,亦曰棒,如狼牙棒,杠棒等是。

棍,非但无枝节,并须将全身打磨得精滑,方能应用而不至于扎手,故凡棍必光。

光棍,扁体滑泽,身无挂碍,故俗语用以比作无家无室,仅仅富余一条裤子一根绳的单身汉子。

棍是圆的,在倾侧的斜面上固然站不住脚头,就是安放在平面,也不肯静止。棍而且光,益发容易滚来滚去。光棍毫无牵挂,尽一个小身体在混浊社会中打滚,常为滚蛋(★),固无伤大雅,即有时候不免大滚钉板(★),亦属家常便饭。

凡为棍者,必择坚木,取其有金刚不坏之体,久滚无损其厚皮,洋松虽为来路货,然木质不坚,即无充光棍之资格。为光棍者,必须耐得饥寒,忍得毒打,非有双料头身坯不可,上海俗语谓之"结棍",就是说身体像光棍一般结实。

棍的性质亦有多种,本地土产之棍,谓之"土棍",秉性凶恶之棍,谓之"恶棍",就地打滚之棍,谓之"地棍",包打官司之棍,谓之"讼棍",靠赌吃饭之棍,谓之"赌棍"。一切诸色棍等,总名"棍徒"。

(通俗编)"李绅拜三川守诗序:闾巷恶少年,免帽散衣,聚为群斗,或差肩追绕击大球,里言为之打棍,士庶苦之"。

此将棍比人之起源也。李绅,唐元和朝翰林学士,可见棍在中国已有一千一百余年历史。当初之棍,也许是"毛棍",传到现代,棍质纯粹,诸色棍等,皆修炼成"光"矣。

光棍各地皆有,固非上海特产,惟上海光棍之产量,似较别处更多。我曾经听得几句光棍礼赞曰:

"光棍光棍,性命要紧!吃了朝顿,打算夜顿。听说打架,胸脯笔挺。若无生路,裤带收紧"!

聊聊几句赞语,却将光棍生活包括尽矣。为之略加注释于下:"富翁的钱,光棍的命",二者一样值价,故光棍之性命为第一要紧也。光棍的一日三餐,非转念头不可得,故须天天打算。光棍是打出来的天下,若临阵退缩,即不成其为光棍,故胸脯不得不挺,所以表示光棍之结棍也。平常人若无生路,或许人穷志短,想寻死路,惟有光棍则有不屈不挠之精神,即使三日三夜转不到吃饭念头,但将裤带收紧,便能抵抗饿鬼。

上海人口中的光棍有时也能当作形容词解释,遇到娘娘腔的朋友,有人警告他"放光棍些"!就是教他拿些英雄气概出来。冬季马路上遇到杀猪猡(★)好汉,也会教我们"放光棍些",我们要充光棍,只得大大方方的做一只不抵抗的死猪!

上海的光棍亦不易为,被人称赞一句"某人真光棍"更是不易,因为有家有室的人,决不肯牺牲了家室去捐一名光棍来做做,但是光棍打出了道,却是一碗赚钱不吃力的饭,多数大亨都是光棍滚出来的地位。

做光棍有几句重要格言:(一)光棍犯法,自绑自杀。(二)光棍勿断财路。(三)光棍勿吃眼前亏。(四)光棍好做,过门难打。(五)光棍爱多心。

其余还有许多,一时想不起来,等以后再说吧。

六〇 早 兄

摩登上海滩已成为霓虹灯世界。霓虹灯,五颜六色,十分美丽,但是只能算他"夜里大老官",若在白昼,但见几根七曲八弯的玻璃管,中间还贴着许多烂膏药,十分丑陋!

上海市的美丽尽在夜里,上海的时髦人也都在夜里出世。故霓虹灯白天的样子难看,在上海滩不生问题,上海是夜世界,霓虹灯的丑态,上海要人根本看不见。

上海的早晨,是粪车的世界,是菜贩的世界,马路上充满了臭气,时髦人不愿意闻此恶浊空气,故路上绝少此辈踪迹。

凡在早晨:吃羊肉面,吃豆腐浆,吃头爿面,吃早茶,甚至在广东酒楼吃早点心的朋友,都是上海的起码人(★)。上海人对于"早"字,绝无好感,故称起码人为"早兄"。此一解也。

无论是小百姓的宴会,或党国要人的开大会,但看到会的早晚,就能确定他身份之尊卑,越是贵宾,越是晚到,依规定时间到会的,或早几个时辰去布置会场的,都是起码脚色。"早兄"即指早到的仁兄,无身份可言,主人也不当他们老爷看待,非起码人而何? 此为一解。

"早兄"的发明人,乃是站在戏园大门口高喊"眼镜""马褂""双挡"等口号的案目。案目所靠的,都是几个公馆帮的阔客,他们所得的犒赏,有时候比票价更多几倍。阔客看戏,只看最后一两曲好戏,从跳加官看起,一直看到老旦做亲的看客,决不是招呼案目的主顾。因此,案目对于这班看跳加官的看客并不欢迎,在他们身上赚不到半个小钱,不免要生怨望,乃为他们起一个绰号叫做"早兄",言其早到戏馆想占好座位也。此"早兄"之又一解也。

称人早兄,面子上是称兄道弟,好像是很客气的尊称,其实很刻毒。身为阔人,晚上的应酬必多,早晨当然不能早起。身为阔人,山珍海味,吃得很多,朋友请客,能分身一到,已是天大面子,坐定就吃,吃一两样菜就走,主人已非常满意;彼为"早兄"者,难得吃一次大菜,只得老早去候着,从西瓜子吃起,一直吃到烂香蕉为止,情愿吃伤了肚皮,回家用皮硝的。

戏馆中的"早兄",不问而知是难得看戏朋友,看见红面孔与绿面孔相打,已觉得十分有趣,见两个穿红衣裳的人出来作揖,他们还像不能尽兴似的。案目称他们为"早兄",乃讥笑他们是乡下老,平生难得跨进戏馆门,故不得不穷凶极恶的早临!

阔客不按时令穿衣服,见者誉为出风头,如果你是起码人,在天气尚未十分严寒的日子,你如老早穿了一件皮衣出去,别人就会笑你"穷汉先出世"!此亦"早兄"也。

卅年前的老白相,已成时代落伍者,他出世虽早,对于现在的摩登白相界,情形都很隔膜,偶而身临玩笑场中,便会被人讥笑阿木林(★)。此亦"早兄"之类,言其出世虽早,一把年纪好像活在狗身上。早者过去之代名词也。

上面所解释的"早兄",是照现在人口中说的"早兄"而解,其实早兄之早,并非早晚之早,若要考究标准字音,早兄应作"照兄"。

照者照子也。帮中切口有所谓"江湖十八子"者,如船曰底子,扇曰摇风子,表曰玲珑子,小刀曰□子,等等皆是,"照子"亦十八子中之一子,乃代表眼睛的隐语,言眼睛等于明镜,能照见万物也。

上海瘪三社会,亦称眼睛为"照子",好像游方野僧欲向大丛林去挂单,不得不学会几句大悲咒,是一样的意思。不过,上海瘪三更进一步,能在照子之下,大加其形容词,可见上海瘪三之聪明,能融会贯通,食古而化。

目光锐利,瘪三界谓之"照子亮",此犹可解也,然而目光迟钝,谓之"照子古腔"。这"古腔"二字究作什么解释?只怕一等一的老瘪三,也只知其然而不知其所以然咧!

有人说,古腔即"老调",老调乃死的别名,解释已见本书前集,"照子古腔"就是"死眼珠子",当然不能看见东西。这个解释甚妙!

又有人说,古腔应作"孤腔"。孤者单独也,言其人之眼珠只看见自己,不能看别人的风云气色。此解也能说得通顺。

"照子古腔"反正就是不识相的人。"照兄"即"照子古腔的仁兄"之简语,如将"全国运动大会"缩成"全运会"意思相同。

凡被称为早兄者,其人的目光必打折扣。这不一定是指近视眼,凡属有眼无珠,不识好歹的人,皆照兄之类也。瘪三又把照兄的眼睛比作"包头卵式气",这个比方未免太不雅听,我也不便说下去了。

六一 好酒量

酒能乱性,故孔子劝人吃酒的限制是"惟酒无量,不及乱"。

因为酒能乱性,便有人利用酒为浇愁妙品。喝了过量的酒,能使人迷住本性,胡天胡帝的度过光阴,把满腹愁闷一般脑儿抛向九霄云外。

中国的所谓狂士,都半是名场失意人,或伤心人别有怀抱,便借酒佯狂,沉湎在酒国里,有许多不是吃酒,简直是与酒赌命。晋朝的竹林七贤可为代表,中国最著名的酒徒刘伶,就是竹林中之一贤。

但据宋朝詹介的"鸡肋集"报告,刘伶并不能算中国第一个好酒量。詹介举的几位好酒量古人是谁?照抄于下:

"汉于定国为廷尉,食酒至数石不乱,冬月治请讞饮酒益精明。郑康成饮酒一斛,卢植能饮一石,晋周顗饮一石,刘伶一石五斗解醒,前燕皇甫真饮石余不乱,南齐沈文季饮至五斗,妻王锡饮酒亦至三斗,对饮竟日,而视事不发。邓元起饮酒至一斛不乱,北史柳謇之饮一石不乱,陈后主与子弟日饮一石,孔珪饮酒七八斗"。

他所举的都是唐朝以前的人,所以杜甫"酒中八仙歌"中的八位酒徒都未入选。李太白也是中国著名酒国英雄,杜甫说他"斗酒诗百篇",可见他最少能饮一斗,据他自己的供状是"臣杯酒亦醉,斗酒亦醉",醉就是乱,以视于定国之"数石不乱",似乎有逊色了。

我们称醉得过份的人,谓之"烂醉如泥"。据高士奇的"天录识余"解释道:

"南海有虫无骨,名曰泥,在水中则活,失水则醉如一堆泥。晋书,时人讥周泽曰,一日不齐醉如泥"。原来泥是一种软体动物。

酒入肚皮,走的经络不同,走肝经的人便会使酒骂座,走肾经的人专门放尿,走脾(也许是皮)经的人,最容易挂招牌,一杯下肚,面孔就会变作汉寿亭侯的模样。

据说凶恶的人,喝酒后的面孔会变得铁青,一喝酒面孔就赤化的朋友,是为无用的表示,他的酒量大好也只有八成帐。

上海俗语之称人好酒量,并不是真能饮斗酒不醉的好汉子,乃指其人的面部不易受外来的刺感而发生色彩的变化,尤其是不易泛红。

我家庭前种了一丛芙蓉花,这几天正开得茂盛。芙蓉甚是奇怪,早晨初放时,颜色洁白如雪,下午渐渐泛为绯色,等到明天便都变成深红了。所以古人称此为醉芙蓉,像人类喝了酒一样,脸色越变越红。

实则,人类的面孔不一定喝酒始红。从前小姑娘听说有人为她做媒,她面孔的感应比喝酒更快,立刻会泛为桃花色。我们向人借钱,未开口,脸先红,比摄影的显形药水更灵。但是只限于皮肤嫩者,现代的小姑娘,或靠借钱为生的人,他们都已练成一种"面不转色"的功夫了!

上海话的酒量好,就是指这种受了刺激,神态自若,面不转色的朋友,他们也兴于定国喝数斗酒后一样镇静。

"唐娄师德弟守代州,辞之官,教之耐事。其弟曰,自今人有唾某面,某拭之而已。师德曰,人唾汝面,怒汝也,拭之是逆其意,止使自干耳。"(事见唐书本传)

娄师德教训乃弟的"唾面自干法",成为中国人含垢忍辱的典故。在上海人说来,就是教人处世须有相当酒量,不可与人常红面孔。

"城砖丢过来,只当他拜年帖子"。这也是上海俗语。何以要举城砖做例子?只因城砖为砖中之最厚大者,以城砖掷人,意在重创对方,而受之者仅当作很客气的交际品,态度何等潇洒,而面皮之厚也就可与城砖媲美了!

面皮可与城砖对抗的朋友,小受刺激,当然不会转变颜色。你如高兴发一个呆,用十石酒浇在城砖上,或竟将城砖放在酒缸里浸他三日三夜,看他可会变成造洋房的红砖。

"大言不惭",也在好酒量之列。惭者虽为情也。人如存了一点羞恶之心,便常常会被人弄得面红耳赤,故好酒量朋友都为无耻的忘八!叮女人的梢,吃着了耳光,以为得亲美人香泽,到处传扬,引为无上光荣,此君酒量之好,也就不下于李君太白!

善于创业的人,酒量也不能不好。吹牛皮(★)当场被人揭穿,须依照顺序,继续吹下去,终有一天吹到人家相信为止;如果酒量不好,碰了一个软顶子就此夏侯惇(★),这就一辈子不会成功大事业。不说别的,但看报馆老板聘请广告跑街,就要挑选好酒量的先生们担任,其他撞木钟的大事业,更非大酒量的大人物不可了!

(天绿识余)"安南有羞茶,蔓生水上,甘美可食。人过池中,以手指之曰,女羞否?即时憔悴有羞色,人去青如初。"

本地花市有"含羞草"出售,俗名"肉痒草",手指稍触,叶即羞而闭,须臾,张如故。

草木无知,亦有懂得羞耻的,人之好酒量者,居然战胜了草木,面皮比树皮更坚厚!

六二 冒认亲家公

(鲍照诗)"已经江海别,复与亲眷违。"

凡由生殖器而发生的人伦关系,皆称"亲戚",上海人则谓之"亲眷",六朝时已有此种称呼,可见是很古的。

亲眷,古人亦作"亲串"。照规矩,串字应读作"贯"音。贯者串也,我以为二字音义相同,是一个字两种写法。戚谊的确像大炸蟹似的贯串而成,生殖器就是串成亲眷的草绳。

新女婿,亦称新贵人,为亲眷中最贵重的娇客。故新女婿上门谒岳,在旧式婚礼中,视为极重要的一个节目,即使是天天见面的毛脚女婿,此时亦须礼如上宾,身居长辈,也须让女婿南面首座,请他吃的酒席,亦要特别丰盛,不许有一点怠慢。

亲家公者,女婿之城隍老也,地位应比女婿更尊贵,故上海俗语有"大头亲家公"之称,不是亲家公的头颅定要戴特方的瓜皮帽,才称真的"大头",因上海人称身份大的人,谓之"大头寸",犹言"大人物"(★),上海话也叫做"大人大马"。亲家公之大头,言其头寸大也。

"亲家"在中国历史上也是很古的名称,汉朝以前的古籍虽无发现,三国以后则亲家殊为普遍称呼。

(后汉书)"西都旧有上陵东都之义,百官四姓,亲家妇女,皆会陵"。注:凡与先后有瓜葛者。

"亲家公"之始见于正史者,则有唐书萧嵩传:"男女两姻家相呼,男曰亲家翁,女曰亲家母,简称则曰亲家"。亲字应读去声,现在北方人呼亲家仍作去声,上海人则没有如此考究音韵。上海的亲家见面,亦以亲翁亲母相称,很少直呼亲家公母者,这倒绰有古风。

亲家应是俗语,但唐人亦以之入诗。卢纶王驸马花烛诗云,"人主人臣是亲家",此亲字就作去声。

旧式婚礼,与新郎地位一样尊贵的,还有一位新舅爷。新阿舅到乾宅来赴宴,排场与新女婿谒岳一样阔绰,都是被人注目的主角。

大头亲家公者,爷也——到男家去者,是新舅爷之爷,到女家去者,又为新女婿之爷。爷在中国,是最尊严的东西,故称自己之爷曰"家严",称别人之爷曰"尊大人"。新郎与新舅,既受人重视,则郎舅之爷,更当"埋而哈之",自居于最高阶级的人物。

上海人称地位尊贵而疏于往来的亲朋,谓之"客气人",亲家公者,最客气的亲眷也,故于亲家公之临门,必须款以丰盛酒筵,无敢或缺。有人见亲家公之容易受人尊敬,于是乃有"冒认亲家公"之举,目的就在诓取一餐酒食。

"冒认亲家公",在旧式的婚姻制度中,确有这种笑话发生。旧式结婚,全凭媒灼之言在双方播音,男女主角尚无觌面机会,亲家之间,若不进行会亲典礼,仅有结婚多时,尚不知道面长面短者。此类亲家公不妨冒认一下,但非熟悉其家世者不辨,非阿毛阿狗皆有冒认资格也。

"丈母看女婿,越看越有趣;丈人看女婿,越看越惹气"!这也是上海俗语。丈人对于女婿每无好感,只因女儿举世皆认为"赔钱货",十年生养,十年教训,好容易盼得女儿成人,就被人家娶去作老婆,为丈人者,非但捞不到半点好处,反而要赔钱添装奁。的损女婿,丈人就能免去这笔损失,丈人看见女婿,就会联想到这笔重大若无失,当然没有好嘴脸对女婿了!

女婿的爷,在丈人眼中看来,他是一个人财两得的胜利者,他若不养这个儿子出来做女婿,丈人何致于受此重大损失,不免有些怪他多事,故此更无好感。如果双方对于聘礼门包问题上有过争执,亲家更易变成冤家,有终身不愿通往来者,似这般亲家公更易冒认。

在上海地方,凡为冒认的行为,皆以亲家公目之,亲家公之对象,固不限性别,即无生命的东西,亦在亲家公之列。

冒认亲家公,最后须在没有认识亲家公的亲友在侧时行之,计始易售。例如:几个朋友在谈论报纸上某篇文章写得很好,却没有著名,不知是谁的大作。足下如果是一位好名朋友,就不妨承认是你的拙作,做一次亲家公。

又如:你的贵姓是王,不妨认准一位姓王的要人冒冲你的老子,这样,就能使朋友将你的身价看高十倍。假使你不愿做陌生的儿子,则不妨认几个张三李四的社会大亨做你的姐夫,也能收同等效果。

公共场所发现招领失物而无人承领时,你亦不妨大胆尝试,上去冒领一下,若被你领得到手,固属飞来横财,不幸失败,也不过做一次亲家公,无伤大雅!

冒认亲家公,如属有心,便是不道德行为,但是社会上爱做亲家公的,颇不乏人,扑朔迷离,真伪莫辨,我们的耳目常被多数亲家公扰乱了。

天下相像的东西很多,有时候不免当场误认,而自己并不知误。这当然也在冒认亲家公之列,忙中有错,罪有可原,此冒字可作冒失解释,然而"冒失鬼"也不是好听名词,故做人以不冒为是!

六三 走 油

黄河灾民，面有菜色，发现干枯状，就为缺乏脂肪。

据生理学家说，皮下及筋肉组织中，脂油黏着成固体者，谓之脂肪，间亦有融解于体内流质之中，含有炭质，经过养化，即为炭酸，以成生物体温之原。蓄藏多者，可补过劳，及疾病，衰弱时之不足。动物体中皆有脂肪腺，专司分泌脂肪之职，使毛发光泽，皮肤湿润。

生理学家之所谓脂肪不足，皮肤毛发，两皆干燥的人，俗语谓之"油水不足"，可见油水就是脂肪的俗称。

我们到熟食店中去买油鸡酱鸭之类，店伙必须在鸡鸭皮上涂抹一层油类然后交给买客，就是表示他们的油水充足。不过，真的油水须从前皮肤里透出光泽，化装在表皮上的油水，未免作伪！

人类的油水，可与金钱作比例。圣人说的"心广体胖"可为证明。有钱人心里宽舒，吃饱了饭不转念头，更不必劳力，像猪猡一样，当然脂肪充足，养成肥头胖耳的样子；至于因嫌身体发胖而浸润在福寿膏中的富翁们，身体发肤也不见得比灾民润泽，有者竟吸得像象牙猢狲，这是出于他们自愿减削脂肪，与别人无涉。

本是富有油水的东西，一旦将他身体中的油水抽吸出来，肥润的东西就会变成枯瘦，上海人对此过程谓之"走油"。吸鸦片烟，就是许多走油法中之一法。

含有油质的东西，如失却调剂作用，无有不走油者。物质所含水份，则能蒸发成汽，油则不易蒸发，只能在皮肤表面渗透出来，油光光的甚是难看。

含油的物质,如腌制肉类火腿咸肉腊鸭,油酥制成的月饼肉饺,油氽的熏肉,福建肉松,长生果等等,日子搁得太久,都会走油。走过油的东西,便会变味,那一种说不出的味道,就叫走味,上海人叫做"爀",苏州人叫做"㸆"。

活的东西,凡含有脂肪质者,也会走油。故活人也常走油,最普通的走油是出汗,其次就是面部毛孔里挤出油来。男人走油,不足为奇,最不雅观的乃是粉面女郎,一经走油,会将香粉蚀尽,露出油光光的本来面目,尤其是一个光鼻头,最最难看!所以女人出门必须携带粉纸小镜,就为补救走油。

江湖好汉皆以油水比钱财,取钱谓之"捞油水"。油水与钱财,为人生两大要物。肚里有了油水,人就能容光焕发,腰里有了钱财,人就会气概轩昂。人生没有油水润饰,便会像灾民一样枯瘦,但是灾民之所以为灾民,就因缺乏钱钞,油水与钱财,虽是截然不同的二物,性质却是相同。

油水充足的朋友,须日积月累而成,非比机器,加足了油水,立刻就能恢复康健,人的油水充足却非一朝一夕之功。如把灾民灌十斤荤油下去,非但不能使他发胖,反而要送他的性命咧。

油水之来也以渐,油水之走,亦渐渐而去,故上海俗语谓人渐入穷蹙之境,曰"走油"。

走油的东西,与他物接触,就会将自身之油渗到他物身上去。例如:用草纸包火腿,两三日后,火腿油就会走入草纸中去,草纸便成油纸。人的走油也是如此,都因接近他的人皆欲揩油(★),油水有限,而揩者无限,油于是乎不得不走。

另有"要紧完"之急速走油法。例如:蹄胖,滋味虽佳,但胃口薄弱的朋友嫌得太油,厨子便想出一种去油的烹调法,熬好了热油锅,把蹄子望油里一煎,就能将肥油拔去,上海人谓之"走油蹄子"。

现代上海富翁,仿走油蹄子法走油的,已不算希奇。地皮大王为了钱债被人控告,在前几年谁也料想不到,其他二三等富豪之出门避风头者,更是多得不胜枚举。上海地方,揩油暴富,固然容易,走油出丑,也并不烦难。富翁们都是蹄胖,上海便成了一只大油锅。

走油东西,便会失却常态,最显著的现状就是大腹变成瘪体。一只蹄胖,走油以后,便会缩小三份之一。故上海俗语称走油亦曰"走样",这就不限定富人的骤露窘状了,凡属一切触霉头(★)不如意事,皆能称为走油。乞丐瘦骨嶙峋,本已无油可走,他们赤裸裸的睡在雪地里,也能叫做"冻得走油"。

走油既失原意,在上海话中便成了一种形容词,与走油同一意义的,还有一句"邪气",都与"交关"相似,极言其甚也。

现在的走油,都是下油锅煎熬的急速走油法。一家银行突然倒闭,有多少人唤走油,但还走不到光棍身上,自从政府实行宣告法制政策后,薪水阶级每月收入暗中打了个八折,物价又一齐提高,以后生活大告困难,这才是普遍的大众走油,只有一夜工夫就教我们走失许多油水,以后只好预备硬着头皮任人放下油锅去煎油罢!

六四 阿洋哥

孔老夫子曰:"四海之内,皆兄弟也"。我们是孔教国,对于孔子遗教须绝对遵从,因为他老人家说过这句话,所以凡是中国人都不妨称兄道弟。若在外国,则很少称人为"白拉柴"的,普通称人为"密斯脱",尊贵些便称人一声"叟",译成中文都不过是先生之类。

因为四万万人都是同胞,乃有相信同胞主义的留学生顽过"父亲仁兄大人"的把戏,据说这是事实,决不是笑话。

在交际社会中,无论是当面或书面称呼,称人某某哥好像比某某先生更亲热似的。不过,这也要看事体起,必须双方财势地位相等的人,方能互称为哥,如果瘪三看见了大亨,即使当初是出槖小弟兄,现在既有云泥之隔,瘪三自以尊称大亨为

先生为是,大亨则不妨直呼其小名曰"阿毛"或"阿狗"!

上海人称人为阿哥的,除非是小把戏,或嫡亲兄弟,始有此呼号,成人很少听见,平常相称都用老兄,老哥,或某兄某哥居多。惟有宁波人则爱以阿哥称呼朋友,上海人往往喜欢学这声调,叫成极柔糯的音节,据说可以代表金瓶梅中的"达达"!

宁波的阿哥太多,叫一声阿哥,有好几人同时答应,未免淆乱听闻,因如洋泾浜话之密斯脱张密斯脱李之例,在阿与哥之间加一个特别符号,以示区别,如虞和德先生之名"阿德哥",乃其最著者也。

宁波人在上海占绝大势力,宁波话在上海的推行也极广,于是阿毛哥阿狗哥等称呼,在上海滩也盈洋满耳,成为一种普通称。"阿洋哥"者,亦许多阿啥哥中之一哥也。

洋字,在中国并不是什么卑贱的称呼,洋人就比华人的地位高得多,洋房更比中国的华厦高几十倍,洋货那是不用说,格外比国货的价值贵几倍,做洋庄生意的

商家,也比地货行的市面做的大得多,能讲洋话的人,薪水比精通国学的宿儒更大。洋是高贵的形容词,洋的好处,多得不胜枚举。

阿洋哥,就是表示其人沾染了几分洋气,上海人也叫他"洋里洋气"。

在一般中国人眼光中看来,洋人个个都是富翁,花起钱来决不像中国人这样啬刻,他们身上都穿着漂亮洋服,不像中国有许多衣衫褴褛的穷人。自从上海输入了大批罗宋瘪三,居然也合在马路上伸手叮霸(★),洋人的声誉不免稍受影响,然而大家对于洋字的尊崇,则至今未衰。

中国人而沾染洋气,换言之,也就是阔气,花起钱来比道地中国人要爽气得多。上海人对于"阿洋哥",虽带几分讥讽性质,但人人心里皆欢迎阿洋哥之惠临。人生一世,或开店百年,若能遇见几位大阿洋哥,其人其店,未有不大发洋财者也!

从前,上海人卖给洋人的东西,都比中国人贵些,有的竟是明敲竹杠。例如,三十年前的戏单价目上,都载明着"洋人加倍"。洋人到湖心亭去喝茶,堂倌奉上一小碟洋白糖,茶价也要比中国茶客多收几倍。阿洋哥的花钱,虽不必媲称洋人,但较诸土人,也就不可同日而语咧!

洋人不谙中华国情,事事都是外行,阿洋哥也是如此。初到上海的人,少不得要做几次阿洋哥。人类无生而知之者,即使生长在上海的人,初度尝试新奇事物,亦难逃阿洋哥之诮,现在笑别人是阿洋哥者,当初自己何尝不是阿洋哥。不做阿洋哥,门槛决不会精,聪明人少做几次,笨人多做几次,就是这一点分别。现在上海日新月异的东西太多,门槛全精的人很少,人人都有做阿洋哥的资格了。

我们笑洋人花冤钱,其实他们花的钱都是在我们头上赚去的,大批搜刮进去,零碎泄露一点出来,我们便沾沾自喜,我们中国人才是天字第一号的阿洋哥!

伶人称票友为"羊毛",言其身上有一股臊气,一望而知非吾族类。有臊气者,不一定是真羊,白种洋人也有此特殊风味。"羊毛"乃言异族,俗称"外行",也就是阿洋哥。

或云,旧式商店伙计,每爱掉文,称上海为"上洋"。上海人到内地去,常被人视为肥肉,竹杠滥敲,黄瓜乱刨,因称上海客人为阿洋哥,即自上洋来的公子哥儿们之意。此语若确,则阿洋哥反是乡下人赠给上海人的头衔了,意与苏州人呼上海瘟生为"海参"一般。

我以为阿洋哥的来源,还是根据"洋盘"而来的比较近似,"洋盘"解释已见本书前集,恕不再说。阿洋哥者,洋盘之客气称呼也。

与阿洋哥铢两相称的,在上海俗语中很多,如"瘟生","阿木林","阿土生","寿头码子","曲死","猪头三"等等,皆有异曲同工之妙。可见这票货色在上海销路大佳,所以才有许多花色,事实上也是此辈支撑着上海市面,否则上海早已坍了!

六五 第八只

人是从生殖器中奋斗出来,既成人形,自己也有一种生殖器,生殖器又有排泄流质的兼差,职务繁剧,故人类的手指,天天要与生殖器接触,若有一日间断,便是器具发生障碍,急忙要去请教医生修理。

生殖器的利用,人类皆是千篇一律的,上至最开化的高等人类,下至未开化的野蛮民族,都能领略生殖器的使用法,并且这是天赋的智能,生而知之的学问,用法初无两致。

不过,高等人类,能善藏其跨下物,虽然虚伪,却也文雅,野蛮民族,则不以此为可居的奇货,在人前随意暴露,虽觉不十分雅观,但习惯成性,却也坦白。

中华乃是一个古国,人民又好古成癖,每见一件看不入眼事体,便长叹"人心不古"!故中国人的一举一动,皆绰有古风。

上海城是元朝筑的,上海租界是清朝末世纪辟的,上海的历史并不甚古。但未筑上海城以前,上海未必就是断绝人烟的地方,上海城虽不古,上海人却与最古的地方的人一样,都是盘古氏的子孙,故上海人与其他各古城的人类一样古。

太古人没有发明裤子,生殖器各各暴露人前,乃当然之事实。那时候的人民大概还没有推行新生活运动,不知礼义廉耻为何物,也许一扬生殖器,就算是对人的一种侮辱。

我们姑假定扬生殖器的侮辱法是实在的,那么,中国人的伸当中指头,可以说是有古遗风。

古人不穿裤子,以生殖器示人,轻而易举,无须手续,今人既穿裤子,复着衣服,如欲撩衣褪裤以示侮辱,不独麻烦手脚,且恐失却时效。譬如:上海人的相骂,嘴里吐出一个"呐"字,再慢慢的解衣松带,请出生殖器来,这就算起码电影公司的蹩脚配音,演员的动作与音带相差了好几百尺!

为求言语与动作相应起见,便发明一位生殖器的代表,就是"当中指头"。这是一种从权的办法,也可以说是急速处置法,"呐"是刚出口,生殖器的总代表已乘飞机挺进到敌人的嘴边,爽利,强硬,方便,一举而有三得,教全国人民皆乐于采用。

以四指蜷曲,握成球状,单伸一根当中指头向前挺进,形势的确有些雄伟,发明这位代表的朋友,我们也得佩服他有相当的小聪明,并为后人省却许多手续,不能不算他是一位社会大功臣。可惜他只能做形式上的代表,如果实际也能代表生殖器的功用,则大冷天睡在热被窝里,只要伸手到夜壶口,就能解决小便问题,岂非免却许多伤风咳嗽的病症!

然而,也有人说,幸亏中指未做全权代表,否则,世界上的强奸略诱和奸等案件,更要多得不可胜计咧。

上海人为五根手指头起了五种绰号:大拇指曰"大老官",无论自赞或誉人皆请他出场;食指曰"百有份",凡动到手,总少不得他;无名指曰"会打扮",装饰品都戴在此指,但时髦人也有改套在食指上的;小指曰"小有样",言其生得极苗条;惟有中指,则名之曰"惹动气",单独伸出来,未有不惹人光火者也。

在酒席面上,遇见一个法国人,他爱豁中国拳,每伸出一根当中指头来代表一,见者无不大笑,他却莫名其妙!

上海人又称中指为"第八只"。试伸开双手,从大拇指数起,无论或左或右,数到第八,都是中指。上海人嘴里说"请你吃第八只",就是请你吃中指,也就是生殖器的代表。把你的嘴当作什么?请你自己去想罢!

擅用第八只者,莫如福州人。福州话称此为"爸爸",不知什么用意,或许是取其异于"妈妈"。有许多人说话时,双手乱洒爸爸,爸爸停止活动,他们的话头也打断了。不但下等人如此,上流社会犯此毛病的很多。老远看见双手像斗鸡似的挥洒谈话的人,不必请问仙乡何处,就知道他是闽籍。

"第八只"乃代表的称呼,至于本位的别号,上海也有好几种,如"北乌","撩沙泥","麻糕"(★),"开头阿二","红头驴子"等皆是。若用上海反切,则谓之"六端",象形则曰"香蕉"(★)。

六六 吃门枪

人身露于外的东西,都有骨骼支撑,惟有两件东西全部皆为筋纤维组成,就是阳性生殖器与舌。

舌居口中,为司味之器官,能自由运动,表面包以黏膜,神经血管,布满其中,为人身感觉最敏尖处,俗称舌头。

舌头好像是腑脏的海关,凡入口货皆须经过舌头的检查,他的经验十分丰富,食物与其一经接触,立刻就能辨别美恶,美味的交给牙齿嚼咀,然后输送入腹,恶味东西,立刻吐出,禁止输入喉咽。故舌头做了海关扦子手外,还兼任化验师。

舌与肠胃的关系密切,肠胃时时与舌通消息,舌会开报告于人,此种报告谓之"舌苔",一看舌苔,即知肠胃的工作状况,医生即根据舌苔为我们诊察内病。

重病的人能完全剥去舌苔,那就是味觉失去作用,人到了这步田地,黄连与蜜糖一样淡而无味,干狗屎也许与鸭肫肝一样滋味,可见舌头与人生关系之重大。

猪猡与人类,从物质上讲来,都是一样的动物,只是形态生得两样些,人身上所有的东西,猪身上亦无不应有尽有。例如:人有舌头,猪亦有舌头。

人与猪,有相同之点很多,人能吃撒睡,猪亦能吃撒睡,人能养儿子,猪亦能养小猪。然而相异之点却也不少,例如:人能用司丹康生发水润发,猪则不喜修饰他们的鬃毛;人能吹牛拍马,猪则十分坦直;猪被人宰割时能发几声极叫,人被人宰割时,只能闷声不响的逃难。

无论如何,人总归是人,人与猪殊难相提并论。猪身上的东西虽与人身形式相似,人也不许他们有相同的名称,生在人嘴里的软肉一根,名之曰舌,移生到猪嘴里去,屠夫便代他们起一个浑号,叫做"门枪"。

猪舌曰"门枪",猪耳曰"顺风",知道的人比较多些,其他如猪心曰"玲珑",猪肺曰"风箱",猪肚曰"食袋",猪肠曰"练条",猪腰曰"石卵子",这许多像形名词,好像是科学家的专名,普通社会就难得听见了。

到陆稿荐里去买猪舌,伙计会笑你是洋盘(★),如果你说要"门枪"那才是老吃客咧。至于番菜馆中称牛舌为"牛利",不知是什么缘故?也许是广东话,我想。

上海轻薄朋友,以人比猪,将人类的舌头也叫作"门枪",实在带几分侮辱性质,凡属人类,如非□瘌,咸宜发指!

"吃门枪",并非似小说上的好汉的醒酒汤,定要将门枪割下来吃。吃门枪好比是吃活抢虾,取其有活跃的姿态。

有人以为"吃门枪"等于西洋人的接吻,实则完全是两件事,接吻者仅限唇部的晋接,吃门枪乃进一步的工作,为舌尖之折冲,接吻乃表面的动作,吃门枪为内心表演,西洋人之接吻,父女母子之间皆能大接特接,以无门枪侵入毗邻国境也,中国人的吃门枪则非施之于爱人之间不可,西洋人之接吻如鸡打雄之一接即完,中国人之吃门枪则似鸡狗连连之解难分,故接吻不妨在大庭广众之间公然为之,门枪只能在影戏院中偷吃也。

牙刷的发明,在中国历史上并非久远,本图说前已言之。我们所认为古代的才子佳人,如张君瑞崔莺莺之类,也许都是满口牙黄的人,故中国男女的恋爱表演,无非如梅龙镇之抓手心,再进一步亦无非香香面孔而已。西厢记酬简一折,什么秽亵都描写到了,却无吃门枪的一节,可见吃门枪乃是牙刷盛行以后始发明的恋爱表现,富有牙黄时代的恋爱,尚无互吃门枪之好胃口也。

近代门枪大盛,此不得不归功于外国影片之宣传,可惜无透视镜头,用以表明外国人接吻是不吃门枪的,然而中国人究竟比外国人聪明,学会了接吻,就能进步到吃门枪。

西洋人的接吻,是稀松平常之事,在银幕上表演接吻,加二吪啥希奇,中国所谓女明星,皆不愿与非配偶的男演员作接吻表演,往往在千钧一发时就将片子剪断。这是什么原故?据说女明星就怕敌方的门枪乘间塞进来。

一样是纤维筋,舌的活动力比"呆鸟"大得多,上海有几个靠女人吃饭的小白脸,能利用此项活动力去做倒用逆施的动作,以取媚姘头(★),别名也叫做"吃门枪",不过那班吃客都是年高德劭的好婆,牙齿全部脱落了!

上海很有几个靠门枪吃饭有耻之徒,大名还有顶着舐字商标的呢。据说这种功夫也要有相当练习,技术最高的人才,能将门枪直抵大号玻璃杯之底,人在杯外看他的门枪,好像打花会死的吊死鬼的长舌,又像热天的狗门枪,咸炒西瓜子是他们必需的食物,据说多吃可以磨砺他们的门枪。

前几年,天津有一位名门老太爷,因为要想扒灰(★),竟会被他的贤媳咬去半根舌头,新闻披露,全国传为美谈。这就是吃门枪的流弊,如为强迫接吻,断不会肇流血之祸,爱吃门枪者慎防碰着定头货!

六七 哭鬼

在小说书上常见"鬼哭神号",俗语也听人说"神惶鬼叫",看来鬼是能哭能叫的东西。

鬼不但在儒释道三教中活动,耶稣教虽不烧小锭,但也不否认魔鬼的存在。

地球上既有鬼这件东西,何以不让新闻记者与鬼接见,请他们发表几篇鬼的谈话,则我们虽不见鬼,也等于卧游鬼国了。

鬼学博士说,鬼在地球,有如空气,我们不能看见空气,但不能否认空气之无,鬼亦犹是。

我们眼睛虽不能见空气,但能利用仪器试验空气之有无,风吹草动,即空气鼓荡而成。鬼能捉几个到试验管里来白相相吗?

灵学博士说,鬼并非无形之物,乩坛望空摄影,能照出许多神仙鬼怪的真相来,这是有凭有据的事实。

所谓神鬼照相,乃是最浅薄的变戏法,照出来的鬼相,都像画铅笔照相的下等画匠手笔,如果请袁牧之先生之类指导他们用化装法扮演,我想成绩定能好得多;然而唤一家陌生照相馆来担任摄影,神仙的影像也就无法走进镜头了!

鬼究竟是什么东西?

礼记已为我们定有界说曰:"众生必死,死必归土,此之谓鬼"。

这说得很明白,鬼就是死人的雅篆。我们没有眼福见鬼,死人总见过的。请问各殡仪馆的馆长,你们见过死人哈哈大笑吗?当然没有!死人既不会笑,鬼当然也不会哭!

"天阴雨湿声啾啾"！世既无鬼,何以杜子美能听见鬼的啾啾之声？声音之构成,乃由物质鼓动空气使成波浪,然后传入人耳,鬼既无质,不能掀波作浪,那能发出声音？古人不是听见鬼叫,实是活见鬼！

上海俗语之"哭鬼",并非真是嚎啕大哭的死尸,乃是形容一种守财奴的话。

（南史恩幸传）"齐东昏时,左右刀敕之徒,悉号为鬼。宫中讹云,赵鬼食鸭𦚬,诸鬼尽著调"。

上海之"哭鬼",亦如齐宫之鬼,都是刁钻促狭的活鬼。

（方言）"虔儇慧也,自关而东,赵魏之间,谓之黠,或谓之鬼"。可见中国向来不以鬼专指死人,如"鬼鬼祟祟","鬼头鬼脑",皆活人的表情。

一钱如命的朋友,割他身上一块肉,不过喊一声"阿唷滑"！如要他拿几个钱出来,他真会痛哭流涕哩。盖割肉所伤,不过肌肤,损失钱财,创及心肝,焉得不哭？故上海人以哭示啬,哭鬼即啬客也。

"哭鬼"为名词,颠之倒之,"鬼哭"即成形容词。此在俗语中亦为创例,"哭鬼真鬼哭"！上海语可以这样说法的。

我以为"哭鬼"还是从"鬼哭"中脱胎出来的。上海人家大小月底,除异教徒外,都要在门口烧几串小锭,用以媚鬼,算小的人家,克扣鬼粮,锭少鬼多,不敷分配,便望那堆锡箔灰啼哭。"鬼哭"就是鬼见了也要哭的东西,极言其少也。

儒林外史形容一个哭鬼,临终时望着油盏不肯断气,家人莫名其妙,后来有一个人知道他的心事,将两根灯草灭熄了一根,此人立刻口眼全闭,安心断气。

"广笑府"载一人,性极鄙啬,道遇溪水新涨,吝出渡钱,乃拼命涉水,至中流,水急冲倒,漂流半里许。其子在岸傍觅舟救之,舟子索钱,一钱方往,子只出五分,断价良久不定,其父垂死之际,回头顾其子大呼曰,我儿我儿,五分便救,一钱莫救！

还有一个哭鬼,是我亲眼所见的。此公开设店铺,拥资数十万,每日三餐,两粥一饭,吃粥时仅有盐金豆一碟,合家围食,子弟偶用筷平放大碟,挑豆二三粒入口,其人大怒曰,"你不学鸡啄食,偏去学那抬轿子的行为,将来定是败家子"！原来他自己下箸,只取豆一粒,如鸡之啄谷也。以后果不出他所料,他死后不到几年,家产尽被子弟败光。

节俭乃人生美德,不过也要俭得有个份称,如果待人待己,两皆刻薄,留许多钱给子孙去挥霍,还要被人骂一声"哭鬼",这样的人生,未免太对不起自己,死到阎罗殿前也难交帐。上海人称为"想不穿"！

有一部份人,大事不哭小事大哭！为了一个铜板,与黄包车夫斤斤较量,到浴堂中去洗澡,非照定价加倍给值不可,上海人皆有这种特别脾气,连我也算在内。

社会不景气,大家觉得银钱来路不易,结果便造成了许多哭鬼。自己承认是哭鬼,朋友发帖子来,最多只送两只洋,人家也会原谅你的哭鬼,最难受的是空场面摆得极大,内里却大哭而特哭,近年来的日子就不大好过了!

或云,哭鬼应作"壳鬼",里面是一个骷髅,外面罩一层空壳,实在是一个"空心大老官"!

六八 鸡毛报

古人以木简为书,长尺二寸,用徵召也,其有急事,则加以鸟羽插之,谓之"羽书"。杜甫秋与诗,"征西车马羽书驰"。

书上插羽,欲其急行如飞。史记,"以羽檄征天下兵",在电报尚未发明时,此为最快的送信法,好像现在的特别快信。后来民间也仿用此法,急切觅不到鸟羽,便用鸡毛代替,谓之"鸡毛报"。

在中国尚未办理邮政以前,信件皆由民信局递送,我在幼年时期,还见过内附鸡毛的信件,后来改为"烧角信",就是将信封烧去一个左角,像现在寄邮局的印刷品相仿,将信封剪去一角。

无论是鸡毛信或烧角信,接到的人都有些心惊肉跳,好像穷人家半夜里突然接到一封电报,大概总是不祥的急报。

平民百姓没有要紧事,不必寄什么鸡毛信,除非是死信,故鸡毛报就是死信的代表。

上海俗语的"鸡毛报"则作广泛的谣言解释,也叫作"卖朝报"。

朝报是中国最古的报纸。

(赵升朝野类要)"朝报每日门下后省编定,请给事判报,方行下都进奏院,报行天下。其有所谓内探,省探,衙探之类,皆衷私小报,卒□漏泄之禁,故隐而号之曰新闻"。

中国之报纸历史,由来很古,只是千余年没有进步,在四十年前上海尚有"卖朝报"的小贩在街头发现,他是什么形状,说出来也很有趣。

现代大出丧仪仗中之"冲锋",大家总知道他是什么样式吧。卖朝报者在肩插一个小型冲风,背面略写故事提要,供人免费读报,正面也有写字,也有粘贴几册朝报样本的。右肩背一个蓝布大搭褳,手中拿一面小锣,走几步路便站定一会,鸣锣歌唱新闻事实。

所谓朝报,乃黄封面的小册子,木板,最多不过三五页,内容所载都是些奇案新闻,每册仅载新鲜事件一则,并无国家大事,已失朝报真义,购读的人也不似现在卖报的需要,生意甚是清淡。

卖朝报者,有了一两件新闻小册子,便能藉此游历各码头,不比现在的报纸,新闻隔了夜,就会变成旧闻。

朝报为求耸人听闻起见,不免将小事煊染成为光怪陆离的新闻,那时尚无新闻检查组织,尽能闭门造车,为所欲为,内中还有挟嫌诬蔑,故意编造故事,坏人名誉,以利私斗的。因此卖朝报失却人们信仰,同卖朝报者为造谣机关,等于鸡毛报。

"教化子造谣言",也是一句同样意义的上海俗语。承平世界,有职业者安居乐业,惟有教化子则生活困难,惟恐天下不乱,他们在混乱中,始能趁火打劫,始有发财的希望。教化子乃指一般失业阶级而言。

近代新闻事业十分发达,鸡毛报照理应无法施其技巧,但因政府采用的新闻政策,不许报纸登载政府不愿意发表的消息,因此民众关于报纸的信仰日渐减少,鸡毛报便乘隙而入,大家明知谣言,也会惴惴不安。前几天的闸北大搬场,就是鸡毛报的效力!

清朝的江山,本不会失得那样迅速,都是鸡毛报将他报掉了。欲求扫除鸡毛报,莫如开放新闻,所谓"正能克邪"是也。

六九 耶稣自有道理

耶稣在中国,已与孔子,释迦,太上老君齐名,大家都知道他是一位宗教创始者。

吃教的内行,皆称耶稣为"基督",在上海的浦东人嘴里说出来,这两字很不雅听,因为与老婆鸡的生殖机关,发音毫无两样。

基督实在是至高无上的尊称,乃"基里斯督"Christ的释音简写,其义为救世主。耶稣并非自愿到人世界来投生,乃是接受了上帝的命令,特来救世人脱离罪恶的,故人称耶稣为救世主,称其所传之教为基督教,也就是救世主教。

耶稣为了救世,牺牲性命于十字架,所遗留的就是新旧约两部经典,所讲的就是"耶稣道理"。

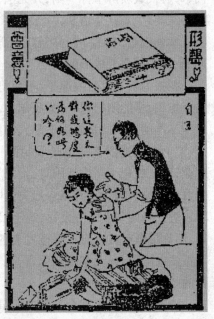

基督教在十一世纪分裂为二,为天主教与希腊教。至十六世纪,更由天主教而分为新旧两派,我们则称新派为"耶稣教",旧派为"天主教"。

唐朝的景教,据说就是天主教,至明朝而大盛,上海徐光启,为崇祯礼部尚书,入阁参机务,亦笃信耶稣,受洗礼,加赐洋名"保罗",与中国谥法"文定公"齐名,徐家汇就是他的古迹。耶稣若无道理,焉能使徐阁老信服?

耶稣教(新派)传入中国,历史不及天主教远甚,他是清朝中叶以后方始来华传教,只因新派的教规,不及天主教严厉,所以他的推行甚广,吸收的教徒也比天主教多。

入耶稣教的第一步工作,就是到教堂中去听讲道理,新旧约圣经,篇幅极厚,洋洋大观,里面包含的都是道理,所以耶稣道理,取之不尽,用之不竭,说出来都是大道之理。

虽然中国古时,每逢三六九日,也有类似耶稣道理的"讲乡约"设备,怎奈所讲的都是圣谕广训等腐化材料,讲员穿外套,戴黄铜顶子,官气十足,站在露天高台,要百姓仰面恭听,所收效力甚微。

讲耶稣道理就气派不同,讲堂是洋式的,门口有和颜悦色的招待员,请大家进去坐听,还有甚精美的小册子分送来宾,平常更施医药,设义塾,救贫困,务使人民先得实惠,然后劝人入教,所以耶稣道理战胜了乡约道理。

现在要讲"耶稣自有道理"俗语的由来。

中国是礼教国,一切婚丧礼节,民间看得极重,耶稣是唯我独尊的一神教,信了耶稣,不但不许教友礼拜一切泥塑木雕的偶像,即祖宗牌位亦在废除之列。初入教的人,遭逢婚丧大故,不明教中礼节,往往要引起怀疑,不知如何处置,老教友便安慰他们道:"不要着急,耶稣自有道理"!

死了长辈,不必磕头,免除和尚道士纸钱等耗费,但请牧师免费唱赞美诗。结婚不必拜天地,只要跪在耶稣十字架前说一声 I will。凡此都是耶稣道理,而为攻乎异端的人所认为不合先王之道的事。

从前人的信教,颇有一部份并非真信耶稣的,目的只在借洋教士的势力作护身符,借此鱼肉乡里,甚至反抗官府,闯了穷祸,自有教士出头帮助,必能大占胜利,这也是"耶稣自有道理"。中国道理只有一条,耶稣道理有十八条,光绪年间的许多教案,都是耶稣道理诱导出来的,愚民乃视吃洋教与入洋籍相等。

上海人遇到莫名其妙的事,也称"耶稣自有道理",意思与"天机不可泄漏"相似,不知他葫芦里卖的什么仙丹。

耶稣教士称宣传教义为"讲道",太平天国也是信仰耶稣教的,军中常鸣锣集众,命令军民去听教义,也叫做"听讲道理"。上海俗语的"道理",则含义颇广,不限于耶稣道理一端也。

男女有过肌肤之亲,上海人亦称"有道理",如指妓女姘拆白党(★),她们必力辨"我们无道理"!

人有特别技能,或特出材干,别人干不好的事,你去一干就好,上海人称赞你,也说"此人有点道理"。即剥猪猡(★)摆堆老(★)等勿入调事业,也在道理之列。

上海人近来颇流行一句"呒没道理",亦曰"佛摸卵",或"勠摆勒心浪",这是一种大无畏精神,不顾一切的表示,意思与耶稣道理针锋相对。

传到现在,"耶稣自有道理"语,已与耶稣毫无关系,着重点就在"自有道理"四字。空城计的诸葛亮也曾说道"山人自有道理"。究竟什么道理?孔明先生却没有明白宣布,除非是他肚里的蛔虫才知道。从前叫做锦囊妙计,现在叫做"内定办法",这几天政府处置华北风云,就有些"耶稣自有道理"式气!

耶稣自有道理,是一句关门落闩的话,下文不宜再究,你如多问,就是辣来勿相识(★)!

七〇 臂膊望外湾

两只脚两只手的人,与四只脚的兽,都可以说是四肢完备,何以人能立直,能用两只脚走路,兽类却不能挺起胸脯,走路非请上肢帮忙不可呢?

我们若能留心观察一下兽腿的湾法,与人的四肢比较一下,这问题就不难索解。

兽的后腿是望里湾的,膝盖生在屁股后头,人类则反是,故人类的腿能跪,能翘起脚来摆架子,兽类的腿只能坐在屁股下面当垫子。

兽类的前腿是望外掰的,臂肘(俗称臂撑子)与眼睛、鼻孔、嘴巴,都对着一个方向;人类则反是,臂膊望里湾,臂肘,如双手自由直垂,方向正对着屁股。故兽类欲将前足攀向嘴边,甚不容易,饮啃前肘,则低头就是,人类却自己咬不到自己的臂撑子。

人之所以异于走兽者,四肢的湾法不同,也算是一个要点。但是也有两种例外,猢狲与狗熊的后腿都是望外湾的,猢狲的前腿也与人类一样,所以他们能摹仿人类的动作。

由此说明,上海俗语的"臂膀望外湾",指的是什么,大概可以明白一半意思了。

上海人为儿女提小名,宁可名他们为阿猫阿狗,决不肯叫儿子为猢狲。猢狲虽比猫狗聪明,但不易长大,别人偶尔称小孩为猢狲,为父母者亦必大动其气。据说被人骂了一句猢狲,就要三年不长,此语若确,则上海人称印度人为"阿三",阿三即猢狲之雅篆,常被人这样唤着,却未看见印度人缩成日本人。

上海人说人"臂膊望外湾",听着平淡,其实甚是刻毒,就是说此人比猢狲更贱,也许竟将他比作狗熊,因为狗熊的后腿与人腿一样,前腿却异于人或猢狲,为望外湾的。

普通社会对于"臂膊望外湾"一语,却没有这样深刻解释。不过说"人心向外"而已。尤其是指女儿,不论父母与她,配了丈夫,或由她自由觅得如意郎君,她的臂膊自然而然的会望外湾的。

人类文明,都是臂膊望里湾造成的。如果人类也像畜类一样,臂膊全向外湾,不说别的,吃的就要采用猫狗的吃法,只好用嘴去就碗了。因为臂膊望外湾后,手要想与嘴接近,就感到相当困难,同时反手过去擦屁股,只怕也要发生问题。即此两端,我们也就不能自诩为高等动物咧!

一双手,是人类最重要的左辅右弼,人而无手,人即作废,是为废人。臂膊望外湾的人,虽亦有手,却不肯听人的吩咐,你要他拿一块面包来吃,他会送到别人嘴里去。

"臂膊望外湾",虽是一句寓言式的俗语,实则世界上确有这种愚笨事实发现,无论家庭,国事,都会有此怪现状映在我们眼前。

兄弟争夺遗产,利用律师或流氓斗法,弄到后来,两败俱伤,家产全被外人得去。

中国人都希望中国强盛,但是有一部份中国人却帮了外国人起来拆中国的台,说他们是无知识罢,手里也拿着中国字的呈文与传单,真不知他们的臂膊是什么父母制造出来的!

为一块大洋,四个馒头,便去充自治区的请愿代表,这种中国人尚易打发,只要给他们一元零两只铜板,五个馒头,就能全部挖过来了。最引为伤心的是中国的堂堂大员,也会学狗熊的样,将臂膊湾到外国去,莫怪有人说,中国不亡,是无天理!

江湖好汉,最重义气,臂膊望外湾,也在十大条款之列,他们叫做"吃里扒外",犯者即不齿于人类!

有人打我们耳光,向里湾的臂膊必擎起来招架,若向外湾,便无抵抗能力,见人打来,只有逃难之一法。

苏州人有句俗语,叫做"牙香骨里臭",意思与臂膊望外湾相似。

七一 打 样

"打样",在上海有几种不同解说,分述如次:

凡建筑或制造器具,必先绘成图案,详注尺寸、物料、形式、颜色等项,使工匠按图制造。此项图画绘制人,现在已尊称为工程司,但上海俗语则称为"打样鬼"。

中国古代建筑是很有名的,如北平"样子雷",能作白皇宫模型,然后按型建筑,宫室图样,当然有会画的,不过那种蓝地白线的图案,却是西洋输入的。从前只有外国人能打此类新样,故称"打样鬼",鬼者洋鬼子也,现在中国人能打样的很多,上海俗语仍相沿旧习,称为"中国打样鬼"。这个名称与"来路国货"一样矛盾。

到咸肉庄(★)上去做屠夫,咸肉有精粗、肥瘦、美恶之不同,必须多叫几个到来,以备挑选,俗语也叫做"打样"。此打字似作看字解释,"打样"即看看样子之意。

同一打也,打样之打,与打炮之打,显然大有分别,而名角登台之打炮,与咸肉庄上之打炮,打法又显有不同,中国话之不易领悟,这也是一个例子。我以为伶人初次献技,确是给人看看样品,不妨改称"打样"为是,尤其是女伶打炮,更容易令人误会到点人蜡烛(★)身上去。

第一次叫妓女的局,谓之"打样堂唱",样子打对之后,即能进行交易,否则,不妨退为"丹阳客人",从此断绝往来。其实旧式结婚的"相亲",何尝不是"打样"。

下流社会中人,欲暗中计算别人,怕动手不识原主面貌,误伤无辜,故于事前必须有熟识原主者指点认识,他们也叫做"打样"。这与"打样堂差"同一用意。

流氓阶级口中之"打样",还有一种别解,那就是招摇之意。从前的上海流氓,都穿着高领衣服,奇形怪状,使人一望而知是闯祸坯子。这种装束,也叫做"打样",意谓招摇过市,惹人注目,容易被人认识,也就是容易被人打了样去。现在上海穿打样衣服的流氓甚少,除非几个小抖乱还有歪戴帽子的,一等老白相都扮得像老乡绅了!

商店收夜市,也叫做"打样",因为"上排门"就是关店的别名。商店最爱听的是"开张骏发",最怕听的是一个"关"字,故讳关店为打样。

开店,必须陈列许多样品出去,入夜关门,将样品收藏,故谓之"打样"。

有人说,打样乃宁波商店的流行语,应作"打烊",烊为熄火之意。

(法苑珠林)"铁钳开口,灌以烊铜。"烊本作炀,镕金也,音祥。

据此,烊实是一个白字,非但音讹,即作融解意义,亦觉不祥,如读准确字音,则与"打墙"相谐,店铺门口打了篱笆已难做生意,何况打墙,如果店铺遇见"鬼打墙",那是鬼也不肯上门了!

或云,旧式商店之营夜市者,仅燃一烛,烛尽即收市,烊者言烛已熔尽也,故曰打烊。

古人说话爱讨吉利,如完、光、灭、息等字,皆讳莫如深,故"完场"讳为"圆场","灭烛"改称"圆烛",以我推测,打烊或许是"打圆"的谐音。取其交易有圆满之结果也。

现代商店,虽犹一律称收市为打样,事实上却已打破迷信,不讳关店,不见马路上有许多商铺大书"关店大拍卖"吗?他们能利用关店作广告,真比旧式人聪明得多了!

近来上海市面大不景气,最热闹的南京路上,也有许多长期打烊的商店,长此以往,只怕上海真个要坍咧!

有人说,岂独上海南京路的商店打烊可怕,就是整个中华民国,也有打烊的危险。东北四省已打烊多时,河北省也在招盘中,旧老板已被强迫退出股东地位,新股东另有其人,却教几个中国人做出面老板。实际上赚了钱都落入别人腰包里去了!

别人家却一家家的分店开拓到我们屋里来,我们却连祖宗传下来的老店都守不住,弄得次第打烊,改换牌号,思想起来,真有些对不起我们的老祖宗!

七二 屁抓筋

屁,比粪更不登大雅之堂,在浩如烟海中的中国雅书中,竟寻不到屁的踪迹,字书上仅有"气下泄也"四字说明,气为什么不上泄?却没有说出一个所以然来。中国人对于屁学,殊鲜研究!

人身上的东西,都比兽类值钱,惟有屁是例外。人屁分文不值,马屁则奇货可居。马屁(×)人人爱吃,人屁则不堪尝试。

在不十分风雅的笑话书上,如"笑林广记"等书,常有以屁为调侃材料的。据说,屁的等级为最多,马屁为极品,人屁次之,狗屁又次之,狗臭屁则品斯下矣!故"狗臭屁"能代表一切无价值的人或物件。

狗屁,据说也分三等阶级:(一)放狗屁,狗为容形词,仅说明其屁味似狗,放者犹不失为马或人也。(二)狗放屁,狗为主词,指定放屁的非马非人,是狗,比人放的狗屁低了一级。(三)放屁狗,此狗不作别事,专门放屁,放屁变了容形词。

屁虽有声有臭,但是无影无踪,捕风捉影,已不可能,怎样能够去抓屁?

笑林广记好像有一个抓屁的笑话:主人放屁,命仆去寻找,仆人无法,去检了一橛干狗屎,献给主人道,"屁已逃走,抓了一个屁祖宗来"。

动物的身体组织,最重要的是皮肉骨三项,筋与血管一样,附着在肌肉中。屁者气也,无皮无肉无骨,那里来的筋?

基于上说,我们欲抓屁筋,实属万不可能,乃是一种幻想。古人形容幻想,谓之"镜花水月",但镜中之花,水底之月,我们目光尚能看见,虽不能与手接触,总是有形之物,至于"屁筋",诚为希世之宝,比凤毛麟角更名贵,全地球抓不到一个!

"屁抓筋"在上海人嘴里却是常有得吐出来，话出如屁，也是不易捕捉的东西。俗语中有一个门类，谓之"有其话而无其事"的，如"四金刚腾云"，"船头上跑马"等皆是，"屁抓筋"亦当归入此类。

上海人以空无所有谓之"屁抓筋"。有人用了十二分气力，想去抓住一件东西，结果，屁都不曾抓到一个，却抓住了一个屁筋，总算没有失望。其实屁已虚无，何来屁筋？这是对于失望朋友的讪嘲。

屁不能抓吗？却不尽然，我见过恶作剧的朋友，用手抓了自己的吃伤屁，送到别人嘴里去，受屁朋友因此大倒胃口，故我以为抓屁则可，离开屁之本身而单抓屁筋，确是不可能的事，因为屁筋在中央化验所的化学室中，也找不到这种希有物质。

公然放屁，在西洋交际社会中是大不敬的举动。西洋人并非无屁，遇到有屁不得不放时，只能暂时容忍，跑到室外去背人偷放野屁，不欲搅乱公共空气，据说这是文明人的礼貌。中国人却不拘小节，可以在人前自由放屁。"屁都不敢放！"这是言论受严格检查后最可怜的代表语。我们清晨雇坐黄包车，车夫奔了不多几步，往往放出一个极长的隔夜屁，因为车夫足不停蹄，屁受压迫，不能畅放，按着脚声节奏，一步一屁，衷气足的车夫能放过几十家门面。我们坐在下风，翘足吃屁，自觉难堪，虽被限制放屁国的三道头闻之，也无撬照会（★）的先例，只是暗笑中国人不善处理其屁而已！

参加考试或比赛，别人皆得分数，足下竟吃汤团，则足下所得者，"屁抓筋"耳！

我们受了强邻侮辱，诉诸国联，以为公理可伸也，开了许多会议，结果得了一个"国际屁抓筋"。虽然他们不肯自承放屁国，然而这个屁抓筋总是他们嘴里放出来的啊！

华北政局，酝酿多时，至今犹是障碍重重，我们总希望他将来不要屁抓筋化！

屁抓筋中间，上海话还能加助语词进去，如云"屁抓里的筋"，则语气格外显得严重些。

舍屁而抓里面的筋，屁之不存，筋将焉附？更加岂有此理！于是我于屁抓筋有些怀疑。

据屁学专家说，屁原非可抓之物，抓字大有疑义。后经考证，"抓"系"渣"字之讹，屁抓筋应作"屁渣筋"。

屁为气质，直接从谷道口放射出来，未经化学技师提炼，那里来的渣泽？渣中又有什么筋呢？所谓"屁渣筋"者，极言其虚无缥缈也。

也有人说，屁抓筋应作"屁榨筋"。屁非丝瓜，纵加要大压力，也榨不出筋来，徒耗功夫气力，结果一无所得，上海人也叫做"白弄乱"！

七三 出 松

松之相对字为紧。

物质排挤太密则紧,稀疏则松。物以坚密为贵,论理总以为紧物比松物值价,其实并不尽然,松紧各有妙用,应视物质而定。

湖绸不量尺寸,称斤两论价,愈重愈贵。绸质重的织得紧,轻的织得松,这是紧的值钱。

装雅片烟的扦子手,以松,黄,长为三大条件,如捏成紧,黑,扁的筒头,便不算好手。这是松的值价。

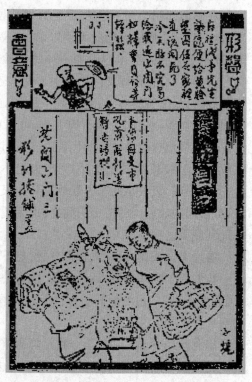

物质也有为环境不同,而需要松紧两便的。如女人的裤带,松时如落蓬,紧时如锈锁。又如小先生(★)欲其紧,产妇则务求其松。

权衡松紧的滋味,还是松的好受,紧的难熬,孙行者闻紧箍咒而头痛,江洋大盗见紧夹棍而丧胆,一听见松字,便能逃出半条性命。

上海滩,多数人皆不愿听到紧字。时局紧张,则大家丧魂落魄,急欲逃难;银根紧,则商店老板愁眉哭脸,预备忍痛大牺牲;薪水阶级听到实行紧缩政策,则大家提心吊胆,不是减薪,便是卷铺盖滚蛋(★)。

然而也有例外,如汉奸希望时局紧张,放债人希望银根紧,公司股东希望紧缩,这些都是别具肝肠的心理。又如,中国人皆希望全国团体结紧,敌国人则利用分化手段,使我们的团结松弛,这又是松紧的观念不同。

实行天下为公,当然是结得愈紧愈好,如果有了私心,自会希望松的好。殷汝耕松了出去,究竟做像了一个小皇帝,虽然被中国人大牵头皮,洋财终能大发一票。

为个人生活打算,大家都希望松的。手头松动,过日子一定能踢飞脚;紧缩在搁楼上的朋友,希然能独立门户,使家庭松动些。挤紧在人堆里的朋友,手脚无法活动,希望前面的人早些松散;压迫在社会底层的人,希望上面多死掉了几个大亨,可以容易松他们出头。

上海俗语的"出松",即不使挤紧之意。火炉里的煤灰太多,新煤加下去也不会发火,必须出松炉底,火焰才能冒出来。游行示威的学生,虽为热心救国,但亡国事小,扰乱马路秩序事大,他们的团体结得虽紧,只要拔出救火龙头来一浇,在冰点以下的气候中,纵有热血,也被浇凉了,于是请他们"出松"!

"出松",是上海瘪三们发明的。婚丧人家,常有大批瘪三惠临,围绕在帐房门口要钱,挤得水泄不通。使宾主不能出入,欲解重围,非钱不行。出松就是解围。

瘪三实施敲诈,如行人道上的"倒棺材"赌博之类,将乡愚紧挤在人堆里,重重包围,插翅难逃;远远望见一个巡捕到来,一声出松,同党四散。这个"出松",含有逃遁意味,亦曰"滑脚"。但是,能请巡捕预先吃血(★),就无出松必要。

中国人爱管闲事,路上看见三道头擒住一个小偷,后面自会跟一群人去看热闹,小偷进了巡捕房,帮闲人尚徘徊门前,不忍即去,巡捕挥花梨槌喊一声"出松"!大家抱头鼠窜而奔,这个"出松",就变成"滚蛋"了。

华北的土地有限,驻军的地点也有限,现在有别国的军队驻扎进来,便请我们的军队出松!此"免淘气"之唯一良法也。

到妓院里去打茶围,忽遇另一帮客人来做花头,未便占据房间,只得"前客让后客",这也叫出松,腾出空房间来让客也。

出松原意,无非是疏通之意,现在却含义极广,一个人告辞朋友出门,也能叫做出松,歇生意也叫出松,甚至人死也是出松。

现在的出松,只是一个"去"字的解释,须看使用的地方如何,始能分出是"告辞"或"滚蛋"的意味。

"我们可以出松了",是上海人口中极平常的话,自称出松,当然不是什么侮辱的语气。不过这是自动的出松,如果像冀省的党政军三界要人被人说一句"请你们出松"!被动的出松,这才是有失面子的事,上海瘪三如逢此类情形,便不肯做酥桃子(★),定要三光透顶,与人家搅七廿三,搅过明白!

既失面子,又断财路,是可忍孰不可忍,必须"拼死吃河豚",与人吃抖(★)一场,他们不是黄浦滩铜人打不倒的,小鬼跌金刚,也许请他们一一出松!上海瘪三之可敬,就在这一点!

七四 悬空八只脚

一举足曰跬,倍跬谓之步,今通称两足前后相距曰一步。

在原始时代,皮带尺木尺都未发明,人欲测量地皮,只有用脚步代替。不但中国如此,外国也是如此,故英文之脚与尺,合用一个字,Boot。

一尺就是等于一只脚的长度,一举足等于两尺半,是为一跬,成人或不是跷脚人的随意跨一步,等于五尺。

中国量法,在尺与丈之间,还有一个阶段,叫做五尺为步,二步为丈。这就是原始量地法的遗迹。二步亦称一弓,弓是量地所用木器,略如弓形,上有柄,一弓之长,等于普通人五只脚的地位,名堂就叫"步弓"。到乡下去扫墓,常看见界石上刻着几弓几尺地,在上海则竹匠打篱笆都讲究英尺,因为英尺比中国尺,只有九五折,他们可以占些便宜。

地产商去看地皮,如忘记带尺,只要在地皮四周走一转,就能知道此地有多少面积,再要详细些测量,便用脚尖对脚跟,一脚一脚的量去,合算起来百以不差分毫,所以我们的脚,就是一根天然的尺。

牺牲血本大减价的绸布商店,肯足尺放三,甚至买一尺送一尺的迁就办法,买地皮却无此先例,厘毫丝忽都要算得清清楚楚,决不肯相差半只脚。

"悬空八只脚",就是买方与卖方相差了八尺。在洋货店剪洋布,毛头小伙子的店伙,看见了香喷喷的女主顾,心里浑淘淘的时候,买鞋面布饶到一件旗袍料,也自不足为奇;惟有土地买卖,却无相差八只脚的大大落。

距离的长短,原无一定标准。在以"光年"计算的天空中,星座的相距,即使相差八万只脚,还是最准确的测算,航海家计算船的位置,在最近的半海哩以内,也不算错误。古人描写极近的距离,谓之"一箭之地",这也不止"八只脚"。

但是,有人能在西瓜子上刻一篇赤壁赋。这就苍蝇脚的地位都不能悬虚一只,何况人脚?说得大些,住上海的房屋,多一只脚的地位,也要多纳几元房租;二房东见了八只脚的空隙,又能多搭一间搁楼出租,决不肯白饶给你。

上海俗语的"悬空八只脚",就是中间相距八尺之意。"戴了箬帽亲嘴",距离不过二三尺,犹未能达到目的,悬空八只脚,则中间还隔一顶大凉伞咧。

即使极长的距离,有时候也不能悬空八只脚,譬如横亘欧亚二洲的西比利亚铁路,距离可算长了,如果在八尺长的中途拆去铁轧,火车交通就要中断。

又如百米长跑,落后了八只脚的距离,当然无中选希望。

因为"八只脚"的俗语上面有"悬空"两字,大家便从平面的距离联想到天空中去,高低相差八只脚,为两层楼与三层楼之比,价值也有相差。然而俗语的"悬空八只脚"还不是这个意思。

我们用一个哑谜隐射此语,叫做"四金刚腾云"。四个金刚在空中驾云,的确有八只脚虚悬着,不过金刚是出名的大人物(★),他们的脚不止一尺,是以此脚不能作尺解释。

在上海腾云,至少须比廿四层楼高些,否则就要有触烟囱闯祸的危险,四金刚腾八脚悬空比平地上的八只脚相距要远得多咧。

悬空八只脚,无正确距离,不说四金刚,即言"八洞仙腾云"悬空十六只脚,亦无不可。这俗语的着眼点,即在一个"悬"字。

悬者挂空也,未结之案,谓之悬案,未结之帐,谓之悬款,上海俗语称相距太远,谓之"悬虚"。凡此诸悬,皆与悬空八只脚之悬同意,言其四面既无依傍,虽有人脚膀八只之多,却无一只能脚踏实地,一阵狂风起处,就会将八只脚吹得无影无踪。这句俗语,形容言语事实相去太远,决无成功希望。

这几日天气大冷,张三问李四曰:"你何不穿皮袍子"?李四笑曰:"我的皮袍与你的老婆一样,都在天上飞咧"!这句话就与悬空八只脚一样意思,皆表示毫无着落。

夸大狂的朋友,说话悬空八只脚,神经过敏的人,思想也会悬空八只脚,穷措大的薪水,与开消相差悬空八只脚,中国人希望的亲善,与日本人表现的亲善,竟会悬空了八百只脚!

"望天讨价,着地还钱",这是做生意经之道,也就是悬空八只脚的注解。

我们不幸为中国人,国家的土地没有保障,个人的生活没有保障,我们度的正是悬空八只脚的生活呵!

七五 **毛手毛脚**

我们看见白种人,手脚上生了许多黄毛,以为是畸形,有点像猢狲。但是,读西洋人著的地理教科书上却说:

"白种人身上有适量的毛,美丽而且柔软,是为标准的人类。中国人,额角头太阔,鼻梁太低,嘴唇太厚,头发太硬,并且手足只有少数几乎看不见的毛,这是黄种的畸形相貌"。

标准中国人,是三牙须的老爷式,骚胡子已很名贵,手足生丰富长毛的人,更不易多见。

如果人类真是猢狲的子孙,则辈份愈晚的人愈像他的祖宗,中国人少毛,是早脱猴形的征象,白种人未离毛茸茸的状态,计算起来,应是中国人的灰孙子。

我们在浴室里照照镜子,的确很美丽,全身光滑,遍体无毛,然而,决不是电气灯(★)或白虎(★)。我们不是畜类,有衣服御寒,不希罕那许多毛毛!

我们的表皮上虽无毛,却用肉眼不能见的理想毛来代表一切恶形恶状的行为。例如"毛面",代表反脸无情的铁汉子,"毛手毛脚"代表善用侵占手段的特种性质的人。

手脚之毛,计有两种毛法,一种是软性的毛,如拿东西不打招呼,一名三只手(★),或爱捞锡箔灰(★)不怕烫痛,一名揩血(★)亦曰吃血(★)。二种是硬性的毛,自仗练得几手三脚猫(★),或因劳力过人,便无事生风,常爱与人斗狠劲。兹分别述之如次。

光头男人在游泳池里出来,全身虽有水渍,脱下湿布衫,稍加揩拭,即易干燥,惟有长头发的小姐,却须在风里多吹一会,因为一个无毛,一个有毛。

赤膊人与鸡,一同落水,一同救起,人体易干,落汤鸡则一时不易恢复原有的威武状态。因为人身无毛,鸡身有毛。

鱼遍体无毛,故能游泳顺利,蛆全身光滑,故能入酱缸而不污。人类中虽有美人鱼也能下水,但游泳的技巧究竟不及真鱼,因为她身上不能完全无毛。有毛动物若堕入豆瓣酱缸,即失去活动能力。

为什么举这些例子?因为要证明毛之为物是不能与流质接触的,尤其是粘性的流质,如与毛接触,毛的吸收力极强,能将流质尽量的收入毛中。此落汤鸡之所以拖泥带水也。

钱,无论是金镑与法币,都是固体物,但一般人却早已承认他是流动体,如挨血之血,揩油之油,都是流质,如在毛手中经过,多少总要被他吸收一部份进去。俗语有"银钱不过手"之说,就是怕毛手。

不但毛手,而且毛脚,则其人必有双倍吸收油水的力量,如有银钱出入之处,看见毛手毛脚的人到来,大家都会火烛小心,对他宣布特别戒严的。

大家所引为遗憾的,就是手脚上的毛,肉眼无法明察,一时防不胜防。毛手毛脚的人也就利用此弱点,到各级社会去活动,无往而不利,面团团作富家翁者,比比皆是。

一样的毛,海狗身上的毛,与狮子头上的毛,二者大不相同。海狗毛得光滑,狮子头毛得蓬松,虽然狮子头吸的油水更多,但是吸得穷凶极恶,自己容易走样,海狗虽日夜浸在水中,亦无损其毛的美观。

人类的毛手毛脚,也是如此。抛顶躬(★)的瘪三,狮子毛也,刮地皮的老爷,海狗毛也。同一毛手毛脚,窃国者王,窃钩者诛,这就是大家恭维大亨,鄙弃瘪三的理由!

硬性的毛手毛脚,科学家谓之兽性的遗传。大力士往往欢喜欺负痨病鬼,不但人与人如此,国与国之间更宜如此,非如此不足以表现优胜劣败的天演公理。

现代在"拳头大,臂膊粗"的世界,拳头和臂膊上添几根毛,好像戏台上的野鸡大王,头上插两支雉尾,背后拖两根兔尾,更显得精神抖擞,即使不动手打人,也能吓退小鬼。

不幸的中国人,现在真成了小鬼,生怕别人毛手毛脚,我们成了明哲保身的酥桃子(★),屡次被流氓吃瘪,纵有百无禁忌的小孩子有些气愤不平的表示,为家长者也怕流氓装笋头(★),禁止得十分厉害。我们的家长倒是不肯吃眼前亏的光棍!

我们好像都是先天性的痨病鬼,看见毛手毛脚的侵犯过来,惟有脚脚退让,退来退去,将来退到了刘娘娘的裤子裆里去,恐怕还是不得安全,所谓最后的牺牲,大概就指望裤子救驾!

硬性的毛手毛脚,虽然缺乏,软性的毛手毛脚,在我们这个集团里倒是人材济济!他们的手脚非但富有吸收油水的丰毛,并且生得极长,瘦骨嶙峋的烧鸭壳子(★),一朝跳入龙门,转眼之间,都成了肥头胖耳的烂浮尸(★)!

江浙良田,都有变为"不毛之地"的趋势,大约地下的毛都移植到老爷的手脚上去了,谁肯拔一毛而利天下呢!

七六 六神无主

神道中与我们感情最好的,是赵玄坛领衔的五路财神,上至大钱庄,下至咸肉庄,中堂都供奉着五神的偶像,人们对他的香烛礼拜,十分虔诚,比祖宗牌位还要敬重!

人生在世,只要求得五神肯帮忙,则"有钱使得鬼推磨",连五殿阎罗都勿必摆在心浪,何必再去问什么六神?

六神在社会上既无需要,市场上就会缺货,时移世变,大家便不知道六神是什么东西了。

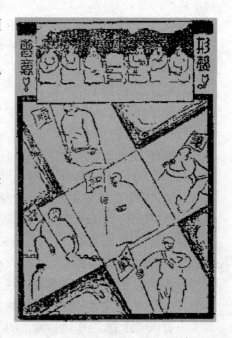

六神究竟是那六尊神道?

黄帝问玄女兵法曰,"战斗之法,乖一破十,百事不失,军有六神,乘之必克。六神:甲子旬在魁,甲戌旬在胜光,甲申旬在弧,甲午旬在冈中,甲辰旬在功曹,甲寅旬在神后,此六神为战主也"。

六神是依天上的星宿而转移的,粗看好似迷信,其实不然!

上古时代的天,就是一只标准大自鸣钟,日月时辰为钟上的长短针,子丑寅卯的时辰,就是方向的名称,例如卯时,即言太阳在卯向,也就是东方。

恒星每年周而复始,每日地位不同,按阳历(也叫做按节气)仰观星象,就能知道时辰,通例是以北斗七星的斗柄,当作大自鸣钟的长针。斗柄就是西人称为大熊星座的熊尾巴。

"魁","胜光"等六个名称,是六座恒星。这就是说用兵须合天时,不可乱动,本来,俗语说得好,"牛交尾尚须看天时",何况军国大事?

六神,战主也,出军不乘六神,是为无主。军中无主必败,败军必乱,故"六神无主"就是杂乱无章的别名。

人身也有六神,或以为即佛家之"六尘",乃色、声、香、味、触、法,亦曰"六贼",

是指外来的诱惑而言。佛家又以眼耳鼻舌身意六者为"六根"。六尘与六根相接,人类的种种欲念即因之而起。

（楞严经）"眼耳鼻舌,及与身心,六为贼媒,自劫家宝,故有道之士,眼不视色,耳不听声,鼻不受香,口不味味,身离细滑,意不妄念,所以避六贼也"。

出家人须"六根清静",就是要求"六神有主",不要使人身六大器宜受外来的诱惑。和尚勿打野鸡,也许包含在"身离细滑"之内,野鸡虽贱,身体总比和尚细腻光滑些。

我们不想到西方去入佛国籍,所以也不必强求六根清净。我以为真的有道高僧,也未必能够六根清净。如"眼不见色",则当面错过金罗汉。"耳不听声",则念经一定脱板,大悲咒也学不成。"鼻不受香",则佛前何必供鲜花烧檀香？"口不味味",和尚照样不肯吃屎。"身离细滑",则菩萨为何不披草荐？"意不妄念",则为何一心想到西方路上去白相？

六神有主,并非教人学和尚的六根清净,乃是教我们在使用眼耳鼻舌身心的时候,只许听一个主脑的命令,六神不可以同时差遣。

反之,六神无主,就是眼耳鼻舌身心,各自脱离中央,一一宣布独立,改为自治区域。六神既不合作,我们试瞑想其结果如何？

鼻闻得肉香,眼睛不肯指引,鼻头也许随肉一同烧熟。心里想吃酒肉,舌与心不合作,偏偏吃些尿粪进去。一个人到了这步田地,即使不死,也就成了疯癫咧。

上海俗语之"六神无主",就是说人失却了主宰,好像苍蝇掐掉了脑袋,毫无目的地乱碰乱撞,结果是不出血不罢休！

上自国家政府,下至挑馄饨担的小贩,都与人的身体一样,都是有组织的东西,事前都有一种计划。例如,馄饨担须预算一天能卖多少馄饨,便预备多少皮子多少馅,卖完能赚多少钱,有此计划,即六神有主,如无意外,当无蚀本之理。

当今政府,不似六神无主的军阀政府,组织严密,施政皆有计划。譬如外交政策,政府已有预定方针,任凭学生请愿拼命,仍依原定方针进行,决不愿中途更改。葫芦里究竟卖什么药？事关国家大计,我们固无从猜测,大概总不至于六神无主吧！

人之六神无主,则方寸乱,店家之六神无主,则步骤乱。一国三公,尚且危险,何况六神皆无主张？惟有地球,则列强各有各的主义,争为盟主,世界因多大乱。中国眼看日达强盛之境,因有三民主义作主,胜于六神也。

六神无主,上海人另有一句俗语隐射此言,叫做"七总管死爷"。大家庭七房同居,老七总管家政,他死了爷,要丁忧扮孝子,无暇管事,剩下六位仁兄,都是老饭桶（★）,家里便弄得一佛出世,二佛涅盘,颠三倒四,五斤狠六斤,七张八嘴,一榻糊涂（★）！这种情形,也叫做"老人多,打翻船"。

七七 避风头

做官要做上峰，始无屡碰顶子之危，做事要占上风，始无吞痧受气之虞。

鹤立鸡群，鸡在底下放屁，臭气也不会熏到鹤的鼻孔中去，人家老远望来，但见鹤而不见鸡，即使看见，也要承认他是一位事实上的主席。

在山顶上做最高峰，当然神气活现，面子十足，但是四面没有遮蔽，东南西北，四面八方来的风，都要他一个子承当。做人做事，求占上风，自有其不怕风的精神，站在风里尽吹，至少须有杭铁头的资格，始能久站上风，是为出风头（★）。

明哲保身的朋友，都不爱出风头，识时务的俊杰，有时虽出风头，但不愿风头出得太大，因为肉体构成的人类，究非冥顽不灵的三山五岳可比，天天伸

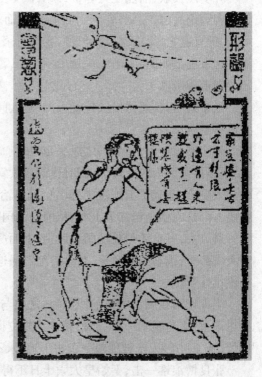

长头颈吃西北风，究竟不是生意经，终有一天会吃出大毛病的！常年站在风头上的人，乃是戇大！

出风头的方法甚多：登封面大广告，出风头也，大出丧，出风头也，大规模的做寿，出风头也，甚至于打官司，也有人假作出风头工具。如有人收集，很可以写一部出风头大观。

风头不宜常出，就像大出丧不宜天天举行同一理由。善出风头者，如北派名伶，须间两三年始来上海表演一月，如长期逗留沪地，京朝派也会沦为江湖派。

"人怕出名猪怕壮"！这是警戒出风头的处世箴言，风头出得太大的人，预料到身体感受不住时，便有缩头之必要，是为"避风头"。

上海俗语的所谓风头，并不是"看风使舵"的识相（★）问题，其实就是命运。

上海地方的出风头人,都在交运路里的一霎那,一旦额角头(★)已呈皮蛋色,还要想死出风头,此人就非被大风吹倒不可了。做人贵有自知之明,在时运不景气的时代,纵有"闭门家里坐,风头天上来"的机缘,亦宜谨慎从事,退避三舍。

李泌年九岁,赋长歌,抄写者莫不称赏。张九龄见而独戒之曰,"早得美名,必有所折,宜自韬晦"!

九岁赋长歌,前能受人称赏,风头似乎出得太早,"韬晦"就是劝他避风头。

曹刿论兵曰,"一鼓作气,再而衰,三而竭"。这就因为敌人的风头太足,锐不可当,理宜避之,等人家风头出过,我们再杀过去,最后风头,由我独出。打仗如此,做一切事也是如此,天下风头是出不完的,善用风头者,不亟亟乎争出眼前小风头,还要知道善避风头。

爱赌的朋友,忽然借故拒绝入局,有人问他是否戒赌,他说,"这几天手气不佳,要避一避风头。"

外交屡屡屈服,避敌国之风头也,提前放寒假,避学生请愿之风头也。当今要人,颇懂得避风头的原理,五四时代的曹汝霖等老前辈,就不懂避风头的门槛,一样的与人妥洽,却背了卖国贼的恶名!可见治国之道,也须从研究上海俗语入手,现代要人都是门槛全精的老上海,从前的卖国贼就是吃了不通上海俗语的大亏!

避风头,有自动与被动两种区别,上面所举的例子,都是自动的避风头,尚不至于大失面子;被动的避风头,是含有绝对强迫性的,这就非但体面有关,即苦痛滋味也不很好受。

当你正站在风头的最前线,风头之出与性之出一样快感,忽起一阵罡风,自知再出下去,应与脱阳一样危险,就该当机立断,马上趋避,假使避风头稍慢,则狗皮倒灶(★)一齐来,管教你栽一个头下地,永不翻身。

张良博浪锥一击,秦始皇大索十日不得。张良就是一位善避风头者。

九一八时代的蔡将军曾大出风头,现在?避风头去了!那时政府机关,曾经迁都洛阳,是亦被动的避风头也。

今年上海报纸上的缉拿照片,打破以前纪录,足见避风头与避暑一样时髦,莫干山管理员,如肯建设一所避风头山庄,定能生意兴隆,免得大家到大连去。

上海近事:避风头感到不耐烦而自愿出山者,有卢少堂先生,避风头以为风头已过而被迫出山者,有卢老七小姐,始终不愿避风头的硬汉,则推顾四老板。

避风头与孵豆芽(★)不同,豆芽生活,十分凄惨,避风头则有度富丽堂皇之生活者,如郑毓秀女博士之遨游世界是也。

七八 黄伯伯

中国有许多普通的称呼,不能加在特种姓氏之下,否则,不是自己上当,便是别人吃亏,上海尤甚。

例如:姓严的不能称君,姓毕的避讳行三,姓苏的不爱尊老,姓范的不宜名同,姓胡的唱戏不便独创一调,姓汪的尊姓不可连叫,姓黄的尤忌尊称伯伯。

我们都承认是黄帝的子孙,黄是我们第一代祖先,黄先生是老牌中国人。上海人对于黄姓的关系尤为密切,春申君姓黄名歇,黄歇浦的名称比中山路更有悠久的历史。

黄属中央戊己土,东西南北,青赤黑白,金木水火,都是他的跑龙套。黄字有头有脚,当中还有一个大肚皮,很像垂拱平章的帝王之相,故第一代黄帝

虽姓公孙,仍取以为号,后代的帝子帝孙,虽不姓黄,亦以黄为正色,穿黄色衣服,住黄色宫殿,因为无法禁止百姓吃黄米饭,也就不便取缔拉黄屎,所以中国人虽在专制政治下活了几千年,而民间的黄气尚不至于告绝。

姓黄,不比姓牛姓马,究竟是冠冕堂皇之姓。伯伯到了福州才是生殖器的代表,在上海究不失父亲大人之令兄的地位,何以伯伯姓了黄便会被人藐视呢?

黄者,亡也。面黄肌瘦,是将亡之兆。过黄垆而腹痛,是追悼亡友之典。天玄而地黄,中央戊己土,人黄则入土为安,唐书,"□民三岁以下为黄",黄的生命甚为脆弱。诗经,"遐不黄耇",白发复黄,去死不远。黄泉为人生最后归宿,黄胖是人体危险病症。黄连味苦之代表,黄昏黑暗之先声。人到了倒霉的时候,全身会冒黄油,是为"走油";树到了将枯的时候,树叶都先呈黄色,是为"黄落"(★)。是以黄

者不鲜之色彩也。

伯伯姓黄,乃"亡是公"的同类,他的本身尚在虚无缥缈之间,在人类世界,没有他的立场,岂能开什么信托公司。上海人为这位伯伯起了一个别号,叫做"外国黄牛",以其牛皮特别伟大,但不能担一点肩胛。

"托人托了黄伯伯"!这句话就是不负责任的表示。举一件古事来说明:

"晋西华人殷羡,字洪乔,为豫章太守。都人寄书百余函,至石头城下,悉投之水曰,浮者自浮,沉者自沉,殷洪乔不能为人作致书邮"!

洪乔是中国黄伯伯的总代表。往其递送情书的绿衣使人,如效法殷洪乔,也做了黄伯伯,岂不害人多生几场相思病?

黄伯伯善演黄绿戏(★),兼擅唱滩簧(★),口说绝对担负完全责任,实际勿要摆勒心浪,做事三搭三桥,头鲜鲜,尾巴尖,说话等于放屁,今天打倒帝国主义,明朝实行清壁运动。你看,天气哈哈哈!

黄伯伯的来源,或云起于黄妖。

(广阳杂记)"平凉静宁之间,有物如猫,而头大色黄,呼曰黄妖。家猫见之,即随之去,饮于河以涤其肠胃,至妖前听其食。妖以舌舐之,毛随舐落,磔猫而食之。"

我们现在正似家猫,遇见一个形貌相似的黄妖,向我们表示亲善,迫我们自涤肠胃,好让他来磔而食之!想靠托黄妖帮忙我们真是托了黄伯伯咧!

或云,黄伯伯的排行第六,有书为证:

(疑耀)"今京师勾阑中诨语,谓绐人者为黄六,乃指黄巢弟兄六人,巢居第六而多诈,故目诈骗者为黄六也。"

上海的黄伯伯,行为尚不至于像黄巢那样恶劣。譬如,爱国学生向政府请愿,站一位老爷出来说话,说是学生诸君的条件,我们全部接受。接受是一件事,实行又是一件事,如果一百年后终不实行,老爷分明是做了黄伯伯,但学生不能控告老爷诈骗,洪乔投信于水,不算刑事犯,黄伯伯的不负责任,也不涉法律问题,百惠而实不至,能救眼前急难,上海黄伯伯大可□得!

七九 一帖药

在下曾患目疾，前年请一位九世眼科专家去医治，他为我开方，连看了十次，吃了二十帖药，结果毫无效验，我问他道："吃下去的药为何不灵？"他说："你不听人说吗？眼百帖，眼百帖，起码吃一百帖！"

吃一百帖苦水，能否治愈毛病，还是没有把握，以后我就不敢再去讨苦水吃了。后来我还是请教西医用木鳖子精治愈的。

那时我对于中国药甚是怀疑，病无大小，都是请西医，服西药，打西针。

有一次，我患了肠胃病，西药西针都无效验，朋友劝我去试试中药，我抱着姑妄听之的态度去一试，谁知一帖药下去，病魔就被慑服，明天即能吃饭。

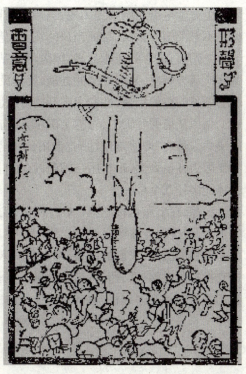

可见药无中西，但求对症，一帖药也能见效，若不对症发药，一帖药也许送命。汤头歌诀，人人能读，所难的就是识症，西医叫做诊断。

头痛医头，脚痛医脚，虽然也能止一时之痛，但病根未除，药性退后，仍要旧病复发的。自来水大刀虽解散了请愿队，医得眼前太平，但请愿目的并非如求差使之流，仅希望一见金面，故说者谓此亦头痛医头法也。

有人说，知道头痛医头丹方的，在当今世界已算是良医，以其尚有止痛方法也。最怕是我们头痛欲死，医生却用痔疮药敷上去，脚上生疔，医生替我们贴头痛膏药，这才是真个倒行逆施，清朝与军阀政府，常用这种方法来治国，所以要引起革命！

"一帖药"在上海俗语中，并无多大奥妙，只是形容对症发药而已。此语于人于事，皆可通用。

对症之药,可以克病,俗语亦含相生相克之意。水能克火,在上海人口中说来,也能叫做"火见水,一帖药",一木吃一木,见了影子就会"头大",不待接触,胜负已判。

以此类推:老鼠见了猫,一帖药;黄包车夫见了巡捕,一帖药。从前的不肖女儿见了爷,一帖药,现在的风水改变,爷见不肖儿女也会一帖药,因儿女的枪花(★)比父母更大,爷拿不出钱来,儿女的面孔就很难看。

上海学生由北站闹到无锡,当局应付困难,并不是没有一帖药的对付方法,据说是不忍乱施一帖药,足证当局的宽宏大量。

一帖药,包含的药味甚多,国医将一帖药比作一个军队,某药为君,某药为臣,某病应武力解决,某病应缓冲办理,就是没有与病魔谈亲善妥洽的。然而吃错了药也会助长病势的猖獗,性命全在开药方的医生手里。

据说从前的叶天士,号称天医星,他与人医病,在可能范围之内,总想用一帖药解决病人苦痛,即使是慢性病,也用一张药方连吃几帖就好了。近来上海的医生,大概因为开消太大,很少用一帖药的,他们善用"换汤不换药"法应付病家,这样每天才能多挂几个号。

纳贿,在上海也称吃药(★),现在是法币世界,随便什么毛病,只要有一帖药吃下去,包管比人参汤更灵。

我们的国家,我们的社会,都有些病入膏肓之势,我们相信负责的大医国手定能有挽救危亡的一帖药,可惜我们缺乏医药常识,国手也不愿泄漏他的秘方,好在我们希望的是除去病根,也就不必去穷凶极恶的打听葫芦里究竟卖什么药。

八〇 杀人勿怕血腥气

人为什么要杀人？

不杀人，人就不能活命！

不杀别人，自己就有被杀的危险！

基于上述两种理由，世界虽然进化，杀人还是很文明的举动，所以限制杀人的军缩会议弄得一场无结果。最强盛的国家，就是杀人设备最完善的国家。中华民国因为不能杀人，所以不配与所谓列强分庭抗礼！

在一九三六年做人，即使不会杀人，也须装些杀人的架形出来，世界才有我们的立场，如果天天跪在嗜杀者面前求慈悲，他知道我们像一个田螺，伸两只指头就拿去了。这样的哀求是毫无生路的！

杀人要杀活人，因为他有血！死人，"割卵勿出血"，还要贴一口棺材给他睡，要来有甚用处？谁也不愿做此蚀本生意。

市上虽有许多补血药品发售，然而总不及鲜红的活人血滋补。吾家精卫先生，因受伤失血过多，也曾灌输过人工血，足见血在人身乃无价之宝，上海瘪三以血喻金钱，良有以也。

杀人目的，志在取血，刀头上的血，还有人舐来吃，杀人的刽子手，不用艾绒塞没鼻孔，上战场的勇士，也不洒香水精解秽，可见杀人者决不怕血腥气，怕血腥气者只有被杀的资格，只有请他嗅自己的血腥气。

难得杀人，也许闻不惯血腥气，杀人成了习惯之后，血的异味，就会像福州笋蕰，宁波苋菜梗一样臭鲜，甚至非此不能下饭。

民穷财尽的国家,还有杀人不怕血腥的朋友来看想,大概是想将骨头榨些油出来,于是乎只好走油给他们看!

在千孔百疮的身体上,历年不知流了多少血出去,最近贴了几块橡皮膏,想留些血给自家养命,吃血朋友以为大不方便,又在旧疮瘢傍边划去一段肉,真是辣手!

国与国的亲善,杀人不怕血腥气也,人与人的交际,杀人不怕血腥气也,世界是杀不怕血腥气的世界,社会是杀人不怕血腥气的社会。恕我们上海,亦未能例外。

杀人勿怕血腥气,在上海是一句极平常的口头语,故"血腥气"在上海,也成弥漫上海滩的寻常气体,大家如入鲍鱼之肆,久而不闻其臭。

南京路上的烈士血,闸北的战士血,下至旅馆里的自杀冤鬼血,各马路的强盗血,以及一切莫名其妙的流血,上海几乎日日夜夜流着,我们被腥气刺激过甚,大家都麻痹了。

这些都是有形的血,还有一种,"杀人不见血"的方法,那就多得不胜枚举咧。

"赚血腥气铜钱",这句话在上海地方是常常听人说的,铜钱上何来血腥气?从前有就地正法的时代,好事朋友爱拿了青铜钱去蘸死囚的颈血,这是真正的血腥钱,但是不舍得用掉,据说留在家里可以吓鬼的。在市面上流通的血腥气钱,却蘸的都是无形的血。

枪弹杀人,比砍头进步,但仍不免闻着血腥气,惟有最新发明的死光,据说见光就死,大概是来不及流血的了,这种杀人法,看来不必从大刀队学习,亦能优为之。

据老刽子手说,在杀人时,看见身首异处,连忙将杀坯一脚踢开,故事实上不会闻到血腥气。上海杀人也懂得此艺术,被杀者往往被杀人者踢得老远,好在杀坯是不会唤救命的。这是艺术化的杀人法。

上海的法场,都装饰得十分华丽,刽子手都是笑嘻嘻的,杀坯被人招待进走,决不知死神在他头上打转,等到受了致命伤,唉呀哎也来不及了。上海有许多人,从云端里倒栽下来,跌得脑浆迸裂而死,近来这种冤鬼最多。

杀人不怕血腥气的赚钱法,在上海很多,大的如吃赈济饭的大慈善家,小的如偷黄包车的瘪三,普通则以印度人的放债最不怕血腥气,办法已详本书前集,可不必重述。

大家天天要想杀我们,我们的大富翁还将金银运到大连去存外国银行,这是天字第一号的不怕血腥气者!

八一 冷水汏卵

冷为热之相对词,欲知冷为何物,应先知热。

热,谓温度之上升也,如日光照射,火焰燃烧,物力摩擦,皆能生热者也,据物理学家说,物质之微点震动,为生热之原,动速则热,动迟则冷。

热为物体之动态。人事也是如此。人活动则热,谓之热闹,静止则冷,谓之冷静。一千个人坐在黑暗中静看电影,也觉得冷清清,因为大家像沙定鱼似的装在罐中,停止活动故也。两三个宁波人相骂,便觉十分热闹,因他们像油爆虾刚下锅似的,动得厉害也。

热学是专门科学,一切机器皆由热力发动,无热,即无世界万物,无热学,即无近代文明,风炉上的小小一壶开水,做了蒸汽机的大发明家。

在热学的试验仪器中,有一种名叫"热胀球",亦称葛氏球圈 Grave sand's ring,为试验物体遇热胀大之器,球为金属制,在平常温度,恰能通过圈中,球若在酒精灯上加热,重置圈上,即不能落下,冷则通过如前,可证物体遇热则胀,遇冷则缩之理。

热带上的树木高大,近北冰洋仅生几种小草;印度阿三身材魁梧,矮人班则产生在俄国北部;身体夏季较长,冬季稍短,是皆热胀冷缩之理也。

流质的热胀冷缩,较固体更甚,固体中之包含流质者,更有伟大的胀缩力,海绵体可谓代表物,因其能吸收最大量之水份也。

人身器官之具有海绵体组织者,惟有男性生殖器耳。内中能吸收多量血液,充血时代与贫血时代的比例,相去甚远。冷血动物皆无显著之生殖器,就因他们的血不能热胀。

血的冷缩热涨,在杀鸡时,即有实例可见。人体血液,遇冷则凝滞,这几天穿丝袜的摩登女士,脚跟多生冻疮,上海人则称为"死血",血之热胀冷缩,于此亦可证明。

有人厌恶狗连连,灌一桶冷水,即能排难解纷。游泳场中,不妨男女同浴,清水浴堂中,就应严分两性界限,因为一则以冷,一则以热,在冷水中虽有曲线美陈列眼前,也不致撑洋伞而作鸭屎臭(★)表演也。

"汏",洗也。上海人以洗与死同音,凡洗皆改称汏,汏衣裳老太婆,为上海的特种职业。有人以为汏是俗字,其实倒是很古雅的,屈原已用过此字,楚辞有"齐吴榜而击汏"。玉篇注释,洗者。徐铉云,"水过澈也"。上海的洗衣作,皆通称汏衣裳作。

冷水汏生殖器,已充的血皆遇冷而缩短防线,海绵体的本身,亦受冰冷激骨的影响而大事紧缩,所以这句俗语也隐射一句谜语,叫做"越汏越短"。

"越汏越短"一语,实未穷究物理。布匹,剪去一寸少一寸,可以说,越剪越短,油炸桧越冷越小,这是全身比例的缩小,不能单言其短。

这是有历史关系的。从前铜元尚未发明时,我们都是用有眼铜钱,每百文为一串,包在手巾中,硬绷绷的一大段。出门一趟,渐用渐短,本来有五六寸长的钱串,归来时已不到半寸,这句俗语,就是形容挥霍无度。现在铜钱已绝迹,铜板亦不能串成硬的一段,但越汏越短的俗语却仍流行于上海社会。

赌场上称赢为长,输是短,流入商界,也以长为赚钱,短为蚀本。这都是起源于汏卵俗语。久汏之后,嫖毒也会变成太监。

这虽是一句不很雅驯的俗语,内中却含无限悲痛,越汏越短,不是一次暴缩,是由渐而至的衰败,乃慢性的阳痿症,而病症之由来,却是自己用冷水汏出来的。

中国的黄金白银,以前是日夜冷水汏,现在方知道没法限制,总算没有绝子绝孙的危险,大家都引为愤懑的,乃是我们的版图,也成为冷水汏卵式了!

人身肌肉,要算龟头上的肉最碰勿起,长期浸在冷水里,性神经能发生痹麻症,我们的性神经失了作用,纵不亡国,也要灭种。睁目环顾国家社会的现状,处处令人觉得气短,我不敢劝人打来路货赐保命,还是多服壮阳药,希望中国硬起来!

八二　穷人大肚皮

人有好货财者,坐卧起居,言动食息,无所往而不与阿堵俱也。一日病且死,强起阅库藏,白镪如山,拊摩不忍舍去,谓其子曰:"幸内十大镪棺中,亲我怀抱"!或曰:"以金入木不利,且启发冢之端,不如以楮代之可也"。其人凝泪太息,不能言而逝。

上述故事,见五杂俎,似是寓言,也属实情。

"生不带来,死不带去,一双空手见阎王"。这几句俗语,人人能说,而人人都勘不破。为了几个钱打开骷髅头的怪剧,社会上时常有得痛快淋漓的演出。

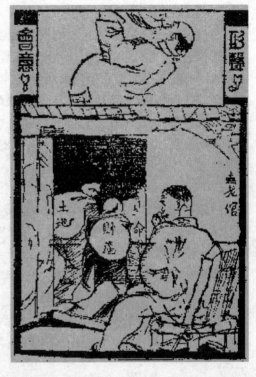

钱财,能聚而不能散者,是守财奴,能散而不能聚者,为败家子,聚后能散,散也复聚者,古今来能有几人?

守财奴,大概是自挣家业者居多,血汗所积,不肯浪掷。败子都半是小开,得祖父余荫,不知来处不易,脱手千万金,绝无吝色,祖产耗尽,捐得一名瘪三(★)头衔,永无翻身之日,不及瓦爿!

金钱聚敛得太多,而无法使其寻一条流通的出路,好像是人身得了膨胀病,最后总是要胀死的。银行钱庄,吸收存款太多,无法放出,也有胀死的危险,何况于人!

人家因钱多胀死的例子颇多,如因兄弟争产,官司打得家破人亡,如因钱多而营投机事业,想要多多益善,弄得破产逃遁,又因盗贼觊觎,声色断丧,为钱而牺牲生命的更不知凡几,又因……

大肚子凸出的,多数是有钱人,故贾号大腹,但上海的穷人,也自称大肚皮,并不是穷人想做冒牌大腹贾,其中小有分别。

大腹贾的资财决不肯随身携带,以免危险,他们腹中包藏的并不是金条法币,乃是一肚子的算盘。穷人肚皮里所装的,乃是一肚皮的瓦斯,膨病有实臌气臌之别,富翁大腹,实臌也,穷人大肚皮,气臌也。

俗语,"穷人气大"。穷人好像皮球,除了一个充塞气体的大肚皮以外,就没有别的东西了。富人腹中满装着大小不一的算盘,把穷人算得筋断骨折,只剩下一包气,于是穷人便成为大肚皮的气球。

举例说明:穷人与富人接触的机关,是为当铺。当铺老板于厘毫丝忽的利息都计算得很清楚,当衣服的穷人却从来不计算这些小费,今天出,明天进,与朝奉攀老主顾,几只角子,也要上高柜台去商量,老板对于当本越少的东西,取的利息越大,零零碎碎的打小算盘,修成正果,就是大腹贾。穷人的油水精血,全化成气体,虽然内部空虚,外貌仍像子孙太太。

瓦斯是气,度量也叫做气。穷人大肚皮,也许是气量特别大,然而穷人大肚皮,岂得已哉?

"穷不与富斗",中国向有这句格言,上海富翁笑嘻嘻的对穷人说道:"我能拿花花钞票打死你"!战斗的结果,胜利总属富翁。穷人失败以后,未必个个都去自杀,所以需要一个大肚皮,预备装入大量肮脏气。

"今宵有酒今宵醉,不管明朝米下锅"!这是穷人的生活。穷人未必好饮,只因今宵剩余的钱不够明朝买米,与其愁得睡不着觉,不如买些臭麦烧来喝得糊里糊涂些。在富人看来,这是大大的浪费。

明知饮鸩止渴是要送命的,有时候不饮先要渴死,所以穷人不得不打印钱(★),不得不上娘舅家(★)的门,不得不忍痛放大肚皮,任人吸血,肚皮越大,人越穷。

你去骂一个富翁"小五车",他会请律师告你赔偿名誉损失。你去骂一个黄包车夫"猪猡",他只会对你笑笑。此亦足以证明穷人大肚皮也。

穷人肚皮,有时不妨塞一个饱,亦无伤食的危险,有时候只得将裤带收紧,装成一个蜂腰。这种能收能放的大肚皮,上海人叫做"绉纱肚皮"。事实上的肚皮,穷人多劳动,易消化,也比富翁有多装几碗饭的容量。

我们是穷国,气量也就很大,被人割去些土地,不妨忍气吞声,还要装得笑嘻嘻的,否则,就不像穷人大肚皮的气派了。

"五花马,千金裘,呼儿将出换美酒,与君同消万古愁",李太白也是穷骨头。

八三 大爷脾气

橘逾淮为枳,爷逾淮非父,江南人只有一个爷,北方人则对人随便称爷,姓王的为王爷,姓张的为张爷,两个朋友觌面,也能互呼秃头爷,大家爷来爷去,不足为奇。上海滩的爷就没有如此容易做。

爷在上海,是父亲大人的专利品,上海人称别人为爷,就算侮辱了娘。上海人的口头语"操伊拉",就是想做伊拉的爷。上海人做爷的欲望甚大,每爱以爷占人便宜,事实上的爷既不好做,占有许多老太婆做妻子也无此好胃口,然而对黄包夫也开口"操乃娘",实是违心之言,仔细想来,确是好笑!

爷在上海,只配秃头才算尊称,如果加一个形容字上去,爷的威风至少减去一半。"穷爷"好像是爷的赌气称呼,"慢爷"更不冠冕,面孔尤属讨厌,"老爷"是腐化的别名(★),"少爷"是蜡烛小开(★)的代表。上海妓女称嫖客为"王老""李少",吞没一个爷字,并非妓女做人家,舍不得施舍一爷,实缘嫖客不是花钱来捐爷的,他们一心想做妓女的"好阿哥",兔爷就大迎合这种心理。

称老大为大爷,老二为二爷,一直排行到二三十爷,这是北方的风俗,上海的爷则有老少之分,如排行与爷字中间不加一个形容字进去,则爷的身份又有不同。例如,"二爷"是男仆的别名,你如称王先生是做二爷出身,王先生就认为侮辱,可以请律师告你的。"三爷"更是奴下奴,不齿于长衫阶级。

上海究竟出身微贱的地方,未辟租界以前,只是一个小小的县城,县民以务农经商为本位,簪缨世胄,阀阅门楣,颇不多见,所以对于爷字辈的尊称并不怎样重视,平民社会最多的是阿毛哥阿狗叔,把少爷当作讥讽名词,盖经纪人家不配供养少爷也。

"大爷"比少爷更尊,脾气比少爷更大,少爷脾气已不可为训,何况爷之大者?

上海在事实上并无大爷的地位,真正上海人中搜剔不出一个大爷,具有特种脾气的大爷,乃是抽象名词,等于虚金本位。

做老太爷,虽能享福,但不久人世,身体精神也不许他吃喝嫖赌,做老爷虽然威风,但须担负开伙仓的全责,为名为利,忙得屁滚尿流,殊无余闲享福。做少爷,虽然吃粮不管事,然而经济权操在老爷手里,偶而偷几轴字画出去变钱,被老爷查获,就会放出穷凶极恶的慢爷面孔来教训人,行动未必自由。理想中最有趣的生活,就是大爷。

大爷的地位,介于老爷少爷之间,无老爷之劳形,有少爷之写意,无拘无束,有衣有食,为所欲为,从心所欲,皇帝不是他对手,神仙不敌他快乐。

人的脾气,每随身份而变迁。做新闻记者时代,常与同事对脚板吃咸鸭蛋,等到做了大官,看见别的记者钉梢,也懂得肃静回避。人做了大爷,当然也有脾气,大爷脾气是什么样式?

"大德不逾闲,小德出入可也"。"小事糊涂,大事不糊涂"。这是古圣贤的处事方法,大爷脾气,则比圣贤更进一步,大德与小德,一视同仁,大事与小事,一塌糊涂(★),大小节一概不拘。

身为大爷,不妨大撒烂污(★),好在大爷有的是钱,总有人不怕肮脏,代他擦干净臭屁股。

有的人天生一副穷骨头,也要学那大爷脾气,那就有些危险了。撒烂污没有替他擦,屁股头常是臭烘烘的。最后结果,只得跳到黄浦里去大洗一下。

"不在乎"三字为大爷脾气的特质,换一句现代上海俗语叫做"勿要摆勒心浪"。天崩地塌,都不关他腰眼上事,比此更小的正经,更勿要摆勒心浪。

富有大爷脾气的人,抱定马马虎虎主义,凡事得过且过,不必为自己打算盘,更不屑与别人斤斤较量,上海特产的计划大家,在他身上是做不到生意的,因为他的记忆力薄弱,转眼之间就忘记了。

大爷脾气不一定是富翁,穷人生此脾气者也很多。二十块钱买一件大衣,忽然赌钱输极了,剥下来当两元二角,一出当铺门就将当票撕弃,这也是学的大爷脾气。

借了朋友的钱,永远勿摆勒心浪,此人好像是大爷脾气,但是搓麻将的朋友欠了他两角小洋,他却钉着问人讨帐,这叫做"错进不错出,是卖洋三千(★)的大爷脾气。"

中国好像是一个道地的大爷国,土地被人家一块块零拆碗菜的割去,我们满不在乎,大家勿要摆勒心浪,好在祖宗传下的家当大,区区小事,请勿计论。

八四 派穿头与出环头

上海人在出风头(★),触霉头(★),勿失头(★)等诸色头等以外,还有两个重要的头,就是"穿头"与"环头"。

穿头与环头,貌似神异,使用方法亦不同,穿头曰派,环头曰出,如互相调头,而成"出穿头"或"派环头",即非道地上海俗语。

这两句俗语,都是近十年始流行于普通社会,从前只有流氓瘪三阶级始有此口头禅,后来光棍改业闻人,瘪三皆成名流,大家竞习时髦,许多不很雅听的俚言,相携同登大雅之堂,我们不能以人废言,言与人之势力同为消长,蔓延甚广,派穿头与出环头,不但人人能说,而且人人能实行了。

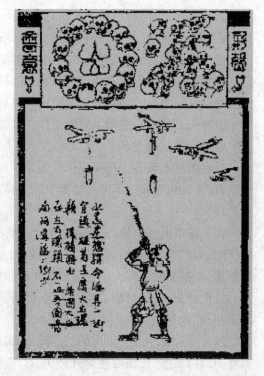

同是头类,女人的鼻头不妨公开展览,舌头则不可乱伸,如为乳头,即使生在裸体跳舞的艺术家胸前,也须请他们戴一顶小帽子遮遮盖盖。穿头与环头,虽是头的同宗,其中亦小有分别,为分述如次。

先说"穿头"。旧俗五月二十日,谓之"分龙"。上海华界尚未铺设自来水管时代,每一铺(如十铺六)皆设立一个水龙会,到了分龙日,全上海的水龙皆会集大南门外校场沙,比赛射水,这是一个盛会,各水龙会悬灯结彩,游行街市,有时候比出三节会更好看。

看水龙比赛,有人也叫做"看穿头",因为那一家的洋龙水头穿得最高,那一家,就算胜利。聪明的洋龙,在水中混合红蓝颜料,用青天为背景,益发见得穿头高得多。

□□穿头,也与水龙的穿头一样,总要想法穿过别人的头顶,做一个人上人,譬如赛跑,最后的胜利,也在于用尽平生气力的一穿。穿是一个白字,大家这么写,俗语不能不从俗,何况在提倡白字时代,所以我也写作穿头论。如论意义,我以为"窜"字比较合理。

穿头是突如其来的锋芒,譬如撒尿,越穿尿头越短,是暂时的兴奋,没有长劲的,用事实来说明,光棍到了经济恐慌时候,会将棉袍子脱下来,到赌场里去派一记穿头,穿上去了,明天可以照牌头(★),穿不上去,不妨暂时孵豆芽(★)。穿头实含几分冒险性的。

派穿头之派,与派用场之派同意,这是一个未来动词,譬如买航空奖券,离开彩日期还有两个星期,他已经请了工程司打样,预备造洋房了。

前几天报载有银行职员,私取银行钞票去营投机事业,不幸失败,只得滑脚大吉。此君亦因做小职员不能出人头地,急于要想出头,便将别人的东西来派穿头。可惜他没有额角头,否则,上海又可以增加一位汽车阶级。

出环头乃派穿头成功以后的工作。穿头如"到门帖子",一穿即完,环头如"小宝宝撒尿",有联续性的。

环者循环不息也。环头应作波浪形,一霎时潜伏,一霎时又冒出头来,故欲出环头者,非有相当根基不可。如出暂时之风头,不久即销声匿迹,这仅是穿头,不成其为环头。

在上海市出环头的,只有在指头上扳得起的几个要人,他们此起彼落的大出环头,环头出得越大,他们的名气也打得越响,未见其人,但闻其名,大家如雷贯耳,远近皆知,于是乎成为闻人。是以出环头者,乃闻人的事业,不三不四的朋友,仅仅派了一二次穿头,也想自附于闻人之列,就有人讥讽他是"吊煞鬼怕粉"。死要面子,俗语亦称"粉兄"。

环头是可以一五一十出的,上海的环头更是层出不穷,日新月异,有许多闻人,因环头出得太多,反而要想避开环头,这与多吃了油腻,反以青菜豆腐为美味是一样的意思。

几何学,积点成线,积线成面,积线成体。上海哲学,积穿头而成环头,积环头而成名,积名而成大亨。此中预有科学组织,穿头为大亨之基本,穿头一多,便成环头,两件东西不可分离,所以并在一起解说。

派穿头,目的在进帐,商业化的环头,固然也是要钱,但是出环头者有时候反而要大掏腰包,沽名本来是一件蚀本生意。这也是穿头与环头之异点。

社会大不景气,派穿头也大不容易,如近日上海国货公司之死灰复燃的派穿头,实在是异数,至于上海的出环头,已被人包办去了,你若是无名小子,要想到上海滩来小出环头,不比三十年前,坐马车在四马路上兜几大圈子,人家也算你是环头,到了现代,即使你陈尸南京路上,上海人也说你"呒不环头"!

八五 捞 毛

北方人的捞毛,南方人的烧汤,他们是同行,都是妓馆男佣的俗名,普通则称之曰龟。

烧汤与捞毛,绝对是两件事,烧汤须用柴炭,捞毛则徒手可得,何能并作一谈?

据云,烧汤是筹备运动,捞毛是善后问题,工作虽异,实是一事,一个形容其开端,一个形容其结束,目的皆在反映那个中心事实。

有人去打野鸡(★),妓女坚邀他留宿。他不愿道:"你今夜已经接过客人了,我不高兴淘浆糊"。妓女指誓天日道:"王八蛋弄送你,不但信,请看床底下的脚桶脚布,都是干的"。

以上事实,足以表示烧汤乃妓院中之例行公事。不过担任烧汤之责者,在上海都是娘姨,龟奴之烧汤,只是挂名差使而已。

上海老虎灶极形发达,自己烧汤的人家颇少,妓院排场较小者,都无烧汤设备,事实上已不必烧汤,只消担任泡水而已。据说咸肉庄即以"泡水"代表留髡,则事实上之烧汤,已由老虎灶的泡开水朋友兼任去了。

捞毛,有人说是一种检察工作,恐怕借干铺者对于妓女有揩油行为,明目由龟奴仔细检验陈汤中是否有毛,如果发现有电烫般的短发,便向掌柜提起公诉,依无照吸食雅片,或私运无印花烟土,一样办理。捞毛虽贱,责任重大,与从前的缉私营统领的地位相等。传闻如是,确否待证。

上海妓院的组织,似不及北方严密,捞毛一职,亦付阙如。自从开房间的风气盛行以后,旅馆茶房向不管此闲帐,纵有小毛发现,也与电烫头发一样看待。这好像是天津的公开烟馆,老枪是他们的衣食父母,如果大家戒烟,他们就没有生路了。故旅馆茶房虽常见毛,而并不捞毛。

虽然,上海的捞毛却并未绝迹,我们在马路上走着,听得一声"捞毛来了"！野鸡插翅飞腾,小贩亡命奔跑,一时秩序纷乱,初到上海的朋友见了大吃一惊,以为上海的乌龟竟有这大的威风。站定脚看一看那只捞毛,原来是一个碧眼黄髯的西洋公务人员。

电车里,燕子窠里,巡捕房里,小菜场,火烧场,以及一切公共场所,凡称捞毛,都是西捕的总代表,洋行西崽有的亦称他们的东翁为捞毛。凡此皆秃头捞毛。

"革党捞毛","侬党捞毛","敌党捞毛",捞毛头上加了形容词,在上海人嘴里说来,就不专指外国人了。革党捞毛,那人也,侬党捞毛,你这个人也,敌党捞毛,这个人也。革党捞毛,与"革党麻子"同一意义,但三光(★)或赤老(★)等麻子,则不适用捞毛,因为上海滩根本没有"三光捞毛"或"赤老捞毛"。上海俗语,比桌子椅子都要分阴阳性的法文更疙瘩。

称白种人为捞毛,实是"老毛"之讹。此种称呼,或亦为宁波人所发明者,因宁波人称洋鬼子为"红毛人",老毛也者,乃精通洋务之人表示与红毛人亲热之意。"老"即"老三老四"之老,知己朋友互称"老王""老张",故老毛亦能表示亲红毛派。

至于平常上海人之互称革党捞毛或侬党捞毛,无论是捞毛或老毛,皆想不出相当含义,但是我可以为上海人担保,捞毛决不是烧汤的代表名词,不过是一个俏皮的名称罢了,被称捞毛的先生们可以放心接受,不必动气。

有人说,捞毛并无深意,只是一个"老"字的切音,上海俗语以老代人,原有先例可援,和男人曰和老,女人曰寡老(★),鬼曰赤老(★),贼曰酥老,探伙曰罩末老等等皆是。

同样的名称,在甲地是恭维语,到了乙地就会变作惹动气的称呼,例如"堂客",在北方是女性的尊称,男女分座的旧式戏院都写着"堂客登楼"的标语。若在上海,你如称任何女人为"堂客"包你会得到杀千刀的回敬。"堂娘娘"在上海是不甚冠冕的称呼,堂客比堂娘娘更不客气。北方人须要当心些,宁可称上海男人为捞毛,切莫称上海女人为堂客。

八六 烧路头

今天是路头日？路头在上海，就是财神的通俗名称。

财神，因为手里拿着金元宝，座前陈列着聚宝盆，左右招财利市两个当差，也是满身珠光宝气，还有一个看财童子，虽没有钱买短衫裤，手里的元宝也是金光灿烂，有这许多黄金在手里诱惑世人，那怕世人不对他大拍马屁。

孔子曰，"富而可求也，虽执鞭之士，我亦为之"。财神如征求保镖，孔夫子也愿意做自荐的毛遂。佛教拉他去尊为"玄坛菩萨"，道教奉为"玄坛尊神"。可见财神对于儒释道三教，无不感情融洽，路路皆通。

大家恭维财神，无非想得财神手里的元宝，元宝真肯送给你吗？我如做了财神，必不肯轻易舍去这法宝，宁可与烧香人打开头的。因为元宝是财神骗酒食的幌子，他在银行里既无存款，财神殿的不动产也是和尚道士的，全部家产都装在身上，如果失却元宝，他就是一个穷光蛋，谁再肯接他回去供养呢？

中国财神共分五路，虽然财网布置甚密，然而仍不能救济中国的贫穷，黄金白银依旧大量流到没有财神的国里去，财神真个有灵，也难逃渎职的罪名。

上海人称财神为"路头菩萨"。财神分五路，路头路脑，都有财神长期站岗驻守，以免财饷外溢。当上海滩尚未开辟马路以前，桥头巷尾，在小便处与垃圾堆的贴邻，都有一个小小的神龛依附在墙壁上，这就是名副其实的路头菩萨，逢到中秋节，就是他们最出风头（★）的日子，每个路头堂前都有清音打唱，并有合里捐助的大香斗。自黄包车通行后,以其有碍交通,始实行取缔,现在上海硕果仅存的路头,只有洋行街上的撒尿老爷了。

从前的上海路头神,能沿街摆摊头拉客,情景与野鸡一样可怜。现在虽将路头神革职,但是,上海一切神佛的营业,终敌不过路头的生意兴隆,旧历正月初四夜里,为上海人争夺财神的日期,爆竹声通宵不息,扰得人不能安眠,这就知道路头神的声势喧赫,上海人对他的热烈拥戴了。能挽回国运的胡展堂先生到上海,大概不会有如此热闹欢迎吧!

路头神照例是只接不送的。上海人家的房子很小,每年招待五个路头进来,外加招财利市等随从,还要牵一只黑老虎来,我就很担心事,积十年财神在家,不要将小房子涨破吗?

上至大钱庄,下至咸肉庄,中堂都供着一个路头神龛,可见路头是人人欢迎的神道,尤其是做妓院里的路头,待遇更优,人家路头,每年仅接一次,妓院路头则每逢三节都有吃肉机会,妓女视为大典,排场多至三五日,其名谓之"烧路头"。

路头靠妓女的福,常得大嚼,妓女借路头的名义,大敲竹杠(★),他们订有互惠条约,所以路头与龟鸨的关系最为密切,野鸡信奉路头更虔诚,大小月底都要到撒尿老爷台前去磕头礼拜,我们看见黄包车上手执燃着的整把线香的妓女过市,这就是在洋行街烧了路头回来。

长三(★)堂子,每节须烧两次大路头,"进场"有开张路头,"掉头"有关张路头。大小月底的小锭,实在是买小鬼的太平,但是也有人叫做"烧路头钱",送鬼也不忘发财。

下等妓女的烧路头,礼节甚为简单,随时随地都能举行,烧串小锭已经是很阔绰的了,有的仅用一张白纸焚化,她们在火焰上跨过,就算烧过路头了,原来路道在她们裤子档里打公馆,烧过路头,就有客人自投罗网,路头的贿赂只有一张白纸,比小鬼更易打发,真是太清廉了!

卖航空奖券的店铺,每逢开奖以后,常有几家大烧路头的,悬灯结彩,堂鸣打唱,热闹不下于开张路头,有人说,此非烧路头,卖血头耳!

黄包车夫拉不到生意,也会买几串小锭化在车厢下,据说也是烧路头,路头神竟吃到车夫头上来了,莫怪不容易发财。

上海人只肯为自己烧路头,如替别人烧路头,则认为重大耻辱。你如被人打了两记耳光,有人代你出面,命打耳光者为你点蜡烛放炮,你就觉得面子十足,这叫做"烧一路头"。

代别人烧路头被除不祥,是倒胃口的举动,爱摘台形的人,宁费十倍代价,与人搅过明白,决不肯损失一对蜡烛,四个高升,因为一旦屈服终身话柄,往往拿性命与路头相拼。宁波人脚上被人溅到一点茶脚,他会逼人烧还路头,据说他们的风俗如此,但说不出是什么理由,只知道茶脚是触霉头的东西。

现在是有强权无公理的世界,车夫挨了巡捕的嘴巴,从来不看见有烧还路头的要求。我们的国旗常受侮辱,呒啥希奇,东洋旗倒了下来,就要逼我们烧还路头,他不是巡捕,我不是黄包车夫,为什么这样怕他呢?

八七 笋壳赌

援今年为国货年为例,旧历正月可以定名为"赌博月"。

搓麻将,挖花,打扑克等,输赢比较稳健,俗称"文赌"。推牌九,摇摊,念一门,输盘赌等,输赢并无限制,一场大赌能使富翁变为赤贫,是为"武赌"。在上海,文赌照例不禁,所谓总会,都半是文赌场的别名,武赌则无论华租两界,皆在严禁之列。

旧例,新年期中自元旦至初五日,俗语叫做"五日头"。五日头中照例开放赌禁,平常文绉绉的挖花朋友,这时候也改演全武行了。

新年是赌徒最活跃的时期,从大除夕起,沿街都设着小赌摊,南市多掷老羊,虹口多摇念一门,到处都听到铿锵骰子声。另外,沿路的店铺都改组临时赌场,南市多牌九,虹口多广东抓滩。

近年来,南市的公开赌博似已销声匿迹,虹口的番滩盛况,在下久未观光,不知近来如何?但是民间的新年赌风则至今未息。

赌博最可以表现人的性格,即使是斯斯文文的搓几圈麻将,也会把真性情在不知不觉间流露出来,若是武赌,则五光十色的众生相都会一五一十的表现,"笋壳赌"即各种赌法之一。

笋壳为保护嫩竹的外衣,薰风解□,竹已长成,自有他的独立精神,如果笋未成竹,将笋壳剥去,嫩枝不禁风侵雨蚀,难免要受夭折之厄。

人之所以异于竹枝者,就是常年须用衣服裹体,不能如笋之幼年仅裹襁褓,即使老得像竹根,还是不能脱离笋壳。

笋壳赌，以人比笋，以衣服比壳，赌场中的激烈份子，将袋里的赌本输光，还舍不得退归林下，笼着袖子作壁上观，忽然发现庄家出了一记"眼子"，他要想下注，囊中已空空如也，赶回去与家主婆商量，当然缓不济急，此时只得实行"霸王卸甲"了。

赌场中雇有跑腿的瘪三，专供赌客们差遣"出箸头"的，赌客剥了衣服下来，瘪三能约略估定当本，下注多少，就听他一喝，等他取了钱回来，客止收到一张当票，钞票便直接送到庄家面前去了。

剥去了外面的一层笋壳，便似与赌场老板订了长期合同，一心要想赢还外衣，始能出门见人。空叉袋不能斛米，欲筹赌本，不能不再剥第二层笋壳，于是再接再厉，愈陷愈深，笋壳一重重脱去，由大衣起，直剥至单褂裤为止，人也就变了十指尖尖的美人手了。

赌场为普遍吸收客人起见，大半分日夜两场，日场赌现钱，夜场赌筹码，现钱输赢较小，筹码则多大来大往。有的赌场，上午还做小伙生意，吸收零星户头，铜元角子下注亦一律欢迎，据说这是伙计得的外快。

上午开赌，做的都是买小菜生意。有人提篮持秤，上菜场买菜，顺便湾入场中，孤注一掷，如将菜米钱输去，也许全家要挨一天饿肚。有的是稳健份子，先去买了菜米，将伙食竭力节省，省下的钱，都送在赌场中去，也有输了菜钱不能回去交帐的，那就只好实行剥笋壳了。

我曾经见过一位好赌朋友，夫妇俩都是赌场孝子，有一次他陷在赌场中不能出来，由人送信给他的太太，快去救应。太太赶去看时，见她的丈夫站在一个炭篓里看赌，叫他也不肯出来。原来他下身穿的一条新裤子已做了笋壳唡。炭篓子是临时拉来绷场面的。

赌钱与打仗一样，全靠要□壮。打仗须兵精粮足，赌钱须腰缠丰富。无意取胜，胜必归之，背城借一，行险缴幸，君子所不为。实行笋壳赌者，其气必馁，十输八九，故笋壳不剥则已，如剥去外层，即抱横竖横(★)主义，不至"春蚕到死丝方尽"的地位，轻易不肯罢休也。

近来上海的赌风大减，虽经赌界名流几次流通，以条件未洽，酝酿多年，至今未能实现，故笋壳赌现在已不大听见，至于马路傍边的"倒棺材"赌滩，有时也强迫乡下人剥笋壳，这是被动的蜕壳了。

拆梢(★)如不见现血，也有剥笋壳的必要，此非赌博，又当别论。

八八　**当脱包脚布**

我们现在穿在脚上的，无论是丝袜或纱袜，总称都是洋袜，这是舶的袜样。

当鹰球老牌洋袜尚未输入中国以前，上海南北市计有几百家音同字不同的宏茂昌，都是出售中国土制布袜的店铺。宝善街上的袜店更多，有两家同一牌号的宏茂昌，开在贴邻，门面装璜，一概相同，而且一样以天宫为记做商标，都是自称老店，骂他的邻居为冒牌。上海商店的用乌龟招牌对骂山门，实始于此，三马路文魁斋的天晓得乌龟，乃师其故智。

观袜店竞争之烈，足以表示他们生意的发达，盖都市中的赤脚人究居少数，袜为人人必御之物，也是社会的热货。曾几何时，洋袜流行，布袜尽被打倒，事到今朝，你要想在上海滩买一双布袜，只怕就要踏破铁鞋无觅处了。这是我们的足底沧桑。

在穿布袜时代，包脚布也是一件必要品。年轻朋友，包脚布是什么样儿，只怕平生亦未见过。中国即使有博物院，也不会陈列这种肮脏东西，于是先要来一点包脚布的素描。

包脚布是一块正方形的老布，比现在同我们用的手帕大些，大约有尺见方，四周不加缘饰，好像是孝子穿的衰斩麻衣。

包脚布的效用，等于女人的脚带，借此可以约束脚样，从前时髦男人的一双脚，却不像现在埋虎，一双竹布袜，穿在脚上，不作兴有一点绉折，脚须裹得狭而且长，穿了鞋袜才见得奇俏，这就是得力于一双包脚布身卜，老年人脚上多鸡眼，也就是受包脚布所赐。

裹包脚布，亦大有艺术，不擅于此者，即不成其为时髦朋友，往往将一双脚弄成臃肿得像跌失铺盖一般。后来宏茂昌善于投机,发明制现成的包脚布,无须手术,只要往脚上一套即得,形式与旧式妇女的袜套头相仿,只是没有后跟的,后脚踵也不留一个小圆窟窿,无论如何考究朋友,脚上总不免带几分鸭肫肝气味,所以包脚布是不登枱榻的秽亵物。包脚布即使是绸制品,所值也自无几,女人有以手帕作恩物遗赠者,男人则未闻以包脚布作纪念赠品也。

乡下当铺,兼收并蓄。农人的锄头钉耙都能抵押,然而包脚布则在不当之列,上海押当,裤带扎脚带旧呢帽都有得当进,却也不愿收当包脚布。人而至于想当包脚布,极言其穷得走头无路也。

"当脱包脚布",乃是一句容形过火的上海俗语。包脚布所值无几,以此付质,表示倾其所有之意。

买航空奖券如能包得头彩,即使当脱包脚布去买也是合算的。当包脚布颇有破釜沉舟之意。人虽穷,尚有包脚布可当,并非真穷,较之一条裤子一根绳朋友已经富丽得多了。

虽有包脚布,事实上并不可当,故当脱包脚布在上海人嘴里乃是一句有其言而无其事实的俏皮话。

包脚布虽是男人用的东西,然而也是一种亵物,地位与妇人的秽布一样不体面。此物除洗涤后晾在竹竿上外,在使用时间总是藏在着肉,决无机会与人的眼睑接触,故上海人以包脚布代表最丑恶的面孔。

"面孔包脚布,倒想吃好货"。这也是两句上海俗语,意思与癞蛤蟆想吃天鹅肉相仿。包脚布面孔就是说这张面孔只能藏在暗处,不可拿到人前来公开展览。

旧式男人的包脚布,等于小脚妇女的脚带。脚带有相当长度,至少还能改作束裤带,包脚布用过以后,似乎不便再拿到脸上去擦鼻涕,改做小孩尿布又嫌其太小,惟一用途,只有换糖吃,转卖给江北人去糊硬衬。

自动的当包脚布,尚属死而无怨,惟有被动的当包脚布,方是凄惨万分。在上海市面上做人,付帐能开远期支票,欠债能约期缓付,惟有接□朋友的红白帖子,却像阎王票子一样严厉,限定日期不许拖欠。欲顾全朋友面子,不得不摒当所有去送一份薄礼。这叫做当脱包脚布结交朋友。

国难当头,家破人亡,就在眼前,大家都要有当脱包脚布的精神去救国。古人毁家纾难,包脚布也不私藏一块,一齐充为国有,这才能表现真正的爱国。然而我们所看见国难时期的同胞,却恨不得将包脚布转运到安全地带去避难!

从前穷人一身以外无长物,未必是亦裸裸的人,至少还有两块包脚布。当脱包脚布,只有自己脚里明白,别人不能窥破袜内秘密,仍能在人前撑着穷场面,这是表现社会的虚伪,现在大家都穿洋袜,无包脚布可当,穷人便真个"赤脚地皮光"了。

八九 吊儿郎当

扬忆诗,"鲍老当筵笑郭郎,笑他舞袖太郎当"。郎当是形容身体瘦,衣服宽大,好像大灯笼里插着一支小蜡烛,王先生穿了太太的旗袍,像一个跌失铺盖。

唐明皇奔蜀,驿中闻铃声,黄翻绰曰,"铃言三郎郎当。"这是借铃声讥讽明皇是一位光杆皇帝。

"郎当"大概是铃声的形容词,以铃的心子形容郎当,最是妙喻,因为这是个无依无靠的东西,铃长期悬空,心子永远宕在当中,偶借外力与铃身接触,铃就会大发脾气,大声申斥,心子到处碰壁,无法依附,只得终生像吊死鬼似的挂在当中,做一个单身汉子。

上海人称一事无成的人为"马浪荡"。浪荡就是郎当的谐音,摊簧家曾编成滑稽故事,叫做"马浪荡十弃行",屡次改业,屡次失败,情节很可发笑,至今尚流传甚广。

浪荡为何姓马?有人以为是马路上的浪荡客,其实发明此曲的时候,中国也许尚无马路的名称,所谓马浪荡者就是马的郎当东西。

马的全身支持在四条马脚上,马脚则支持在地面上,都不是郎当东西,世称郎当而并无依附之物,惟有牡马之屌耳,故马浪荡就是马屌的别名,郎当者屌之形容词也。

"吊儿郎当"俗语,到处皆有,在上海亦甚普遍。有人说,这是北方话,因为上海话于男性生殖器并不称屌,其实不然,小孩子的麻雀,母亲皆称之为小屌屌。下流社会伸出一个中指来,也说,"你懂一张北屄"!

"吊儿郎当"平常都写作"吊儿郎当",吊是悬空的俗语,自缢称吊死,凡属悬空的东西,四边都无依傍,好像是铃的心子一样。吊儿郎当者,郎里郎当地吊着,□似孤苦零丁的流浪儿,吊字亦似可通。实则仍当作屄为是,只因屄字不很雅驯,大家便讳屄为吊。

人类脱离了母胎,不能吊儿郎当的生活,非比虫蚁,母亲生出卵子,就能不负抚育子孙的责任,人类如果看了苍蝇的样儿,毛厕中都成了私生子的乐园,只怕世界永远在洪荒时代。所以人类自生至死,都度着互助的灵众生活,绝对的吊儿郎当,人的生命就会毁灭。

个人的营私结党,固然不是好事,国际的共荣共存,听见了也有些头痛,然而同类的人,若无坚固的团体,各自度着吊儿郎堂的生活,不论是国家,社会,家庭,店铺,终久都是要崩溃的。

俗语的吊儿郎当,乃是指无管无束的份子而言。天津有个"三不管",可算是一个吊儿郎当的地方。上海无领事管束的洋人,乃是吊儿郎当的人类,华侨在海外营业,没有政府保障,被人随便压迫欺负,也成了吊儿郎当式。

三家村也成一个集团,虽然孤单,并不吊儿郎当,独家村才是正式吊儿郎当。上海国际饭店,邻近有几处高房子,尚不觉其吊儿郎当,西蒲石路的廿二层楼,独立荒郊,高矗天空,这就有些见得吊儿郎当。

人类之吊儿郎当者,如立在四岔路中心的交通警察,形式上看上去最为吊儿郎当,实际却并不郎当,因为他是有很重要的职务。机关中的皇亲国戚,别人埋头工作,他们却在办公室中踱方步,踱到规定的时间一到,他们便伸个懒腰走了。形式上他们是有职业的,实际是终年度着吊儿郎当生活。

上海俗语之吊儿郎当,大半是指失业份子而言,平日无所事事,身体没有相当地方安置,好像浮萍似的,东风吹来荡到西,西风吹来荡到东,他们都能随遇而安。身体实在无处安插,便在马路上做郎当的吊儿,或云"马浪荡"就是马路上的浪荡份子。

上海的汽车盛行,除了小出丧外,马路上很少看见马车的踪迹,故马在上海也算奇迹。郎当的屄儿,普通皆认为人屄。人屄的郎当程度,的确马属更甚,因为马属 在太平无事时,尚能态度镇静,退藏于密,人屄则常丢荡丢,永远不能卖身投靠,像铃心子一般郎当郎当。

日本人称流氓为浪人,他们无正当职业,以游手好闲,掀波作浪为事业,不过他们的发浪都在国外,我们虽然也有浪人,却专爱在自己家里搅七廿三,这就是中外浪人不同之点。所谓浪人，大概就是吊儿郎当的人。

上海马路上发生一件芝麻绿豆的小事，不期而集的闲人能围绕数匝，如有正事决无工夫管这些闲帐，即比便能证明上海的吊儿郎当份子太多。

在分类广告栏内登两三行征求职员的小广告，自会有许许多多吊儿郎当的失业朋友来应征，粥少僧多，雨露未能偏沾，吊儿郎当还是郎当的吊儿。

有用的人材，因为没有援奥而吊儿郎当，天大的饭桶（★），因得有力者之提携，而能拿了薪水做郎当的吊儿。这就是咱们中华民国的正经。

九〇 鼻头朝北

中国在地球北部,上海的地位约在北纬三十二度半,太阳的黄道与地球赤道的交叉角,仅二十三度有零,太阳最大的纬度,亦仅限于此度数。故上海地方永远不能看见太阳当头,上海以北的地带,太阳当然更偏向南方了。

在北半球的"向阳门第",一律都是朝南的,因为太阳常在南天盘旋。中国人以南方为丙丁火,就为太阳光晒不到北面的关系。到了赤道附近的地带,朝南朝北,一样同阳,如果再到南半球,而太阳常年在北方留连,我们欢迎的东南风,就是他们怕喝的西北风。

中国人爱冬天的太阳光,可以当作天然火炉,夏天爱东南风,可以藉此祛暑,为适应环境,所以中国房屋非不得

已,大门不肯朝北开,即使为地位所限,大门不朝北便没有出路,然而厅堂也总是朝南倒向的居多。上海南京路上的店面房子当然除外。

中国的伟大建筑,如官殿,官署,庙宇,祠堂,园林等等,除却火神庙是一个例外,其余一概都是朝南的。私人的住宅也很少朝北开门,上海的弄堂房子,如在路南,宁可将后门开在沿马路。朝北房子,住户都不大贪图,因为夏暖冬凉,好像终年住在阴山背后。

人生一世,几乎有半世度着床上生活,故中国人极重视其床。旧式的安床,是一件重要的典礼,几与造屋的上梁一样重视,如不择黄道吉日,也要翻开历本来看看,至少须不与"不宜安床"的日子冲突。一张床安好以后,子孙永守,即使死了人在床上,也不许妄移位置。

安床有一大忌,不可摆成"骑梁式",就是要与屋梁并行,不作与骑跨在正梁上。房间朝南,正梁横居屋顶,作东西向,则大床只可以朝南或朝北安放,如果床与梁交叉成九十度的正角,而主人因畏朝曦,脑袋睡在南方,便成"鼻头朝北",则不祥莫大焉。

鼻头朝北,何以算作大触霉头(★)?

大户人家的正厅,上海人家的客堂,都是朝南建筑的,当我们寿终正寝以后,陈尸中堂,静待入殓,照上海规矩,总是头南脚北。死尸仰天而卧,头顶南方,鼻孔当然朝北,除非是开天窗(★)死的朋友,才有鼻孔向天的例外。所以鼻头朝北,就是死的别名。

住钢管水门汀房屋的阔老,屋上既无正梁,睡的床自然无梁可骑,所以西式房间,大床都半像棺材似的直摆,已无鼻头朝北的讳忌。至于小户人家摆的"丁字铺",但求夜图一宿,能够鼻头朝北睡得酣畅,已属十分缴幸,更无暇顾及讳忌了。

宁波人大概不忌鼻头朝北,因为宁波风俗,人死以后,尸身都是横卧的,我看见的是头西脚东,大概他们忌的是"骑梁尸",所以鼻头朝东的。

"若要享福,鼻头朝北"!上海有这么一句俗语。人生原是痛苦的,宗教家以死为大解脱,红尘即苦海,死后才能到极乐世界去享福,上海滩连年以自杀为时髦风气,这都是大澈大悟的朋友,想赶去享福,只是验尸所中是否能容他们鼻头向北的自由,这是一个问题。

舍死尸而言活人,鼻头朝北的也不是生意经(★)。

"堂堂衙门八字门"。南面高坐堂皇的是大爷。站在下面回话的人,鼻头朝北,都是小的。宴会场中,朝南坐首座的,是贵客,是大亨,坐在下首执酒壶的,鼻头朝北,都半是起码人(★)。站在总理遗像下致训词的,是要人,是主席,是上级官长,坐在台下听训的,鼻头朝北,不是末僚,便是闯祸患的学生。

做人的最后归宿,除却宁波人外,都不免有鼻头朝北的一日,但是活着的时候,总以勿做鼻头朝北人为是,以其难免吞痧受气也。

做人能做到鼻头朝北的结果,总不失为福气人,因为至少总有一个朝南的小客堂让你从容入殓。如果做了路倒尸,被忤作喝报一声"头东脚西",那就永远没有鼻头朝北的希望了。这就是"若要享福"俗语的由来。

我到殡仪馆去吊丧,看见包房间的死尸,床榻是斜设的,鼻头的方向并无一定,有的朝东南方,有的朝西北方,都没有一个正向。这与集团结婚一样都是打破旧习惯的新式运动。

国势危急,将来的我们都不知死所,寿终正寝的人越来越少,红十字会收尸,如遇棺材来源缺乏时,能够像沙定鱼般几个人合装一盒,即是大幸,否则只好像腌江北猪猡一样,掘土坑作公墓埋葬,那时候只怕没有人来顾到我们鼻头的方位了,只能请大家将就些罢!

从前有一班鼻头朝北拜阙的奴才,现在又出了一班"口吃南朝饭,心向北边人"的汉奸,他们的鼻头虽未朝北,他们的良心却早已朝了东北方了!

九一 百爷种

天下最不合算的生意经,莫如做爷。做爷的能分一半爱子之心去侍奉自己的爷娘,他就是天字第一号的大孝子。爷孝儿子是应尽的义务,儿子孝爷便非人人所应为,故中国具有孝子坊,而无慈父坊。

一个爷抚养七八个儿子,当脱了包脚布去籴米买柴都无怨恨,七八个儿子合养一个爷,则儿子吃鱼肉,穿皮袍,爷啃瓦爿饼,穿破棉袄者,比比皆是。如果是穷爷而享儿子之老来清福者,实为盈千累万爷中之绝对少数,故孝子之产生,弥觉珍贵,不得不特别奖励。

做爷既是大蚀本的生意,然而想不开的人还是很多,各地风俗都爱自称"老子",把全地球的人类都想划进我们儿女之群。上海人却欢喜自称"她两个穷爷",上海人的口头语"操伊拉",就是间接想做"伊拉格爷"。

人生一世,爷只有一位,儿子则可无限制的产生,有几位多子公,娶了十几个姨太太,养出几十个儿子,别人说他好福气,他只有向人摇头叹气。如果一大堆的儿子变作一大群的爷,只怕就有打不完的遗弃官司,社会上的育婴堂多于养老院,送儿子入堂,无须手续,只要望墙洞里一塞就有人收留,送老子入院,则非找铺保不可,即此亦能证明儿子易做爷难为。

封神榜上说,周文王有一百个儿子,打破了儿子的纪录,古今中外的儿子却无占有一百个爷的,有之应自上海的"百爷种"始。

种瓜得瓜,种果得果,下了菜种,决不会生出香蕉来。同是人种类,下种也很重要,欧洲夫妻,养不出王先生型的黄种子孙,中国男女也养不出一对劳莱哈台,中西合璧的结晶品,便会创造一种咸水妹型的杂合人出来。

各色不同的人种合作产生的特色人类,在人种学上谓之"混血儿"。然而百爷种的性质,较混血儿更为杂夹,皮肤的色彩也许含有青黄赤黑白的五光十色。

爷抚养儿子,至少须担任十年衣食费用,人生若有百爷,纵活千岁,亦可不愁冻馁。百爷种,名义上虽不大很冠冕,实际却是世间第一福气人。

百爷种好做,只是难为了娘。上海俗语以百爷种为骂人的话,重点并不在爷,主要目的而就在娘的身上。

上海下流女人骂她的同性为"触千人",女人与一千个男人接触,势难全体留种,假定淘汰十份之一,则将来养了儿子,这一百个男性都与孩子有些血缘关系,无论□教新式的法医检验,或旧式的忤作滴血,都难确定谁是亲骨肉,即使上月怀胎的亲娘,也是一本糊涂帐,吃不准那一个是儿子的嫡亲"标准爷"。

下等妓女,一天交换三五个丈夫,岂是她们本心所愿,实有不得已之苦衷,接触了一百个男性而糊里糊涂的怀了孕,又而不受暴力压迫,能自由自在的呱呱坠地,其中经过的困苦的情形,确非言语所能形容,故百爷种实在是最可怜的人生,以此作辱人的口舌,实在觉得太也残忍。

"一个和尚挑水吃,两个和尚扛水吃,三个和尚没水吃"。爷太多了,过犹不及,实际上等于无爷的私生子,因为娘的姘头(★)太多,为爷者认为莫大的耻辱,即使儿子的面貌与某号爷十分相像,也会视同陌路,不肯胡乱相识。"一国三公,无所适从",何况一身而兼有百爷,故百爷也就是无爷的别名,北方人谓之"杂种",上海人也叫做"野叉小鬼"。

富贵人的儿子,有生母,养母,嫡母,庶母,乳母等各式母亲,公然承认,并不为怪,穷人偶而有了一个慢爷便引为羞辱,讳莫如深。同一生殖器关系,而男女的处境不同如此,可见中国的娘实比爷难做得多。

九二 瓮中人

(十六国春秋)"王谟齆鼻,言不清畅"。言语虽从口中发出,但有许多声音却非借重鼻孔里出气不可。说上海话齆鼻,不能叫人"姆妈",读英文齆鼻,无法读出 M 字母,鼻孔不能出气,谓之五音不全,学京戏不能唱出嗯嗯的腔调,唱大花脸使鼻音,更没有办法。

上海俗语道,"我幸亏有两个鼻头音,否则,早被他气死了"!可见鼻管非但为发音与呼吸的要道,并且是宣泄忧郁的重要工具,譬如房屋,这是一个流通空气的窗户,所以鼻头溃烂,别名叫做开天窗(★)。

鼻空抑塞不通,上海俗语亦谓之齆。齆鼻头的人,不能高声叫喊,走夜路不幸遇见杀猪猡(★),唤巡捕都不很便当。"哑子吃黄连,有苦说不出",能说话的人遇到这种困难情形,俗语也叫做齆,言其像齆鼻头一样,不能叫唤。

"赔了夫人又折兵",这是天大的齆事。专做齆事的,叫做"齆种",此与杂种、坏种、弱种、独卵种……等种同一种类,犹言"种草"不好,是为胎里齆,呱呱坠地,就是一个齆鼻头。

一辈子点黑漆皮灯笼的朋友,叫做"齆种人"。他背了一世的黑锅,活着不能得人的谅解,死后见了阎罗王也交不出清帐。

唱蹦蹦戏的红角白玉霜女士,虽然被人摆堆老(★),弄得十分齆种,但是她的鼻孔却万不能齆,因蹦蹦戏的唱工全仗转鼻音,齆鼻头女士决无唱蹦蹦戏的资格。

齆字似乎很陌生,排字先生也认他是不常用的艰僻字。所以齆种已成为有音字的俗语。有人欲求通俗,写作"瓮中人",发音虽未能符合,含义却也有几分意思,并且请许先生画一个齆鼻头,却也不易表现,所以在下也采用这通俗名称。

人犯了罪,关入牢狱,狱囚在监牢中再犯了法,便将他们送进黑暗狱室。"瓮中"与暗室无异,如果像盐咸菜似的盖得没勿通风,人在瓮中的滋味如何,大概不是我们想像可得的。在瓮中唤救命,声浪当然不能外达,吃了这种苦头,虽是嗓子响亮的小达子,也会变成吃黄连的哑子。

(五灯会元)"圆悟答徐俯曰:瓮里何曾走郤鳖"?

瓮中捉鳖,手到擒拿,人究竟比鳖更大,人如入瓮,格外没有生路。

将人装入瓮中,在中国有一件很著名的故事,见于通鉴。

"或告周兴与丘神绩通谋,太后命来俊臣鞫之。俊臣谓兴曰,囚多不承,当为何法?兴曰,此甚易耳,取大瓮,以炭四周炙之,令囚入中,□何事不承。俊臣乃索大瓮,火围如兴法。因起谓兴曰,有内状推兄,请兄入此瓮。兴惶恐叩头伏罪"。

请人入瓮,乃喻以其人之法,还治其人之身。以炭火四周炙瓮,人入瓮中,变成一只活烧烤,周兴惶恐叩头,敬谢不敏,他就是怕做瓮中人。

江湖卖解者流,拐了小儿回来,将小孩养在瓮中,只露出一颗脑袋,逐渐发育,身体只会横阔无法竖大,用人工造成一个畸形怪状的人,将来可以教他变把戏,卖野人头(★),藉此敛钱。这是名副其实的瓮中人,就在上海滩也见过这种残忍的事实。

买了一张航空奖券,嫌号码不好,重行掉换,开出来却是一个特奖,换来的一张,连末尾都不着,这事有些瓮中。

老婆偷了人,被她反咬一口,说丈夫虐待遗弃,官司打到最高法院,结果还是要男人供给女人的终身赡养。关于男女交涉,男人往往是瓮中人,关于国际交涉,弱国往往是瓮中国。强国占了十八条横浜理,弱国固执着一条此路不通的正理,以一对十八,当然吃瘪。

(埤雅)"蛇声虎齆"。老虎虽凶,却是一个天生齆种。中国是出名的睡狮,睡后打齁,也带几分齆音。关于齆种事,我们无法说出。吃了齆种亏,也无鼻头管出气,我们只好常年闷在肚里,闷得肚膨气胀,像做瓮里的人一样,我们真是瓮中人!

虎齆之齆,王充论衡亦作"瓮",瓮者瓮也,齆瓮也发生了连带的关系。

(幽明录)"桓司空有参军教鹦鹉语,遂无所不名。当大会,令效座人语。所一人齆鼻,语□学,因以头纳瓮中效焉。"

瓮中人发音,与齆鼻头相像,此事却被几千年前的鹦鹉所发明,这只鹦哥真是耳音太好了,如教他模仿带分齆音的马派京调,包能一学就会。

老谭当年唱戏,化装之前必先洗鼻,就是怕登台时有齆音的危险,因为他爱闻鼻烟,不能不将鼻孔出清也。后来有几位学谭派的伶工,虽不嗜鼻烟,却也学老谭的打扫鼻统管,然而天生齆种,不是打扫得干净的,马调即是一例。

观乎桓司空参军所蓄鹦鹉故事,齆鼻发音与瓮中发音,几乎可以乱真,则上海俗语将"齆种"写作"瓮中",不能说是俗误之附会了。

天生是一个齆种,再将他纳入瓮中,这是双科瓮中人,上海俗语叫做"瓮里齆种"。譬如官费留学生,国家耗费了许多国币,希望他们将来为国效劳,若回得国来,投效洋行去做通事买办,代外国人剥削中国人的钱财,已经有些觉得齆种,如果更进一步,去做灭亡中国的汉奸,这真是瓮里齆种,齆种之尤!

九三 勿受触

阴阳电相接,发生感应,突然爆炸,力量伟大,能毁物伤人,是为触电。上海人把男女两性的目光拘引,也叫做触电,这是无线电(★)。

人类是有灵性的动物,人身含有的电气,遇见了异性,不一定都会发生感应。例如,六七十岁的老太太,虽然也是女性,男性看见了就不至于发生触电的危险,是为"勿受触"。东施无盐之类的女性,虽然电力充足,但是她们发出来的电气也不见得有人受触。

上海无林木,鸟类绝少栖止之所,惟有麻雀则在露台屋脊都能作三级跳运动。因为麻雀之多,上海便有一种专提麻雀为职业的人,活捉去的麻雀,有一部份送入野味店,有一部份构禁在鸟肆中,预备给小慈善家整笼的购去放

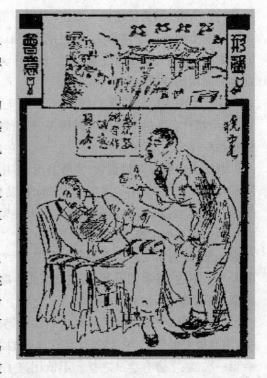

生,但麻雀拘押日期太久,放出笼去已成残废份子,转眼之间又入捕雀者之手,上海的麻雀就在度着这样迴轮生活,直至老死始已。

捉麻雀的方法,是用三四根竹竿连接起来,梢端涂有极粘的胶质,捕者潜以竹竿伸至麻雀身傍,乘其不备,突然以胶质与麻雀相触,羽毛粘牢在竹竿上,无法挣脱,便成了捕雀人的囊中俘虏了。

老资格的麻雀,看见竹竿慢慢的移近身来,便远走高飞,不肯上当,捕雀人称之为"勿受触",言其不肯与竹竿接触,便无法捕拿。

据苏州人的研究,经验最丰富的麻雀都在鼓楼上打公馆,因为鼓楼的地位极高,四周绝无依靠,捕雀人的竹竿长度达不到楼巅,便不必过提心吊胆的生活,即使有人接长了五六节长竹竿,想到鼓楼上去粘麻雀,结果也是徒费手续,只因鼓楼上

麻雀居高临下，目无遮瞖，看见竹竿，即能逃避，所以鼓楼上的麻雀，号称"老鸟"，向不受触。

上海设陷阱教人上当的交易，皆取法于捉麻雀，上至仙人跳（★）翻戏（★）相卖野人头（★）的广告，下至野鸡拉客（★），瘪三叮霸（★），皆须小施手段，使人受触。

只要能想出一种使人受触的方法，在上海滩做人便能毕生受用，吃着不尽。太平凡的血头势，因为使用的人太多，人家一望而知他们是滑头，便不容易受触。

从前上海有三个半滑头，专会使人受触，谓之"触头戏"。人能受触一时，过后方知上当，等到大家不肯受触，已经有几千万只麻雀牺牲在他们的触头了，捉鸟朋友也都面团团变成大阿福唎。

现代上海人的知识进步，触头戏也突飞猛进，三个半滑头的嫡传子弟也何止千百人，虽然社会上的老鸟也同时增多，然而到处设下天罗地网，我们略一转侧，便做做受触的俘虏。

老实人向朋友开口借钱，实陈窘况，不用血头，朋友往往不肯受触，善借钱的人决不肯如此简单，他用一张远期支票向你贴现，你有支票在手，并有小利可得，当然受触，等支票到期退回，吊桶已落在别人井里，你已经是一只笼中小麻雀了。

两个指头捏田螺，十拿九稳，只有一个逃脱的，是为容易受触，象牙筷夹海参，十夹九滑，是为不受触。受触朋友都是田螺型的人物，欲不受触，惟有做滑头滑脑的海参。不过，海参到了苏州，也就毫无生略，因为海参就是上海瘟生的别名，苏州人都是毛竹筷，不怕海参不受触。

触头戏又名"触当戏"。典当朝奉的鉴别力最精，有人尚能将他们当作小麻雀，用假货去触他上当，上海有专营此业的人叫做"跑老虎党"。但每种假货只能触当一次，触字含有尝试之意。不慎用进了假钞票铅角子，大家都不肯吃亏，仍旧将他混用出去，上海俗话也称"触脱了"。

上海是一个蛮触世界，你触我，我触你，大家触来触去，有人受触便交运，多数不受触便倒霉。地理图拆穿勿得！

九四 造屋请箍桶匠

同是将木材制造成器,匠人的分类却有多种。造屋的匠人,称为水木工作,泥水匠不会运斧凿,木匠不肯拿泥刀,这是最普通的分类。更将木匠详细分拆一番,造栋梁门窗的,叫做大木匠,专制花纹装饰的,叫做雕花匠,专制家具木器的,叫做小木匠,专制红木器具的,叫做红木司务,另外还有专制木箱,镜框,佛像,圆桶,小摆设,车轮,书箱等等专家,细细调查,大概有数十种之多。

大材小用,以几丈的木头,改制鼻烟壶,果然觉得可惜,然而终能成器,只是有些暴殄天物罢了。反之,小材大用,烧火橙终不能当天然几,做惯马桶的圆作匠人,也不能搭搁楼,更不会造高堂大厦。

箍桶匠,是一种沿街叫唤的小手
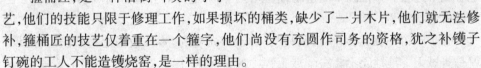
艺,他们的技能只限于修理工作,如果损坏的桶类,缺少了一片木片,他们就无法修补,箍桶匠的技艺仅着重在一个箍字,他们尚没有充圆作司务的资格,犹之补镬子钉碗的工人不能造镬烧窑,是一样的理由。

箍桶匠,只会打竹制的箍,木桶如有渗漏,只会用油灰嵌补,事实上无须使用木材的必要,严格的说起来,箍桶匠仅是一种略识皮毛的小竹匠,全副本领,只会劈毛竹,编竹箍,黔驴之技,止此而已。

上海俗语,"造屋请了箍桶匠",形容外行混充专家,结果必无成就。箍桶是最简单的工作,造屋须设计打样,非专门技术家不可,如请箍桶匠造屋,造出来的房屋也许会像水门汀桶一样。

在乡下地方,竹匠也能造屋,全部房屋不用木材,栋梁椽柱都能用茅竹代替,就是墙壁也用竹篱涂上泥灰,外貌与砖墙无异,上面盖了屋瓦,粗看竟辨不出是竹房。这种房屋,也要聪明的竹匠始能建造,箍桶匠殊难胜任。

中国的事由,大半是造屋请箍桶匠式的居多。前清时代的红候补道是万能博士,随便什么差使都能兼任。近来的要人,本领也不在候补道之下,高级军官都精通政治,有时候还要兼营商业,并且都是买卖公债的能手,莫怪容易发财。

从前有牙科博士荣任政府要员,一时传为美谈,可见中国多聪明人,在牙齿缝里能研究出治国平天下的大道理来。

以此例彼,箍桶匠与造屋匠,只是工作大小之不同,究竟不似牙科医生与政治家的性质相去得太远。

学非所用,这是社会的大病,造屋请箍桶匠,这是请者之不识货,无异到教门馆中去买酱猪肉,结果不但毫无所得,也许吃了牌头出来。乡下人看见门口挂几只鸡鸭,以为与陆稿荐没有两样,却不知他们对于猪肉是犯忌的。

有的箍桶匠冒冲造屋匠,教人上当,这是箍桶匠犯了混冒商标的罪名。但是造屋匠也是人学的,箍桶匠并不是不能改业造屋,社会上的许多新发明职业,并非皆有师承,潜心揣摹,也会成功专家,所担心的就是三不精的猪头肉,自己大胆老面皮,不曾学会造屋,居然敢做大仓作头,自误误人,为害最大。

上海滩上的造屋箍桶匠,为数亦殊不少。他们的别名叫做"掮客",凡百事业,掮客都能掮将下来,本人是否内行,可以不问,好在能够转包给别人,他们从中赚取坐地分赃的回扣。因为掮客可以出后门(★),则纸扎匠也能担任造屋,何况是箍桶匠。在征求广告内时常有"掮客请勿惠顾"的声明,就是怕造屋请到了箍桶匠。

天生人材,各有专长,请马连良先生去做中央委员长,主持国家大计,果然会把政治弄得昏天黑地,反之,如请蒋介石先生用宁波官话来唱全本空城计,结果也会吃了倒采进去。箍桶匠不能造屋,造屋的工程师也许不会箍桶,请人家都安份守己的做做老本行罢。

孔子曰:"不在其位,不谋其政"。林子超先生的"本位救国论"。即发扬此议,就是告诫天下箍桶匠不要去干涉工程师的造屋大计划。中国百姓都是箍桶匠,我们但能开头箍桶,心无二用,则救国之道,即在其中矣。这也可以叫做"箍桶救国法",至于造屋工程师是否也是箍桶匠出身?如发此疑问,即越出箍桶本位的范围,即非救国之道,我们应安于箍桶的本位才是正理。

九五 龙门要跳狗洞要钻

（辛氏三秦记）"河津一名龙门，水阴不通，鱼鳖之属莫能上，上则为龙群"。

按龙门为大禹所凿，在山西河津陕西韩城之间，书经所谓导河积石，至于龙门者也。

鲤鱼跳龙门，在中国是吉祥的征象，科学时代以此比作金榜及第，黄河急湍，逆流上游，已属不易，何况还要冒险跳过龙门？是以鲤鱼跳龙门，比"乌龟爬门槛"更艰难万倍。

无论黄鱼（★）瘪三，但能跳过龙门，便龙头角峥嵘起来，古人谓之"一登龙门，身价百倍"，令人则谓"跳过龙门，即成大亨。"未跳龙门的鱼鳖，骨头没有四两重，跳过龙门再过磅，全身暴涨几千斤，谁还认识他们是小菜场上的鱼鳖？

龙门水险，跳得过的究属少数，但是那个鱼鳖不想成龙？明知力有所不逮，不妨一再尝试，"将相本无种，男儿当自强"，即使跳不过龙门，撞肿了脑袋，也能冒冲龙角，故龙门不能不跳，跳得过跳不过，乃是另一问题。

龙门只有一座，天下的鱼鳖则有无量数，未必只鱼鳖都有跳高的机会，到了无可奈何的时候，看见有狗洞，为了生存起见，也只好低头钻他一钻。

跳龙门与钻狗洞，确是一个绝对。一个儿登天，一个儿入地，境界虽然有霄壤之别，实则异途同归，都是人生的大道至理。

读书人曰："大丈夫志在四方。"瘪三曰："兔子不吃窝边草"。为人希望一飞冲天，最好是远离血地，便没有人能揭你的冻疮疤。富贵不回故乡，如穿锦衣夜行，可见回故乡出风头,是富贵以后的事。远来和尚好念经,做和尚犹须出远门,何况想做富贵人。跳龙门与钻狗洞,都是到达青云之路的终南捷径。

即使不能抛家别井,远离乡土,也须旋展身手,变换环境,做人始有登龙希望。试申言之。例如,在上海做瘪三麻子(★)的人,吃尽千辛万苦,熬得满头白发,最多混成一个爷叔班子,结果仍是一名老瘪三。若有跳龙门钻狗洞的技巧,瘪三做到相当程度,便宜跳入(或钻进)绅士队里,与达官贵人接近,渐渐的与小瘪三疏远,日深月久,自己也会成功达官贵人。龙门与狗洞,都是瘪三与贵人的界限,不论跳过或钻进,其能脱胎换骨之功效则大。

据我的拙见,龙门与狗洞,虽有高下之别,实是一件东西。因为登龙门果能增高声价,蝇营狗苟,未始不能升官发财。然而俗语之跳龙门和钻狗洞,却完全当作两事,几与天堂地狱一般歧视。

做大丈夫的格言是"能屈能伸"。身体应似蜒蚰,性质应做像一块牛皮糖,伸长了脖子,能一跃而过龙门,屈紧了四肢,能一钻而过狗洞,昨天坐黑牌汽车招摇过市,今天躲在小客栈里孵豆芽(★),去年是妓院里的阔大少,今年是马路上的叮巴(★)先生,凡此皆上海滩之大丈夫也。

韩信受辱于胯下,钻狗洞也,后来登台拜师,便是大跳龙门的时代了。识时务者为俊杰,为人一见龙门即跳,见狗洞即钻,虽不能即成英雄豪杰,但终不至于饿死。上海有许多走头无路的人,往往弄得自杀送终,都是不会钻狗洞的笨坯!

由瘪三一步跳到大亨阶级,果然觉得风光写意,再由大亨还原,一交跌回瘪三队里,这就有些不是滋味了。人生处顺境易,处逆境难。天天钻狗洞的人,忽然人跳龙门,自与腾云驾雾的神仙一般得意,跳过龙门的人,再有屈他们来钻狗洞,便觉十分难堪。"龙门要跳,狗洞要钻",主要字眼就在一个"要"字,要就是"遇必要时机",不择手段,但求生存,尤须当机立断,不可犹豫。譬如,在燕子窠(★)中遇见警捕,不宜埋面哈之自认银行大班,须抧求苦恼伪称挑水阿三,若能挨两记耳光当场脱梢,就不能吝惜你的尊颊,宁可脱离险境,再搭架子(★),如此办法,保不吃亏。这就是龙门要跳,狗洞要钻的哲学。

前年高呼打倒帝国主义,今年实行敦睦邦交,此亦跳龙门钻狗洞之一法也。

"到啥山捉啥柴",做人须适应环境。走进了此路不通的实质弄堂,老路上又不能回去,若不低头钻狗洞,便有碰破头颅的危险,也许狗洞里面就有一座龙门,立刻就能做开口跳。

九六 吃素碰着月大

佛家的五荤,亦名五辛,乃是一葱,二薤,三韭,四蒜,五兴渠。佛徒之所以摒而不食,大概是因为这几样东西富有刺激性,食后能使人精神兴奋,和尚五蕴皆空,本不必需要注射赐保命之类的兴奋剂,所以要劝佛门子弟戒绝五荤。至于上海和尚之出入燕子窠(★),则因他们要念经熬夜,不得不略加刺激,即便兴奋过度,打只把野鸡也很方便,吗啡针尚不忌,何必忌什么五荤?

一般人的所谓不吃荤,皆指戒除鸡鸭鱼肉而言,目的在于不忍杀生。然而吃素人亲手剥虾仁,烹调美味童子鸡,则例所不忌,只要不是他自己吃的。

为怕杀生而茹素,实在是自哄自的正经,严格的吃素,清水都不宜喝,因为一滴水在显微镜下有几万头生物,再忌

得严格些,就该禁止呼吸,因为空气中充满了微生物,吸一次气入口,须杀死几千万生命。

严格吃素人合□遁入棺材,方能绝对免除杀生,但是吃素人都有一句譬解的格言,叫做:"眼勿见为净"。这种吃素法,从前的卫生大家伍廷芳博士是吃长素的,据说他家里人就用鸡汤煮成蔬菜给他吃,所以他说素菜的滋味比荤腥更佳。

明崇祯帝与后,每月持十斋,嫌膳无味,尚膳因将生鹅退毛,从后穴去肠秽,纳蔬菜于中,煮一沸取出,酒洗净,另用麻油烹煮成馔以进,遂甘之也。事见"烬宫遗录"。天下吃素人大都可作如是观,友人在普陀山寺中,开罐头牛肉大嚼,人问何物,伪称酱瓜,同食诸佛从皆欲一尝,食后斋称此酱瓜果然美味,据说即使吃人肉,只要心理当他是净菜,就不算罪过。

我看见几个上海的吃素朋友,在未吃素的前一日,须行封斋礼,终止吃素的后一月,须行开斋礼,开斋封斋都要人摆筵席,吃的荤腥必倍于常日,好缘要补足斋期内所缺少的鸡鸭鱼肉似的。雷斋素期的前后几天,小菜场上的荤腥,必大涨其价,酒菜馆的生意也特别旺盛,就为吃六月素的男女食欲大增而起。

朔望吃素,在大小月底的半夜里不妨塞饱荤腥,到了朔望当日,白天煮好了牛肉,夜饭吃素,胃口不佳,便时时注视着自鸣钟,恨不得快些走到十二点,就能开荤吃牛肉了。

吃素人都不会忘记阴历,论月的吃素,最怕遇见大建,因为大建须通通足足的吃满三十天净素,如逢小建,便能在菩萨面前赚进一天的斋期,所以吃素人只怕"遇见月大"。

常吃素的朋友倒不觉得什么,最最可恨的就是难得吃三天素,二十八日吃起,至初一日开荤,如遇月小,只要廿八廿九吃两天就够了,不幸逢着月大,就毫无折头可打,这不是编造历本的人故意与吃素作对头吗?

"吃素碰着月大",是一句极普遍的上海俗语,形容吃素人的勉强心理,十分绝例,在吃素人的嘴里也常常会吐出这句话来,足见他们自己也认帐不愿为菩萨牺牲一天大鱼大肉。

俗语流行得太普遍了,往往会失却本意的。"吃素碰着月大"的俗语,传到现在已不是专为讥讽吃素人的俏皮语了,一切"无巧不成书"的故事,皆要借用此语。

例如,平生未听过某名伶的戏曲,好容易得到一个机会,腾出一夜工夫,赶到戏园里,看见戏园上挂着一块牌子,就是"某君因病请假一天",乘兴而来,败兴而去,只得叹一口气道:"吃素碰着月大"!

天天在马路上行走,不遇见抄巴子(★),偶而为朋友购一包烟土,就会碰着三光麻子(★)拦住去路,这也叫做"吃素碰着月大"!

常年吃长素的人,休说月大,就是碰着闰月也无关宏旨,惟有难得吃素的人,而又逢到月底大建,心里就觉得有些难遇。故吃素碰着月大,乃对突如其来的意外遭遇而言。譬如天天带着钞票出门,并无事故发生,适巧今年瘪的生司,走在路上偏会撞破人家一只酱油瓶,被人拉住不放,弄得鸭屎臭(★),这就是"吃素碰着月大"。

九七 蛙割卵子筋

"麻雀虽小,五脏俱全"。旧说以心肝脾肺肾为五脏,胆与肠胃,皆排斥在五脏殿外。史记,"扁鹊视病,尽见五脏症结",大概古人皆善摄生,没有胃气痛、黄胆病、盲肠炎、小肠气等病症,所以扁鹊视病,也只是五脏,不见其他。

麻雀虽有完全的五脏,但寻遍周身,访不到一个显著的生殖器,不但活麻雀如此,就是三牲中之大雄鸡,拧光了毛,只看见一个鸡屎孔,教门馆柜前挂的全鸭,浑身赤裸,也只见翘起一个鸭屁股,他们的下身都是光塌塌的。

世界上惟有胎生动物,始有显然可见的雌雄性其,砍了头的鸡鸭,若非专家,便分辩不出谁是雌雄。因为鸡鸭是卵生动物,他们的子孙是由母亲像孵豆芽(★)般孵化出来的,父亲所负的责任甚是微细。

卵生动物如此,等而下之的淫生化生等动物,生产格外便利,尾巴一掉,就会散下一大堆子孙。例如鱼类,即使做一世鱼行老板,也分别不出那一条是鱼公,那一条是鱼母。

蛙是两栖动物,在婴孩时代,我们知道他就是蝌蚪,上海俗称为"那摩温",却不知道是什么出典了。蝌蚪不像他的父母,能在田岸上跳来跳去,须臾不能离水,断水他就断气,须等烂去尾巴,始能跳上岸去生活。

蛙的生产,与鱼一样,母亲散了种子,由他们自然蜕化,父亲大人早已骨肉分离,不知去向。剥去蛙皮,砍掉蛙头,拿到小菜场上去,照例能够冒籍田鸡,这时候的蛙,赤裸裸地一丝不挂,形状虽像小人国里的私生子,胯下却依旧是光塌塌地,好像是尴尬人养的没屁眼子孙,谁也辨别不出他们的雌雄。

蛙无性具,那里去找卵子筋?杀牛公司能割牛鞭,要他们割田鸡之鸡巴,操牛刀朋友亦将敬谢不敏。孔子曰:"割鸡焉用牛刀"?须眉丈夫欲作太监,割牛之刀尚不可用,何况割那渺小得无影无踪的蛙卵子筋?上海俗语之"蛙割卵子筋",好比在一粒芝麻上雕刻全部金刚经,实是十分麻烦的工作。

牵丝攀藤(★),纠缠不清,尚有方法理楚,如用断然手段处置,齐根一刀,斩断丝藤,则一切牵丝攀藤都能自然枯萎,去之极易。惟有人捉一头公蛙给你请你寻出蛙的卵子,奏刀割除其筋,使他成功一名蛙太监,这种手续,只恐比德国希米德博士为郑老夫子割青春腺更要烦难万倍。是以上海人遇见蛙割卵子筋事体,未有不头疼脑胀者也。

蛙割卵子筋,究竟不像人话,这是一句谐音俗语,蛙割者,"瓜葛"也,卵子筋者性命交关也,上海俗语有"性命卵子筋"之说,肾囊破裂,生命堪虞,是言瓜葛之关系重大,若不解决,岂但身败名裂,性命亦能牺牲于此,宜乎人人畏惧此瓜矣。

(世说)"晋王导尝与悦奕棋,争道,导笑曰,相与似有瓜葛,那得尔"?世交亲戚,辗转出系属者,谓之瓜葛,言其似引蔓之植物也。

"一表三千里",人类之有瓜葛者,然不出生殖器的连锁,一本表帐,会计师都不易清算,瓜葛的俗语,就是牵丝攀藤。

牵丝攀藤的帐,已不容易管,何况还有形容词加在下面。"卵子牵筋",也是一句上海俗语,意思与"屁抓筋"相仿,都是无从捉摸的东西。这种瓜葛,缠在自己身上,已经无法解脱,谁肯吃饱了自己的饭去管别人的乱毛帐。可以遇见蛙割卵子筋的事体,我们自以远避三舍为宜。

蛙割卵子筋,大半是琐琐碎碎的问题,不是一两句言语所能解释明白的。但是也有极简单的事实,因当事人不肯明白宣布,故意弄成蛙割,也是常有的事。例如一男一女在路上打架,路上围集,问他们打架原因,他们忸忸怩怩的不说,其实十分简单,只是男人当掉了女人的一条衬里裤子,使闹成了这件蛙割卵子筋,大家只得掉头不顾而去。

九八 和尚尼姑合板凳

下等动物,因无略诱强奸等刑事处分,故能不择时不择地的随意交尾,但是猫狗等畜生绝无患色痨肾亏等阴虚病症,这是什么缘故?

造物的主宰为预防畜类色欲过度起见,限制它们的性欲机能,不许常常发作,须在规定时期内始偶而兴奋一次,是为交尾期。不在交尾期中,无论雄性吊雌性的膀子(★),或雌性如醉如痴的去追逐雄性,它们决不肯作吊胃口式烂胡调。它们心地坦白,态度率直,若不高兴,不惜诉诸武力,故在畜类社会中,略诱手段固无从施展,强奸更谈不到,它们的结合都是两相情愿的,交易而退,各得其所,静待下届交尾期的到来。

人类是高等动物,没有交尾期的规定,无论男女,随时随地都有试行养妮子工作的可能性,人之所以异于禽兽者,无限制的交尾,亦异点之一也。

人类社会组织尚未完备的时代,男女问题定较狗连连更烂,自好之士看见大家不成其局,乃有所谓圣人出世,为预防非时非地的滥交起见,订定了许多隔离男女的规则,几岁不能问什么,几岁不许问什么,在礼记上都定有极严厉的条例,于是乎中国的男女之间便划下了一道很深的濠沟,筑成了一重极坚的壁垒。

这样一来,男女非但不能亲授受,就是见面的机会也极少。物希为贵,少见多怪,女子都深藏在闺楼密室中,男女两性,不见则已,见后必生邪念,古代害相思病的才子佳人,原因十分简单,只在"一见钟情",第二次见面,未说满三句话,即能实行求欢,这是中国男女谈爱情的公式,双方都觉得兀突。

和尚尼姑都是六根清静的人,譬之六畜,这是阉鸡骗马,他们自愿放弃交尾权,即使放他们同宿在一张禅床上,也不会养出小沙弥来,何必傍人代他们担心什么风化问题?

　　在车站的候车室中,排列了几条板凳,黑压压的坐满了乘客,和尚化缘归去,也在坐在里面,身傍恰有一个空位,此时若来了一个乘车的小脚尼姑,无论与和尚识与不识,即使站断脚筋,也不愿坐到和尚身傍去,据说和尚尼姑合坐一条板凳,就会犯某种嫌疑,后来到了三等车厢里,一条板凳有小半里路长,和尚坐在东北角,尼姑坐在西南角,屁股照样安置在一条板凳上,就不觉得有嫌疑了。

　　"坐得正,立得正,那怕和尚尼姑合板凳"。这是一句表示男女相向无私的俗语。我以为和尚尼姑合坐一条板凳,只要居心无他,双方不必要正襟危坐,即使坐得歪歪扯扯些,也无关紧要,因为生殖器究竟不是生在额角头上的。如果和尚尼姑都存着鬼操皮(★)的心思,即使双双跌坐入定,嘴里念着阿弥陀佛,一个儿坐在南海普陀山,一个儿坐在四川峨嵋山,他们照样会通情书的。这个正字,是指心正,并非坐的姿势端正。

　　不要小看了这句上海俗语,颇含有几分打倒旧礼教的革命思想。因为中国的圣人将男女的界限分得太严了,这是对于"男女不同席"的反抗呼声。

　　饮食男女,人生大欲,圣人也不否认。人类缺乏异性调济的苦闷,虽不至于像猫叫春那样穷凶极恶,然而也不见得十分有趣。和尚尼姑都是强迫抑制性欲的人,见了异性,好比轧司令遇见红头火柴,大有一触即发之势。所以要举和尚尼姑出来做譬喻,就为平常男女泄欲的机会较多,和尚尼姑都是欲海中之灾民,饥不择食,容易搭壳子(★)也。

　　和尚尼姑合坐一凳,尚不至发生风化问题,何况平常各有配偶的男女?圣人限制男女不许亲近,不但过虑,简直有些大惊小怪!

　　现在的社会大大的进步了,岂但男女合坐在一条板凳岂不足过虑,就是躺在一张床上对抽鸦片烟,亦吭啥希奇。时髦朋友把家主婆介绍给人搂抱跳舞,尤属司空见惯。固执男女如抱定不合坐板凳主义,那是乘电车只好□□□□□□。

九九 掼卖私盐

物价之高低,与社会之供求作比例,求过于供,价必高涨,供过于求,价必低落,这是指日用必需品而言,还有一种物希为贵的的东西,用的人虽不多,价值却特别昂贵,例如金钢钻戴的人并不多,人参吃的人也很少,定价却不肯低廉。

柴米油盐,是人家必需之物,盐不能单独果腹,在我们的理想中,好像是一种次要品,其实盐与柴米油一样重要,我是经验过的。

除了吃油氽黄豆或长生果,在我们的食物中并不看见盐面,但是你去试吃一顿无盐的饭食包能吃得你大倒胃口。从前我家里有一个患膨胀病的人,无论中西医,都一致劝他要戒除盐类,在病未除根以前,绝对不准有粒盐入口,他仅仅吃了一天淡食,嘴里真个淡出鸟来,第二天就破戒了。他说,宁可食盐而死,不愿吃无盐味的食物。教人戒盐,实比教老枪(★)戒鸦片烟更难千万倍。

盐是天产物,不比米麦须用人工种植,据说只消将海水煎熬,或利用日光曝晒,沉淀在底下的就是食盐。产盐之区有盐田,但等水份蒸发,即能收获。

盐是极贱的东西,原料取之不尽,用之不竭,人工又所费无几,论理应该卖得十分便宜,但是,在我们厨房里的用盐,每斤也要买到好几百文,这是什么缘故?

原来盐从产区运到我们的厨房里,须交纳比物价更高几倍的重税,沿海各地的盐价,比内地相差好几倍,从前中国最富的商人是盐商,中国最肥的官缺是盐官,盐余能抵押外债,盐政是中国最重要的政治,非专家不明白此中奥妙。

贩卖食盐,比连烟土的利益更厚,烟土尚且要收为国有,食盐之利,岂容放弃?

故中国之盐早于几百年前已经发明官卖的方法了。凡纳过重的盐税谓之官盐，偷税的盐即为私盐，当然，官盐的定价比私盐贵几倍。

偷运私盐，与私购烟土一样犯了弥天大罪，然而利之所趋，仍有憨不畏法之徒，去偷运私盐，江南地方有以运私盐为专业者，名曰"盐枭"。他们成群结队，武装全备，简直是拼了性命与政府争夺盐的营业。政府特为贩私盐者组织水陆军队，严密侦查私运，谓之缉私营，缉捕得了盐枭，与江洋大盗一样看待。

上海附近沿海各地，产的盐枭特多，卖私盐的人也着实不少。有一班浦东婆子，身负麻袋，手挽提篮，沿街高喊"盐要哦盐！"这就是公卖私盐的人。她们都是穷苦的老媪，每日所售无几，官厅也不与她们计较，惟有从前的城门官，见卖盐婆进城，往往将她们扣留在城门洞里，私贩进城颇似孟姜女过关，十分留难。

贩卖私盐，有干法纪，善良男子都不敢轻于尝试，惟有残废的人则能法外施恩，从前上海有几个瞎子以公卖私盐为活，从未有人干涉，大概是特许的，近年来无论老太婆瞎子都已绝迹，不知是否盐政办得比从前进步了？

私盐不必纳税，定价自较官盐低廉得多，居家向私贩购买以作烹调之用，为数有限，真的盐枭也未必能够负盐入市，从容叫卖，所谓"挜卖私盐"都是大批货色，购进者也是势力雄厚的大户头。

盐枭依船为家，行踪无定，他们得到了一批私盐，不宜久储，急于要求脱货，不惜贬价出售，人家不要，他们便用强硬手段"挜卖"与人。

"挜"是上海俗字，凡含有强迫性的交易，皆称"挜上门，"戏馆老板尝一再声明"不许挜卖水果"，而案目茶房则挜之如故。"挜卖私盐"情形与挜水果相仿。

挜卖的私盐底下暗藏三字，叫做"不值钱"。这就与戏馆的挜水果不同了。挜卖水果，价钱比店铺中贵一两倍，挜卖的私盐则比官酱园中的食盐，便宜得多，买进私盐者，一半是知道私贩等着用钱，故意贬价，一半也因收买私货，终究是犯法的行为，若无大利，不愿冒险。所以挜上门的私盐，与市价相差极大，譬之买各大公司的后门货，最多只有半价，但是被包打听来吊赃，虽然花钱买东西，也有吃官司的资格。

上海人把送上门来兜揽的生意，都比作挜卖私盐，价值都要削低几份之几。

你坐在家里，有人登门来聘请你去任事，待遇自必较优，你如走到别人家里去托荐生意，人家即使用你，薪水也要打个八折，宾主之间的面目也显然不同，三请诸葛亮之所以值价，就是并不挜卖私盐，裙带官之所以卑贱，因为他们都是火腿绳子，人家要吃火腿，只好忍痛连绳挜买回去。

弄堂小贩手中的东西，比商铺中便宜些，就为送上门的缘故，马路上的野鸡，人人见了讨厌，因为她们要将皮肉挜卖给人，所以定价比长三妓女便宜得多，这就是说明了挜卖私盐不值钱的原理。

一〇〇 掉　皮

人体组织，分灵肉二部，灵是十分玄妙的东西，经过古今来许多大哲学家的研讨，结果是公说公有理，婆说婆有理，还有许多不可究诘的疑团，正似潘老丈说的"不说还明白些，被他一说弄得更糊涂了"！

肉的部份，经生理学家的解剖，洞见肺肝，有对有证，凡是人类，千篇一律，毫无疑义。黄包车夫打了野鸡（★）要生杨梅疮，国府要人经过了不洁性交，也会传染横痃，下疳，甚至于开天窗（★）。人无论贵贱，肉体的组织都是一样的。

但是，此中也有疑问发生，譬如喝酒，有人灌三五斤下肚，照样面不转色，有人喝了一杯，面皮就会像肺头一样血红，酒量的大小当然是另一问题，好酒量也有一喝就红的。

这样看来，肉体的组织也含有几分神秘性，似乎与体质的强弱不生关系。

人在灵的方面受了刺激，传达到神经系，更影响到血液，就能在面部上表现出来。例如，骤遇意外惊恐，面皮会急得铁青，这大概是面部的血液，好像银钱业之实行紧缩政策，被心脏收回，不再放款，面皮顿时成为贫病现象。又如，旧式小姑娘（摩登小姑娘除外）听人家说起来做媒人，或提起她的小官人，她的面皮就会羞得通红，这是面部充血的现象。

羞恶之心，人皆有之。人类与猢狲不同，即因神经稍受刺激，就能应响到面皮的颜色，但是有一种特制的面皮，喜怒不形于色，就是能用自己的意志，去支配皮色，应红不红，应青为青，他的面皮好像时髦人的衣服，每天能掉换好几种行头，这一类的面皮,上海俗语叫做"掉皮"。

掉者更替交换也,皮就是面部之皮,掉皮朋友的面皮可以翻来覆去,使人捉摸不住。据世俗相传,此类面皮,一面光滑,一面有毛,视环境不同,随意翻覆,故有"反转面皮"之说,其实就是掉皮的注解。

镜花缘小说中有两面国,国人生就两个面孔,前面和善,后面凶恶,掉皮朋友比两面国人更进步,他们能一面两用,一忽儿与人亲善,一忽儿与人强硬,用不着翻身,只要将面皮一掉,即能表现得淋漓尽致。

聊斋志异中有一个判官,能将人的面皮割去,掉换一个新面皮上去。即能化媸为妍,这是名副其实的掉皮,但是判官的掉皮,尚不及上海人掉皮的巧妙,一分钟内能掉出几种面皮的花样出来。

掉皮的相对名词,是为板面孔(★),善面皮者的面孔决不肯将面皮绷得像铁板一样,他们老是对人笑嘻嘻的露出一张讨人欢喜面孔。即使他心里想要你的性命,面孔上仍旧十分客气,教你死也甘心,胸无成府的人,碰碰板面孔,一句话不对,就像猫跳在死人身上般直竖起来,此人就不配称掉皮。

掉皮,有人写作"调皮",则含有调度面皮之意,面皮生在自己头上,这是自由肌肉,应该自己有调度支配之权。胁肩谄笑,是装出来的表情,穷凶极恶,未始不能装腔作调,痛哭流涕,也须备而不用,面皮主有人宜调度有方,因时,因地,因人而施,用得其当,必能收事半功倍之效。

列如,向阔人求差使,宜胁肩谄笑。你如对他穷凶极恶,也许吃了五分头出来。敲竹杠(★)宜乎穷凶极恶,你若对人痛哭流涕,人家会把你当作你叮霸的瘪三(★),凡此皆谓之面皮失调。

在社会上做人,掉皮朋友到处能占便宜,不掉皮人难免吃亏,内地戏院,星期日都要演一场义务戏给军人赏鉴,张冶儿君独能幸免,他在未开幕前,假充看白戏的老乡,混入观中座中,极力宣传附近别家戏院的优点,把自己的戏批评得一文不值,弟兄们便一哄而起,都蜂拥到别家去了,后至的见座中无人,门口又有几位反宣传员,大家都不愿坐定了。第一个星期既无人赏光,以后就不再开演。这就是掉皮的功效,上海人也叫做"活儿大来死"。

掉皮贵乎临机应变,掉得迅速,这与机器一样,宜时时抹油,使掉头的地方十分光滑,始无凝滞之虞,故掉皮朋友未有不滑头(★)者也。

文艺界与电影界,为了生意眼。时常看见他们叫唤转变作风,其实也不过是掉皮而已,别名又叫做"翻门槛"。

一〇一 勿搭界

买地皮房产,定四至,立界石,须请交界的四邻到场,指认界线,以免争执。租房屋搬场,也须分送馒头糕,请附近邻居甜甜嘴,原因就为开始与邻居搭界,为表示亲善起见,当然要买买他们。

两国交界,不免发生许多纠纷,一强一弱,弱者每作砧上肉,一方面让步,一方面脚脚占,让至无不再让,整个国家被人全部吞没,交界消除,两国并作一国,纠纷方告终了,中日交界就是一例。两国势力均敌,纠纷与年俱进,结成世仇,永无息争之日,言语争之不已,故用枪炮竞争,周而复始,好像戏台上的连环开打。德法两国便是榜样。

楼上小孩撒尿,漏湮了楼下嫂嫂的被褥,前房通宵叉麻将,扰得后房先生不能睡觉,亭子间里不见了一只茶杯,

疑心三层搁上的小丫头偷的,为了这种琐事,会引起一场大相骂,在上海滩是常见的事。纠纷的起因,皆为双方太也接近,两家毗连,自易肇生事端。洋房四面脱空,孤零零的矗立,就是实行"勿搭界",以免引起争责。

上海白相社会中有一句俗语,叫做"犯疆界"。阿毛应得权利,阿狗逾越范围去侵占,这就是阿狗犯了阿毛的疆界。从前军阀占据地盘,有"人不犯我,我不犯人"的宣言,大概就是学了上海白相人的规则,大家勿犯疆界。

搭界的冲突,是因日常交接频繁,自然发生的结果。犯疆界是有心侵掠,即使勿搭界的远处朋友,也能仿假途灭虢的方法去侵犯人家,但非强有力者,不肯冒此大不韪也。只见日本兵望中国开来,不见中国兵望东三省开去,此理亦与白相人之犯疆界相同。

上海俗语之勿搭界,不仅作无交界关系而已,进一步解,乃有见面不招呼的意思。

搭界邻居,在上海地方只隔一重薄板,双方不但謦欬相关,就是钻在被窝里咬耳朵谈话,也瞒不过前后房邻舍。搭界即能互相呼应的别名,勿搭架的朋友,虽然面貌熟悉,见了面却并不招呼,有些要好得割头朋友,甚至于是至亲骨肉,一旦闹成僵局,互约勿搭界,觌面相逢也会装像陌路人一般。国际间的勿搭界,就是撤回公使,宣布绝交,上海人的勿搭界,如剪断电话线,暂不通话。

勿搭界,有人以为应作"勿搭架"。无论搭什么架子,至少须有三只脚方能直立,"独柯不成树,独木不成林",独脚也不能搭架,名为唱独脚戏,实际上还是要用一个下手做搭挡,勿搭架,就是勿搭挡,用一句新名词就是"勿合作"。

穷则独善其身,关紧了房门做一个遗世独立,卓越出群的人物。他自认清高,以为不屑与一切人类搭架,实在他是一个被社会遗弃的份子,他的架子太辣,没有人敢与他合作搭架。

我们国内的界限实在分得太清楚了,官有官架,党有党架,以至士农工商无不有架。同一行业的人物,也有大同行小同行之分界,大家都自称大好老,不肯通力合作,不屑与人搭架,而他们自己的架,又都是造屋的竹架,等人家作成了钢骨水泥架,他们的竹架便全部毁弃了。

一〇二 唐娘娘

各地风俗不同,对人称呼,便多讳忌,在甲地是尊称,到了乙地便成侮辱名词,中国各处方言复杂,这种例子多得不胜枚举。

北方人依排行次序,尊人为大爷二爷,上海人对于老二,则在爷之上还须加一个形容字,称为二老爷或二少爷,因二爷在上海是仆从的称呼。到了山东阳谷县去,则又忌讳大爷,逢人须呼二爷方始高兴,因为大爷是三寸丁武大郎,二爷才是力能打虎的武都头。

老太婆三字,无论字面意义,皆无丝毫侮辱的色彩,有许多地方皆以此为老年妇女的尊称,受之者皆笑逐颜开,以为无上尊荣,若在上海地方称女人为太婆,就要瞪出了眼乌珠反诘你道,

"老太婆,吃你的饭吃老的吗?"对于上海女人最妥当的称呼是"小姐",即使遇见八九十岁的老妇人而免不得尊称一句,也应将老太婆之婆字省去,简称一位"老太",或婆字上加些浇头,尊为"好婆",那就不会惹动气了。

上海叫化子称女人为"娘娘太太",往往容易出毛病。我亲眼看见过一次,一个叫化婆向一个二十几岁的女人讨钱,口称"娘娘做做好事"。那女人睁开俏目,大声斥责道,"你将贼眼乌珠张张开,看看明白再叫!"原来这女人还是未出闺门的千金小姐咧,娘娘是有夫之妇,莫怪她要动气。但是叫化子没有透视目光,怎么能够看见她的处女膜,这位小姐也有些猛门!

把小姐认为娘娘,是有处分的,反之,明知她是嫁了七八嫁的娘娘,你故意称她为小姐,她定能表示十二分的欢迎。小姐,好像没有版权的书籍,可

以任人翻印,若为娘娘,则版权所有,限制綦连,销路就不能畅旺了。所以像小林黛玉之类的老妓,都欢迎人家称她为四小姐,而不愿接受少奶奶,或娘娘的尊称。

"娘娘"在戏台上也是极尊重的称谓,皇后或贵妃始获有"娘娘千岁"的资格,民间妇女,如杜十娘、赵五娘、李三娘之类,只限用一娘,不许把两个娘叠在一堆。这倒是有出典的:

娘娘本作为孃孃,母后之称谓,见(小知录)。

(龙川杂志)"仁宗谓刘氏为大娘娘,扬氏为小娘。"后世称皇后为娘娘,以其母仪天下,算是娘上之娘,大有"外婆"之意。

上海地方直接称人为娘娘的颇不多见,叫化子口中呼唤"娘娘太太",尚有几分古意。此外,只有耶稣教堂里的童身姑娘,姓唐的称为唐娘娘姓毛的称为毛娘娘。还有,父亲的姊妹,俗语也称娘娘,但读成去声,称嘷嘷,也许是故意叫别,以免僭越,有做冒牌皇后的嫌疑。舞女与电影明星,未嫁皇帝,先做皇后,行加冕礼好像是"抱牌位做亲"。虽然"担了皇后名义,仍是小姐身份,你如尊称她一声娘娘,她一定大不高兴。"

实际上已做娘娘,因为她有牵丝攀藤(×)的脾气,人家说她一句"娘娘腔",她也不愿接受,男人如有娘娘腔的性格,便是毫无丈夫气的表示,大有被打图书(×)的资格。

上海最著名的娘娘,为北海后裔,大郎先生的同宗,其姓为唐。唐娘娘,大名鼎鼎,比薛大块头更叫得响。

娘娘何以姓唐,已不可考,据我的推想,大概是起源于"堂客",堂唐同音,与杜十娘、伍髭须一样,以讹传讹。

在平津旧式戏园里,都写着"堂客登楼"的字样,当面称妇女为"堂客"。意思等于女宾,堂客皆乐于接受。堂客到了上海,便成一种侮辱女性的名词,你如当面称任何女性为堂客,留心着吃辈□耳光罢。

"一位堂客",在北方的堂客以位数论,到了上海,堂客便以只数计算。"一只堂客,骚形怪状"！这与说她是婊子没有分别。

堂客在上海妇女界大遭讳忌,也许是堂子的左边另倚一个人傍,应是"倘客"。倘客者,倘子里的客人也,若为男子,是为冠冕堂皇的嫖客,女人走进倘子,在风气未开的时代,除了出卖皮肉还有什么呢?

北方的堂客,是登堂入室的贵客,上海的倘客是倘子里的客师,北方谓之窑姐,南方谓之先生,此倘不是那堂,万不能混作一谈。

至于唐娘娘,当然是倽娘娘之讹,意谓这只倽客已经不是小先生(★)了。妓女看见年轻女子穿了裙子,梳了大头,装束得老气一些,就会讥笑人家,"打扮得像唐娘娘实梗一个",唐娘娘又成了中年妇女的别名。

唐娘娘虽从倽客中脱胎出来的名词,因为娘娘之究属比较尊崇,所以唐娘娘也比倽客的语气客气些。

一〇三 害乡邻吃薄粥

"远亲不如近邻",中国一向有这句处世格言。亲眷虽然关系比较密切,但因住得太远,有事缓不济急。远水救不得近火,反而不及左邻右舍的呼应灵便。所谓守望相助,缓急相通,疾病相扶持,这些都是乡邻的义务职。

在乡下地方,五里路内的居民,都能称为邻舍。上海则不然,住在一个石库门里,客堂楼上的嫂嫂,不知道亭子间先生的尊姓大名,实在呒啥希奇。"相违一条巷,如隔万重山",这是上海乡邻的特色,除非开房客聊合会,一条弄堂里的邻居,可以永无见面之日。这还是二房东,如做三房客,更没交接机会了。上海人对于乡邻的观念至为淡薄。

"害乡邻吃薄粥"的俗语,还是上海没有发明弄堂房子以前的古话,现代上海人受乡邻牵累的实不多见。三层楼的房间里捉获了绑票匪,你住在二层楼上可以高枕无忧,旧时的乡邻就没有这样便宜。

从前的地方上出了命案,左右前后的四邻是案中的当然要证,不管他们知情不知情,都要具结交保,甚至于与凶犯一齐拘押在囚牢里。如果出了逆伦或谋反大案,四邻也要连带办罪。"闭门家里坐,祸从天上来",大概就是指此类无妄之灾。

即使不被官司牵累,人家发生了意外,也会教乡邻担惊受怕。我们看戏台上演的武松杀嫂,一定也要请四乡邻到场做见证人,那一顿酒肉却也不太容易下咽。从前乡邻的难做,此为明证。现在上海的乡邻,十三号里全家被人谋杀,可与十二号十四号的住户一概无涉。

从前的消防设备未周,一家失火,至少要带去几家下风的乡邻,后上海邻舍也能放心。起火人家刚冒穿屋顶,救火车已到达门前,还有许多保险的人家,烧去旧的家具,可以教保险公司赔新的,一点不用着急。

"害乡邻吃薄粥",这句俗语甚是奇怪,既然有薄粥可吃,未必受什么大累,何不改作"害乡邻饿肚皮"呢?为了这句俗语,我特地去请教一位前清当过八铺地保的麻皮阿德先生,据他说,"吃薄粥"乃"吃独桌"之讹。

地方上出了重案,四邻都获罪戾,案子未结,先办四邻,征办的方法大半是枷号示众,"吃独桌"就是荷枷的别名,象其形也。

又有一说:人家在吃饭时候,忽然撞来了几位远亲,主人留客吃饭,锅中余粒无几,出外籴米重煮,已缓不济急,乃由家主婆出后门去,向乡邻人家借得几碗饭来飨客,总算敷衍过面子,将客人的肚皮塞饱,但是乡邻人家却因此大受影响,只得将借剩的冷饭连同锅巴,多渗些水下去,煮成一锅薄粥,大家连汤带水的喝着果腹。一碗干饭,能烧四五碗薄粥,吃三碗饭量的人,仍能吃三碗薄粥,只是连放两泡大尿,睡到床上,即觉腹饥,于是乎想起了这一顿薄粥是乡邻害他吃的。

吃独桌与吃薄粥,都是乡邻受害,好处却没有机会得到。"衣锦远乡,夸耀邻里",是在乡邻面前摆威风搭架子(★)。贫而暴富,重换门庭,收买附近房产,要赶乡邻搬场,穷乡邻实得不到什么好处。"害乡邻吃薄粥"系有感而发,"太子太保吏部尚书邻居豆腐铺王婆之灵",虽是笑话,也是一种讽刺,穷人受惠于高邻,只有一座牌位,还须死后方能夸耀。

在阶级社会中生活着,就是与人做邻居,也须财势相去不远,方能相称,此孟母之所以要择邻三迁也。上海租屋与人同居,如不择邻,虽不至于吃独桌,有时候也会遇到麻烦。你如与咸肉(★)小姐同居,半夜里有人走错房间,到你府上来打茶围。如与燕子窠(★)同居,警探来捉时,大煤蟹会爬到你床底下来。

我们的国家,总算拼凑到两家好邻居,东邻是硬爬弟兄(★)北邻是赤老(★),都吃定了我们这蜡烛小开(★)。我们虽忍气吞声,不敢与人家抬硬,但是他们两家总有一天吃抖(★)起来,"鬼相打难为病人",到那时候带累乡邻,只怕薄粥也吃不成功,少不得"看杀头带脱耳朵"咧!

一〇四 熬鸾

（义山杂纂）"煞风景：花间喝道，背山起楼，煮鹤焚琴，清泉濯足"。

鹤虽清高，尚非希世之珍，至于鸾为物，则博物院中陈列的风乾标本亦不能见，实比仙鹤更为名贵。

鸾是什么？初学记云，"雄曰凤，雌曰凰，其雏曰鸑鷟"。谈荟云，"鸾似凤，五彩而多青色"。

凤毛，在中国古代已渺不可得，可见凤凰久已绝种，那里还有什么鸾子孙存留于世？

鸾如此名贵，上海人竟忍心将他架在烈火上煎熬，这个煞风景，岂非比焚琴煮鹤更甚千万倍。

"熬鸾"二字，在上海人嘴里时常会滚进滚出，例如，巧妻看见了拙夫就生气，人家问她夫妻爱情如何？她撅起了嘴答道。"我见了这杀千刀就熬鸾"！

熬鸾就是生气的别名，上海人也叫做"光火"。善于熬鸾的人，多多益善，每扬言于众曰，"鸾被我熬脱一百只"！这就是大发雷霆之怒。

上海城隍庙中虽有不少鸟商人专门贩卖珍禽，然而上海人对于鸾的消费极大，一熬就是一百只，外加零零碎碎的"小熬鸾"与"大熬鸾"，每天不知要耗费几千万只鸾，若精密统计一下，只恐比烟土的销路更大。鸟商人到那里去觅这许多鸾来给上海人熬呢？于是有人说，上海市面大不景气，劝一次大怒，须熬一百只鸾，经济力量不胜担负，为节省物力起见，将熬鸾改为"咬卵"，这好像太不风雅些，教我形诸笔墨，也觉有些太粗俗。雄飞先生道，俗语本是俗物，须写得逼真，始不失体统，欲求细雅,倒不如去谈风花雪月了。

姑以熬鸾为谐音,弃之不谈,为注释真俗语咬卵如下。

以第八只(见前)鸾人,受之者未有不大动其气者也,然而上海人偏爱咬别人之卵,而不嫌秽亵,如此矛盾,岂非笑话?

请人吃第八只,自以为大占便宜,施诸于女姓,表示间接性交,请男子吃第八只,简直想实行同性苟合了。自愿接受第八只者,两相情愿,无话可说,否则即属强奸行为。咬卵也者,为不肯屈服之表示,是欲以武力抵抗第八只的袭来,勇气不下于阿比西尼亚之反抗意大利,这是有面子事。上海人不讳咬别人之卵,等于贞女不讳抵御强奸。

自动咬卵,与被动的咬卵,情形又有不同。上海人爱咬别人之卵,同时又怕别人咬自己之卵,见有人来寻衅咬卵,每思远而避之,教不相干的朋友去做替死鬼,致令来人有"咬卵不着,只好咬泡"之讥。张良博浪一椎,误中副车,是亦咬泡之类也。不过一则有心乱咬,张良是无心咬泡,有这一点小分别。

上海人凡遇到麻烦事,皆能以咬卵为代表。"我交关咬卵",就是十分烦恼之意,"咬卵面孔"就是虎起了脸,再进一步,便能实行板面孔(★)。

凡是软体物,每不易一刀两段,咬卵亦不能直截痛快,故俗语有"咬卵牵筋"之说。这仅是不很高兴的表示,并非十分光火,北平话叫做"撒狸割鸡",上海俗语谓之"叽里咕噜"。

咬卵虽十分粗俗,但在上海却不是绝对下流话,上流社会的绅商仕女,有时候也会嘴里大咬其卵。

一条裤子一根绳的朋友,谓之"光棍",弄得再光棍些,连裤子与绳都一无所有,便剩一个赤裸裸的清白小身体,那时他身无挂碍,不妨横冲直撞,大撒烂痢,等到别人去找他说话,他很坦白的说道,"你们有本领,来咬脱我张卵"!俗语有"性命卵子筋"之说,光棍的答复,若加注解,即为"我一身以外无长物,只有性命一条,要就拿去"!但咬卵的语气,比此凶恶得多。

上海有一班白相人嫂嫂,也爱说光棍话,但因无卵可咬,便想入非非。要教人家生了爬牙齿去啃,这未免太不像官话了。

张三与李四,心存芥蒂,上海人也称咬卵。前天我在电车里听得两人在谈论时局——当然是无稽之谈,我不过借他来说明这句俗语的用途罢了。其言如下:

(甲)"×××为什么留在广东不动身"?

(乙)"大概为了从前的事,还有些咬伊的卵"。

(甲)"他自己钝卵(注)出去的,还咬啥张卵"?

（乙）"现在的事说勿来,中国人真个团结一致,还怕东洋赤老咬卵呢"。

（甲）"中国实行法币政策,矮赤老的卵也一百只一咬"！

（乙）"但是,只能咬在心里,他们也钝勿转卵"！

这两位都是上流社会的人物,嘴里也大咬特咬,可见咬卵在上海滩甚为平常,足登大雅之堂。

（注）赌气的别名。

一〇五 真生活

自从蒋介石先生提倡新生活运动后,全国励精图治,气象一新。在向来不知公共秩序为何物的中国,为了实行新生活运动,走在中国地界的马路上,行动偶一不慎,就会引起公务人员的纠正和指导。

我亲眼得见的新生活,有以下数事:

大热天,黄包车夫袒开了胸脯拉车,走进华界,警察起而纠正,命令车夫将衣钮扣起来。

嘴里含着纸烟在马路上走过,警察不准抽烟,但也不准抛弃在马路,须将燃着的烟屁股藏在袋里。所以一般捉蟋蟀(★)同志在中国地界简直灭绝生活。

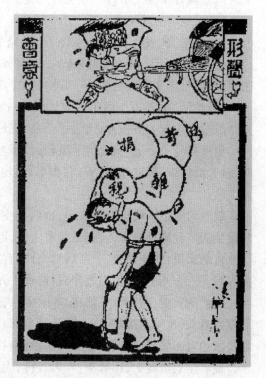

路北行人道上冷清清的,路南则十分拥挤,新生活露天指导员请路北的两三个行路人也挤到路南去,因为要守秩序,大家一律都要靠左边走。

我是难得出门的人,就看见这样三种新生活运动,天天在马路上的跑街先生,获得的新生活知识当然更多。

这几天我常到伯特利医院去探望病人,经过局门路斜土路等处,常见有人在沿路荒地上撅起了白屁股在撒风凉痾,一路上弄得臭气熏天。新生活运动大概止指导人民的衣食行住,撒痾如何撒法?并无规定条例,所以能任人民自由,无须加以纠正。

生活二字,在上海俗语中含义极广,劳动界的手工业出品,皆称生活,工作即称"做生活",北方人叫做"干活儿"。卖力气的人靠做工生产活命,称工作为生活,谁曰不宜。

"吃生活"在上海,为挨打之别名。凡做成功一件生活,必须耗费几许力气,请你吃生活,就是拿你当一件生活看待,在你身上大用力气,人非木石,当然要唤阿唷滑!

"上生活",好像是"上工"的俗称,其实失诸毫厘,谬以千里。上海人口中"上生活",普通皆作性交解释。性交为人类生活之起点,大家不上生活,人类生活即须告一段落,地球的现状也须换一版书看看。

"老生活"代表含有危险的东西。杀猪猡(★)朋友看见老生活,即指手枪,赌钱朋友遇见老生活,即为翻戏(★)。有时候晚辈称长辈而心存厌恶,亦称老生活。三笑弹词中,华文华武两个呆子即称其父为"老生活"。

"真生活"为各项生活中最难忍受之一种。一声真生活,至少须流一身极汗。大路歌曰:"大家一齐流血汗,为了活命,那怕日晒筋骨瘦",描写真生活也。

慈母打爱子一记手心,落手虽轻,孩子哇的哭起来,也是吃生活。偷东西的小贼,被人擒住,一顿皮郎头(★)打得半死,也叫做吃生活,前者是假生活,后者方算真生活。

裁缝司务用一枚小针做衣服,也叫做生活,小工背上压了几百斤东西走路,也叫做生活。裁缝是轻生活,小工是重生活,也可以说是真生活。

富翁家里,婢仆如云,子孙满堂,合家有几十口人吃饭,老官有钱,不算真生活。穷人有了三个儿子,为他们教养成材,费了九牛二虎之力,便觉得真生活。

从前的官吏,翘起了二郎腿,呼吆喝六,坐守渔利,就算是他们的生活。现在做了堂堂县长,也须上操场受训练,清晨起来,须出几身大汗,揩几文油水,地方百姓能要求他宣布帐目,做官也在喊真生活的口号。

商店生意清淡,大用噱头:广告宣传,无所不用其极,忍痛减价,削码现售,生意果然噱来了,但是赚的钱不够支付宣传费,外面好看,内里度的乃真生活。

市面不景气,事事紧缩,大收骨头,人人都过着真生活的日子,上海虽然热闹,巨贾豪商,王孙公子,不知有多少,然而真能过宽舒生活的究有几人?多数阔客,外貌松弛,心里都在唤着真生活的口号。

"棘门灞上,儿戏耳",这好像水牌上的字,一抹即去,真生活的交易,上海俗语称之为"上真帐",到期不还钱,就要步徐琦仲小开的后尘,少不得终有一天唤真生活。

真生活所以别于假生活也,凡任重致远之事,皆须实行真生活,担不起真生活的人,决不能成就大事业,以其骨头太轻,如压真生活上去,就此坍台!

近来上海滩,迎神赛会的风气大盛,其中最吃斗(★)的要算擘香会的几位老弟兄,用一排铜钩子,穿通皮肉,下面吊着几十斤重的铜锡香炉,在路上游行示众。看客见他们咬牙切齿,愁眉哭蹙的经过,都赞欢他们一声真生活。还有许多年轻女子,也狠巴巴的加入臂香,轻巧的吊一只花篮。能熬真生活的,居然也会在嫩皮肤上挂一只十斤重的香炉,谁说女子纤弱,你看她们多么吃斗呵!

　　臂香虽得到真生活的批评,其实是要出风头(★),与生活毫无关系。上海俗语叫做"无苦讨苦吃",一天风头出过,臂膊麻木不仁,须好几天不能做生活,这又叫做"好肉上生疮"。

　　实施新生活运动后,这种真生活的玩艺,各地都有得发现,大概真生活与新生活,同属生活,并行不悖,故能当官游行,无须指导员的纠正。

一○六 熟皂隶打重板子

倡优隶卒，古称贱役，不耻于四民之列。祖父若为倡优隶卒，子孙不准参加考试，永世不得翻身。

倡女出卖皮肉，果然是贱。古之优人，兼充像姑，出堂差侑酒，任客狎弄，纵然扮得像真的女人，也无人送他们博士头衔。卒之所以贱，有两句俗语可为证明，叫做"好铁不打钉，好人不当兵"。隶的地位，竟在轿夫之下，连拉黄包车的都不如。他的阶级是这样定的：

（左传）"士臣皂，皂臣舆，舆臣隶"。

在春秋时代，隶为奴下奴，传至后世，凡役于官署，出司呵殿，入执刑杖侍立者，统称皂隶。皂与隶无所分别，皂成为隶的形容词了。

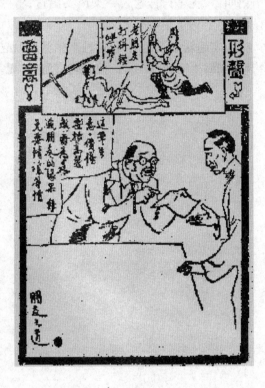

皂，缁也，北京人称黑色为青，皂即青衣，贱者服也，故称婢为青衣。蔡邕有青衣赋，晋时刘聪使怀帝著青衣行酒以示辱，王勃与蜀父老蛮，绿帻青裳，家僮数百，亦以僮仆服青绿也。近代犹有青衣小帽之语，则贵人闲居之时，去冠带而易贱人衣，以图便逸耳。

皂，译以今语，应是"贴身二爷"。隶乃肩旗打伞之瘪三，此中阶级，自有分别。

合皂隶为一，究竟作何装束？上海城隍庙大殿两傍分立左右有八个红脸黑衣偶像，那就是皂隶的标本。如果要看活皂隶，上海城隍庙一年三次出巡的排场中，有现代活人装扮的古代皂隶。其中有两种，一种是帽子傍边插戴大孔雀羽的正身皂隶，一种插戴小孔雀羽，一路上扮鬼脸搭架子的阴皂隶。

古代的行政官兼任司法官，皂隶的职务，一身亦充数役，他是司法警察，承发吏,卫队,行刑吏,包打听……总揽一切衙役人等。

在体刑尚未废止的时代,小百姓被父母官剥下裤子来打屁股,乃是极稀松平常的事。从前新衙门尚未收回,中国人与中国人打官司,也要中西官会审,外国官不愿意看见犯人的臭屁股,在审官司公堂之外,另设一个打屁股公堂,由中国官专司其事。外国官判定了犯人应打屁股几下,排成号码,押到行刑公堂去执行。那位专管打屁股的老爷,如像卖对号入座的戏票,见了犯人,不问情由,拉下就打,打得老爷自己也莫名其妙。

皂隶是汉人的称呼,鞑子进关,此名即废,改称差役。"熟皂隶打重板子"的俗语,可见是一句古话。

裁判权握在老爷手里,皂隶仅司用板子打屁股的职司,老爷命他打一百板,他无权增减,但是板子下得或轻或重,则全权都操在他手里,老爷也无法干涉。

皂隶的打屁股,据说也大有艺术。几百记屁股,声音打得清脆悦耳,犯人丝毫没有觉得痛,三五记打下去,屁股声音并不响亮,却能打得皮开肉绽,犯人脱裤子的时候,据说有暗号递给皂隶的,纳多少代价,打几两重的板子,皂隶手中好像有天秤的。

执板子的皂隶,官俸极薄,全靠屁股上赚些外快。有人与皂隶交了朋友,想在吃屁股时揩油(★),并不暗许皂隶好处,总以为他不好意思落重手。岂知吃屁股人不客气,熟皂隶更不客气,一记记打得落实,比陌生皂隶的手条子更辣。事后,熟皂隶还问吃屁股朋友邀功道,"因为我与你是熟人,板子高高举起,轻轻落下,卖个交情给你"!挨打的人越摸越痛,还不能不领他的情。

俗语"熟皂隶打重板子"是一句比喻的话。普通人的心理,以为托熟朋友买东西或代办事务,看朋友的交情份上,总能比陌生人手里便宜,岂知事实恰巧相反,越是熟人,竹杠(★)越是敲得厉害。

代朋友买卖的人,他也有一种心理,以为熟人如嫌物价太贵,要求多打些折扣,不好意驳回,只得预先将物价抬高些。受主方面以为既是熟朋友,当无开虚价之理,如值付价之后,再请人品评,始知吃亏,实则双方都是误会。

初次挨屁股的人,决不知道板子的轻重,知道熟皂隶的板子打得重,定是吃屁股专家,屁股上早有了板花,此人亦非善良之辈,若非积穷,应是地保,或竟是皂隶的同业,借公济私,以泄私愤。

叮住我们谈亲善的人,就是想打我们重板子的皂隶,世界上的好人,我看在十八世纪早就死光了!

一〇七 老口失撇

"人老珠黄不值钱"!"老而不死是为贼"!

老年人,竖好寿板,筑成生圹,预备等死,谁知阎王将他置之脑后,无常鬼左等不来,右等不到,等得他耳聋眼花,筋疲力竭,看看墓木已拱,他还在世界上牵命。这种老人活着,于己于人,两不方便,还是早些死的痛快。

有人说,老年人身上最可贵的是一双眼睛,所谓老眼无花,见多识价,世事沧桑,尽在他的眼底。我以为不然,盲目的老年人,有眼等于无眼,一张嘴实较眼更重要。

口不能言,虽有阅历,亦属徒然,何况一张嘴除了说话,还须兼任输入食物之职,人若封口,距死不远。故老眼实不及老口值价。

"老口"是一句上海俗语,此日坚硬如铁,说话如珍珠走盘,十分圆滑,面面俱到,又如水银泻地,无孔不入,无远不届。

口齿之老嫩,与年龄毫不相干。八十岁的老太爷,看见了陌生人照样会涨得面红耳赤,期期艾艾,无从措辞。上海的小瘪三,年纪不到十岁,为了"寻口巴"(俗绺)失风,在巡捕房里装成楚楚可怜,说得头头是道,或许被他当场脱梢。故老口者,一半须仗经验丰富,一半也要仰仗他的天才。

上海人称老口为"贼铁嘴",说话当仁不让,白相人原有一句格言,叫做"宁可吃亏铜钱,不肯吃亏闲话"。如果大家都是老口,一时吃斗起来,那就要看"仙人碰仙人"(★),究竟谁的道行深了。

纵有铁证在前,老口非至万不得已,决不肯自承错误。如遇口子稍嫩的人,只要无中生有的请他吃一个"三吓头",则全本西厢记都会背诵出来。

在上海滩做人,非有相当老口不可,否则,不但吃亏,而且常常受人家愚弄。

欲捐一名老口,亦颇非容易,你如对于某种社会毫无经验,而欲冒冲老口,被人听出马脚,知道你非真老口,就会被人讥讽一声"假曲死"。

老口岂但在瘪三社会中值钱,就是在政治活动上也是非常名贵的。无论何种集会场中,口子最老,最能说话的人,选举票必定获得最多。你看,现在的所谓要人,那一个不是口齿老练的演讲大家?

"将军难免阵前亡"。靠"嘴纲"吃饭的老口,然而有时也不免会说错一句两句,被人捉住扳头,弄得他顿口无言,上海俗语,谓之"老口失撇"。

说错了话,做错了事,上海人皆称"失撇",这失撇二字究竟作何解说,一时竟无从考证。

有人说,失撇如骑师之"马失前蹄"无意中从马背上打翻下来,此乃马勿入调,非骑师之过也。所谓言多必败,口子太老的人,滔滔不绝,势若悬河,说出错话,一时收留不住,好像赛跑健将跌了一个筋斗,是为失撇,也许是"失甓"。

失甓,有人以为应作"失匹"。匹是一个象形字。老口说话,理应四面顾到,不许有一些空隙被人攻入,"匹"是整个的"四"字撤去了一垛围墙,露出一个大漏洞,别人就能乘隙而入了,这个解释,好像是拆字先生发明的。

又有人说,"失匹"是宁波话。上等人说话,不许带一句秽语,宁波话以雌性生殖器为"匹",冠冕堂皇的评论理性,因一时气氛,吐出一句"马喜匹"来,即使理由十分充足,也会被人吃瘪。"失匹"就是说他失言说出一句秽亵话。

老口说话,思前想后,顾虑周到,本无失匹之虞,俗语称"老口失匹",是出于意料之外的失言,"智者千虑,必有一失",即此意。

现在上海人口中之失撇,不限定指出言不慎,即行为错误,也称失撇,意思等于下棋的"失着"。老口失撇表示内家也会上当。

(倦游录)宋苗振召试馆职,晏殊曰,君久从仕,必疏笔砚,宜少温习。振曰,岂有三十老娘,而倒绷孩儿者呼?既而试不中选。晏曰,苗君倒绷孩儿矣!

倒绷孩儿的典故,在上海人说来就是老口失撇。

一〇八 搭小铜钱

新发明的铜质辅币,价值最低者为大洋五厘,但市上绝少流行,普通都是以一分辅币为最小数,计值铜元三枚。

一分币与一只铜板的重量相差无几,价值却一倍能抵三倍,将铜元收回重铸,国库顿能充裕。听说现在电车公司的铜元已只进不出,预料三五年中,铜元的命运也要随同有孔钱一齐毁尸灭迹了。

我以为将来的叮吧(★)先生大可以做得,赶到一只猪猡(★),能得大洋一分,比现在猪的身价增高了三倍,生意岂非好做得多?

我以此意为某老瘪三贺,他倒抽一口冷气道,"在铜板不曾出世以前,我们走上阶沿,叫一声'发财老板',人家立刻丢一个光屁钱出来,如果是大白铜钱,我们就找还人家一个光屁钱。人家没有还价,我们公平交易,每月轮流在全城兜转,开消可以照牌头的。铜板出世以后,小钱绝迹,从前十文钱能打发二十个穷人,现在只能打发一个,从前店家柜台上都放一个小藤盘,里面有二三十文,就够开消一天叫化子了,现在都把这项开消废除,就为供给不起我们,如果一只铜板能值三十文,我们更无生路,只怕马路上的叮吧生意,也要大受影响咧"!

从前的有孔钱,并无规定重量,大小更没有一定,一个康熙钱能抵三四个同治小钱,所以一串钱拿出来,只有两头几个大钱,中间小钱居多,穿成一串蜂腰式。

当时也有私铸铜钱,既小且薄,一望而知,不像现在的新角子,几年能用,几年不能用,我也总不明白。俗语称私铸小钱为"光屁钱"或许是"广片钱",也叫做"沙壳子",市面上不能通用,店家却拿来打发叫化子。抵作半文钱。

叫化子上街，身上带着几文沙壳子，用来做找出找进的筹码。如果他每天收入的小钱太多，便穿成小串，提在手中，站在城门口叫卖，自有人用少数大铜钱去收买多数小铜钱。

贪小利的人，收买了乞丐手中的小钱，混杂在大钱中间，成串的使用出去，一钱可当两钱，大概一百文中搀杂五三文，所占的只是一点小便宜，俗语称此为"搭小铜钿"。

搭者，带也。坐航船附带趁去，谓之搭客，自己独包一船即非搭客，有人要求你顺便带至某地，就叫做搭船了。搭小铜钱，表示并非有意混用小钱占便宜，藉此顾全有钱人的身体，即使被人一一剔除出来，他也能要求人家"搭一搭"。

旧时搭小铜钱的风气颇盛，实因市上的沙壳子广片钱太多，据说钱的大小，与朝代的气运有关，清朝的顺治，康熙雍正三种钱，式样一律，白铜精铸，表示全盛时代。乾隆嘉庆钱，小而厚，道光咸丰同治三朝的钱独多光屁，光绪则多沙壳子，国运就一蹶不振了，军阀将倒，轻质铜元充斥市面，致令电车公司大受损失。这许多私铸不知是那里来的，现在也不知到那里去了。听说最近通行的新辅币，流行三五日，市上已发现伪币，只怕将来又要搭小铜钱咧。

掏三文有孔钱出来买一块瓦爿饼，决不好意思搭一个小铜钱进去，这是多里淘成的交易，占利甚微。上海人在说话中杂一两句讨小便宜的俏皮话，俗语也叫做"搭小铜钱"，又叫做"嵌小铜钱"，便宜益发占得天衣无缝。

现在市面上，连刮痧铜钿都觅不到一个，然而搭小铜钱的俗语依然流行甚广，被人在言语中占了便宜去的，往往对人这样说道：

"现在用的都是铜角子，小铜钿搭勿进了"！

这就是表示他已察破你的话中有因。铜元初用时，上海人皆称为铜角子，铜板是小贩叫出来的，铜元局的俗名至今尚称为铜角子厂。

"言中有刺"，此刺即俗语之小铜钿，粗听不觉得什么，细辨滋味，才知道是讥讽。近年流行的幽默文章，无非在文字中嵌几个小铜钱而已。

说话搭小铜钱，有时候比正言谠论的收效更宏，优孟假扮孙叔敖，对楚王说的滑稽话，只搭了一个小铜钱，便将楚王感动。古人搭小铜钱的名言甚多，所谓言者无罪，闻者足戒，现代的时世更变，在报纸上说话，小铜钱都不容易搭，偶而搭用，有人代你剔除出来。

一〇九 假鸦头

"不痴不聋,不作阿家翁"。这是一句很古的俗语,古书引用者颇多,惟小有不同耳。

慎子作"不痴不聋,不能作公"。隋书长孙平传,作"是痴不聋,未堪作大家翁"。南史庾仲文传,作"不痴不聋,不成姑公"。通鉴载唐代宗慰郭子仪语,则作"不痴不聋,不作家翁"。

不痴不聋,并非真痴真聋,只是装成的假痴假聋而已。为阿家翁者,为什么要故意作伪,装成假痴假聋?举故事一则,以作注解。

(唐书)张公艺,九世同居,高宗幸其宅,问睦族之道。公艺请纸笔,书忍字百余以进。

装聋作哑,是处世的秘诀,不但古人如此,现代人还是如此。人须有百忍

精神,不但睦族之道如此,即救国之道也是如此。这就是所谓镇静功夫,教人"多吃饭,少开口",实行忍气吞声,做像四万万个不痴不聋的大家翁风度。姓张的子孙皆善忍,至今犹以"百忍堂"传代。

不痴不聋的态度,心地明白,故装糊涂,好像是弥留时期的痨病鬼,临断气还不致于神智昏迷。这种态度与麻木不仁有异,上海俗语谓之"假痴假呆"。唾面自干,打左颊承以右颊,中外一律,都有这种实行假痴假呆主义的大圣大贤。

假痴假呆,还是一句普通南方俗语,真正道地上海话,则谓之"假雅头",鸦字须读北音,意思就是作伪欺骗,但不是恶意的。

前天邻居女主人送了两碗寿面来,我们问她是谁生辰,没有送礼,怎能吃面?她很谦恭的说道:

"我们是假鸦头,不好算数的。"

这个假鸦头,表示并不郑重其事,只是哄哄孩子的玩艺儿,好像是"斋泥模",这是女主人善于措词,十分谦逊。

上海市举行清洁运动,高级长官都亲临参加洒扫街道,有一位朋友去参观了回来,我问他看见些什么,他用道地上海土白答道:

"几个大老官从汽车上走下来,有人传了几把簇新的竹丝扫帚给他们,他们拿了扫帚假鸦头扫了两扫,拍了两张小照,就假鸦头算数了。"

这是形容大老官并非真的打扫街道,只是拿了扫帚装成扫街的样子罢了。

有上海朋友在首都某机关服务,我问他每天工作些什么,他说道:

"每天早晨八点钟开始办公,大家到办公室中去签到,假鸦头坐几分钟,假鸦头出来撒尿,不必再回进去,一天公事假鸦头就算办完"。

此假鸦头外貌装像规矩面孔,内心却很滑稽,与送寿面太太的假鸦头恰巧相反,与扫街大老官的假鸦头,神态也有不同。卓别灵的滑稽表演,他是一本正经的面孔,观众看他却是全本假鸦头,所以觉得可笑。

鸦头为婢女之俗名,亦称鸦鬟,宋时已有此称。

(宋人异闻杂录)"建康杨二郎,遇一妇人,称为鬼母,遣小鸦鬟出探,又分付鸦鬟为置一室"。

在中国做旧式女人,已觉得十分可怜,鸦头卖身投靠,受主人虐待,为女人中之尤其可怜者,鸦头见人,小心翼翼,唯恐有失,背了人面,却又偷偷摸摸,无所不为,俗语称不甚大方的女子谓之"雅头腔",言其举止行动颇似雅头也。

假雅头者,原非雅头,故意装成雅头腔,做得楚楚可怜的样子。博取人之同情,这是一种极端虚伪的行为。但是在现代社会做人,却不能不装假雅头,否则,就会到处碰壁。

装□了假雅头,可以缓和一切紧张空气。人是感情动物,当感情冲动之际,如猛兽出柙,杀人放火,一切破坏工作皆能优为之,惟遇见了假雅头,则鬼迷张天师(★),有法无使处。棉花能包石头,石头不能包棉花,这叫做柔能克刚。

假雅头之敌对俗语,谓之"上真帐"。假雅头有如水牌上写的字迹,用水一抹,全部消灭;上真帐则白纸上写黑字,千真万确,不可涂抹。

(易林)"委蛇循河"。俗称与人勉强酬应,谓之"虚与委蛇"。

(诗经)"退食自公,委蛇委蛇"。委蛇为从容自得之貌。

两种委蛇情态,皆能用上海俗语"假雅头"三字形容之。

一一〇 长线放远鹞

子曰,"人无远虑,必有近忧"。

我们中国人,惟有富翁始多远虑,穷人吃了早餐没有晚顿,皆抱着"做一天和尚撞一天钟"主义,混一天算两个半天,今天睡下去不知明晨如何,最近的将来尚无法虑及,那里还能虑什么远事?

有了几个钱的人,思想便不相同,自己享了一生清福,还要为子孙打算,并未衰老,便想竖寿板,筑生圹,还寿生,制寿衣,预备走入鬼道,所以古语有"人尚未死,墓木已拱"之说。

中了封建思想之毒,有远虑的人无非为一家一族设计,从来不会顾虑到国家社会的利益,所谓国家大事,就是皇帝一家的私事,一部二十四史,就是二十四朝的家谱。

考虑周密,目光远大,上海俗语谓之"长线放远鹞"。

放鹞子,在我们幼年时代,是一种极盛的春季游戏,不过从事于此者,皆属十几岁的儿童居多,放鹞子的成年人,不是纨绔子弟,就是游手好闲之徒,每借放鹞子为斗狠劲的媒介,洁身自爱的朋友,都不屑作此游戏。近来经褚民谊先生的提倡,京沪各地皆举行风筝比赛,放鹞子便成为一种艺术竞赛,拖鼻涕孩子的放鹞子权,在都市中,好像已被剥夺了。

欲求鹞子放得高,在我们理想中总以为线越长越好,其实鹞子的高度与线长无关,长线仅能放远鹞,因为风的力量,都是按着东西南北的方向横吹的,地面上不能生风,作青云直上的姿势望天空直吹,所以地球上只有四面八方的风,欲求中风,惟有到麻将牌中去寻,所以鹞子的高低,与线的长度无多关系,长线仅能放远鹞,不能放高鹞。此与钱多的人只能做富翁,不能做高官的理由一样。

苏俄的五年计划,长线放远鹞也,日本的大陆政策,长线放远鹞也,中国的不抵抗主义,据说也是长线放远鹞。

"今朝有酒今朝醉",这是乐天派的人生观,他们是反对放鹞子的,上海俗语叫做"门角落里撒矢,不图天亮"。

放鹞子,有时候拿了长线也不能放远,上海俗语叫做"床底下放鹞子",天高只有八成帐。

若无长线,即不能放远鹞,勉强而行之,除非是"鹞子断线"。这也是上海俗语,意即失望。断线鹞子当然放得更远,可惜鹞子已不是你的了。

"行得春风,始有夏雨"。自春徂夏,相隔三月,鹞线不能不算得长,然而君子报仇三年,鹞子之线比较更长。

上海流氓吃了人家亏,暂时无力报复,他有两句解嘲的俗语道,"今天让他收头会,明天我能收二会",这也是长线放远鹞,就怕收二会的明天无限制的延期,如遇一场大雨,鹞肉剩落,只剩几根鹞骨头,纵不断线,鹞子也会沉没得无影无踪,我们贵中国的事体,往往如此,起先说得天花乱坠,结果是阴干大吉,又叫做"蒲鞋出髭须",一场无结果(★)。

外国人到中国来经商,皆抱长线放远鹞主义,他们把商品运到中国来,起初是忍痛减价,蚀本倾销,引诱我们购买,与他们经营同样货品的华商,因资本不及他们雄厚,竞争不过他们,被外商排挤得不能立足,只得关门停业。外商独霸市场,便将货价任意操纵,比中国货更贵几倍,因为这是日用必需品,大家也只得忍痛购买,等到想起中国货,市上却早已绝迹了。

戏院案目,赚的外快甚多,但有时候也做蚀本生意,在客人身上花了一元本钱,主顾只开消八角,懂得生意眼的案目,决不与人计较,下次那客人再来照顾他的生意,也许开消他五元。他们也叫做长线放远鹞。

善做生意的店家,决不肯为了三五个铜元与人斤斤较量,宁可让买客占一些小便宜去,买客对此店铺有了好感,将来自会有大票生意上门,从前他得去的一点小便宜,能加十倍偿还店中。譬如放鹞子,线头抓在你手中,任凭鹞子放得多远,总有一天收转的。这叫做"屁股里吃人参,后补"。所怕的就是店伙对人穷凶极恶,买客印象恶劣,那就要鹞子断线咧。

放鹞子(★)除另有特种解释已见本书前集外,还有几句上海俗语都是关于放鹞子的:

"乌龙放板鹞"。板鹞是四方形的,制作最为简单,下面拖了三根尾巴,放在天空,很像乌龟。板鹞,小孩子放的居多,这是一种讥讽的话。但是,乡下人放的大板鹞,也有比板门更大的,吹的风力极大,那就不是小孩子所能胜任了。

"清明放断鹞"。有一种迷信朋友,每年必须故意放一只断线鹞子,以为可以放掉晦气的,是为放断鹞。放的时期皆在清明时节,因为这时候日暖风和,最宜作这种游戏。有人说,交了夏季,风势向下,鹞子就放不高,我却有些不很相信,几时总想试验一次。

上海人口密集,高墩削平,空场减少,电线杆到处高矗,事实上已无放鹞子的余地,故放鹞子的风气已经大衰了。

夹忙头里胖牵筋

上海俗语,猪肘叫做"蹄胖",胖字读做 Pawn 音,去声。这个胖字犹能解释,因猪肉很肥,蹄胖是肥胖的蹄子。

但是,人类的腿,上海俗语也称"脚胖",大腿谓之"大胖",小腿谓之"小胖",不一定肥人的腿,即使男如老枪(★),女如烧鸭壳子(★),瘦点细如描花笔管,亦一律通称曰"胖"。

"心广体胖"之胖字,应读"叛"音,肥胖之胖,俗音亦读作"判",断不能读成到娘舅家(★)去的 Pawn 音。为了此字,请教了几位老先生,都说写勿出。

上海俗语,称肥胖亦称 Pawn,大家都写作胖字,肥人亦称胖浮尸(★),这个胖字对于发音仍未妥帖,正确的胖字,从肉从半,应作"胖",发音近蚌,方是形容肥胖的正式上海俗语。

胖者肥也,对于腿的上海俗字仍无法解决,无已,惟有借胖字来一代,写大腿为"大胖",小腿为"小胖",究竟这胖字须如何写法?还待高明指教!有人说,不妨写作"膀"字,称臂为手膀,腿为脚膀,但是上海话仅说一个膀字,便能代表全腿,似亦未妥。

"胖牵筋",就是代表腿部牵筋,这句俗语照例不必声明脚膀,听的人也不会缠夹到臂膊上去。"膀子"不声明手膀,亦不致误会为腿。故膀字仅能作臂字的代表,而不能代表腿。

胖牵筋,北语谓之抽筋,文言叫作抽搐,腿部受寒,筋肉暴缩,神经失却常态,便发生一种剧痛,那时双腿即不能动弹,宜用绵被包裹,使痛处温暖,几分钟后即能止痛,若在痛时,双腿乱动,或任意伸屈,则痛必加剧,北京俗语的"蹩扭",大概就是上海人的胖牵筋。

胖牵筋是突如其来的剧痛,事前毫无朕兆,故无可预防。我们发生了胖牵筋后,就成了一个半死人,除了嘴里啧啧呢呢的呼狗以外,全身都无自主能力,一切活动暂告停止,变成一个疯瘫汉。这好像青天白日来一个霹雳,将人震得半死。

我们正在工作得手忙脚乱的时候,忽然脚胖大牵其筋,使全部工作一齐停顿,上海俗语谓之"夹忙头里胖牵筋",这是一种天外飞来的恶作剧,"夹忙头里"即"百忙中"之意外遭遇。

(说苑)"宓子贱为单父宰,请借善书者,至单父,使书,从傍引其肘,书丑,则怒之。书者归,以告鲁君。鲁君曰,子贱惧吾扰之,命有司毋得擅征发单父"。后世以使人作事而阻挠之,喻为"掣肘"。

夹忙头里胖牵筋,乃临时发生的掣肘,一切工作,无法进行,只得宣布罢工,虽为时极暂,受的痛苦却也不小。

例如,乘自备汽车作长途旅行,驰至荒僻地点,忽然机件损坏,汽车抛锚,前不靠村,后不巴店,既无加油站,又不通电话,弄得十分狼狈,受许多意外损失,这是夹忙头里胖牵筋。

又如,搓麻将正拿到一副大牌,已经等张,忽然电灯公司出毛病,满室漆黑,无法继续,这也是夹忙头里胖牵筋。

我们的国家大事,也会常常发生夹忙头里胖牵筋的障碍,全国精神团结,同赴国难,国民听得好消息,大家都很兴奋,忽然来一个警报,说是甲大亨与乙大亨之间突生裂痕,不免"窠里反",大家"乱叹气"。

五全大会,汪院长突遭狙击,这是真正的夹忙头里胖牵筋。

一一二 老蔬菜

中国是著名的老大国,我们所能夸耀于世界万国者,只是四千余年的历史,中国人爱做老大,爱自称大老官,这是中国人倚老卖老的特别脾气。上海也是中国的一个部分,上海人也不跳出老的圈子,故上海地方独多老三老四的朋友。

不必是六七十岁的老太爷,乳臭未干的小孩子,也会"卖老三千",大概卖老的种类与"卖洋"一样,也有三千种不同的典型。

老年人卖老,说一句话就能顶住毛头小伙子的嘴,"我的饭也比你们多吃几碗,难道识见还不如你们吗"?这是一句卖老的挡箭盾牌,其实无异表示自己是一只"老饭桶"!

老态龙钟的人,我们认为祥瑞,活满了六七十岁,虽然吃的是自己的饭,却能大发请柬,请许多不相干的人来吃喝,活满了九十岁以上,又能请皇帝褒奖,建造什么百岁坊,即可留芳千古。

事实上,中国人也不一定尊崇老人,孔老夫子就说过"老而不死是为贼"!近代圣人好像也说过,"欲使中国强盛,须把四十岁以上的老年人全体枪毙"!

老三老四的上海人,须老到什么程度方称合格,上海人曾为审查资格,定有限制,据说须要"老得烧勿酥"。

生铁虽硬,入炉即化,石头虽硬,入窑变灰,坚如铁石,尚不能经烈火的燃烧,可见得世界上烧勿酥的物质,确属甚少,人老得烧勿酥,怎能不算人中之宝。

老而易酥,就不算希奇。上海俗语有所谓"酥老码子"者,乃贼之别名,酥者,酥桃子(★)之简称也。贼的口嘴虽老,但经不起精皮肤一顿抽,贼骨头要酥了;并且打小贼例无反抗,人人能送几记冷拳,一打就酥,故曰"酥老"。

老当益壮,即不酥之谓。一老即酥,上海俗语谓之"老酥菜",凡是有两撇胡子的上海老人,都不愿接受此尊称,因为这是一种侮辱老人的名号。

老酥菜,通常皆写作"老蔬菜"。蔬菜宜食时鲜,上海作场工人,夏季饭菜,以苋菜为主要品,以其老而且贱也,但在立夏日,苋菜初上市时,纵然价昂,亦须备此一味,以作点缀,则以后的苋菜即使变成老蔬菜,工人食时亦无怨言。老蔬菜即老厌物,因天天食此老菜,难免生厌,因以老蔬菜代表遭人厌弃之老人,是亦言之成理。

如此解释,我以为太也率直。据我的偏见,老蔬菜应作"老酥铲"。既老且酥,是形容词,铲为名词。

铲者,"铲头"之简称也。何谓铲头?上海俗语,称辱骂为"铲"。铲是连根铲除,含有掘人祖坟之意,是很恶毒的骂。凡受人大铲特铲,而自己并无回铲能力者,是为铲头。

唾面自干的人,在数千年的中国历史中,也只有个把。凡人不是十分理屈,决不肯无端受人辱骂而绝无反响,除非是哑巴。惟有巡捕对于黄包车夫,则可任意乱铲,车夫即使吃了熊心豹胆,亦无还铲半句的勇气,故黄包车夫为上海之标准铲头。

铲头即挨骂份子,又像是靶子场中的靶子,只有挨打的份儿,永无回打人的机会。阿比西尼亚虽是小国,但他们宁为玉碎,不愿瓦全,明知不敌意大利,居然也敢拼命反抗,故阿王不算铲头,惟有畏首畏尾,永无抵抗勇气的人,才是真铲头。

老者,去死不远,酥者,如一团泥浆,都不是好名词,有此两种特性,已是一个活现的弱种,外加他还是一位十足铲头,老酥铲宜乎其不足挂齿。

老酥铲,老酥铲,越看越像我们的老大国了!

一一三 打杀老婆

白相人嫂嫂尝为丈夫订定界说曰："男子娶妻,只能在十尺以内行使其职权,出了十尺以外,妻子能绝对自由,男子即无权利干涉其行动。十尺为丈,故曰丈夫。"

丈夫的俗语,谓之老公,他的相对名词,谓之老婆。

照规矩,公是丈夫的父亲之尊称,婆乃儿子的祖母大人之尊衔,公婆之上再加了老字的尊号,应比公婆更尊。然而社会上的老公老婆,却变作丈夫与妻子的俗名,这真是莫名其妙的称呼。

俗语"十三岁做娘,天下通行"。十三岁的女孩子,还是一个黄毛丫头,嫁了老公,养过儿子,她就是一位当然老婆。一般社会决不能原谅她年龄幼稚,因而削码,减称她一声"小婆"或"少婆"。

有人说,六十岁不嫁丈夫的处女,虽然年老,依旧是一位小姐,听见人家谈论男女问题,她也会脸泛红晕。嫁过丈夫的女子,纵然年轻,面皮就会变得大老特老起来。一旦养了儿子,在大庭广众之下,也会将叉袋奶拉出来塞到儿子嘴里去,并不觉得坍台(★)。老婆之老,乃是象征妇女的面皮。既为人妻,不免要养儿子,将来儿子成婚,就有做婆太太的希望,老婆之老,含有善颂善祷之意。秀才是宰相的根苗,妻子是阿婆的起点,两种人物的性质虽异,意义是一样的。

女人都是小姐出身,一朝嫁了男人,就立刻升做老婆,老小之间,变化极速,连头搭尾,只有几个钟头,既升老婆之后,决不像官场的浮沉,降级再做小姐,但是上

上海俗语图说续集 | 283

海滩的情形特异,尽有事实上做过多数人的老婆,仍不肯放弃小姐的名义。小姐与老婆皆无特别标识,扑朔迷离,教人缠不清楚,称呼甚为困难。若欲保险不吃耳光,见了女人总以称呼小姐为是,即使误称有夫之妇为小姐,亦不以为忤,因小姐头衔好像是一张召租,纵然不能让你独家占据一幢房屋,还能设法腾一间阁楼出来给你居住。许多小老婆欢迎别人叫她们三小姐四小姐,大概就是这种心理吧?

中国的旧式婚姻是绝对买卖式的。男娶女,女嫁男,都像购买航空奖券,失望是当然的,偶然得着合符理想的配偶,那是出乎意料之外的奇遇。是以旧式婚姻,怨偶占大多数。

中国旧习,颇奖励人民纳妾。九美团圆,三妻四妾,都播成佳话,听得人人馋涎欲滴。最可怜的是妇女,嫁了一个不如意的郎君,"一朵鲜花插在牛屎上",终身幸福便葬送在这堆牛屎当中,不许唤半句冤枉。

人心都是肉做的,妇女嫁了惹动气的丈夫,在场面头子上被旧礼教所缚束,不敢公然暴露丈夫的短处,但是到了自己的房里,关紧了房门,她就能露出反抗的表示,拒绝那讨厌丈夫的爱。

"买得到奴的身,买不到奴的心"!柔顺的老婆会用这两句俗语来安慰自己,能闭紧了眼睛任人蹂躏,如果遇到性情倔强的老婆,为丈夫的就不很容易打发了。娶老婆究竟与打野鸡(★)有别,郎才女貌的配偶,日子过得厌烦了,尚且要闹得天翻地覆,何况是天生的怨偶?

聪明的丈夫,能用柔怀的政策,使得老婆心悦诚服,怨偶也能变成佳偶。笨拙的丈夫,遇到强硬的老婆,一个儿要想一厢情愿的亲善,一个儿誓死顽抗到底,"钉头碰着铁头",硬碰硬的冲突起来,弄得笨拙丈夫的虚火上升,但求达到泄欲目的,不顾一切利害,三拳两足,将老婆打杀。老婆断了气,四肢不能动弹,当然没有抵抗能力,她的丈夫就能为所欲为了。

"打杀老婆操死皮",这是很平常的上海俗语,形容人们的愚笨,实则世间那有此事,岂有此理?杀妻的惨剧,古今来果然见得很多,但是打杀老婆的动机,决不能为了希望"操死皮"!

古代没有野鸡咸肉(★),娶了老婆无法解除性的烦闷,也许有会打杀老婆的笨人,但在现代上海,女人俯拾即是,纵有笨人,亦不肯与老婆穷凶极恶的闹出人命关天的风流惨案。

教他望东,不会望西,教他坐着,不会站起,禁止他说话,不敢放屁,像算盘珠一般,拨一拨动一动,丝毫不会临机应变,这种机械式的人,上海俗语谓之"一点一划",做起事来就叫做"打杀老婆操死皮",上海人称他为"老实头",也就是饭桶的别名。

（史记）"王以名使括，若胶柱而鼓瑟耳"。瑟上的柱，别名雁足，原能自由移动，以调弦声之缓急高低，若胶柱而鼓瑟，就成为"打杀老婆"了，以此喻泥拘不化的人。

（吕氏春秋）"楚人有涉江者，其剑自舟中坠于水，遽刻其舟，曰，是吾剑所从坠也。舟止，从其所刻处，入水求之。舟已行矣，而剑不行，求剑若此，不亦惑乎"？刻舟求剑，天下原无如此固执的笨汉。此与打杀老婆一样，同是寓言。

一一四 新死亡人

请仙人（★），亦称"关亡"，亡字不读本音，与上海土著说做梦之梦同音，读成网去声。上海人问候亲友，每曰"望望侬"，此望字亦与亡人之亡同音。

人死为鬼，人与鬼之区别，乃人以躯壳为主体，鬼以灵魂为主体。世间尽有没灵魂的躯壳，我们仍不能不承认他们是人。鬼就是脱离躯壳后的灵魂。灵魂是形体上的东西，无影无踪，不可捉摸，所以鬼也是抽象的名词。

关亡婆称鬼魂为"亡人"，实属不通。夫人既脱离人籍而登鬼箓，即不成其为人，何能再妄自称人？此与女人骂人为"死鬼"一样不合逻辑，鬼籍究竟不是什么共产党籍，写一纸悔过书，或登两行广告，就能随便脱离的。不过，亡人虽是不合理的称呼，只是大家都称鬼魂为亡人，我也只得从俗。

据常到黄泉路上去游历的和尚道士与一切巫觋说，亡人脱离了肉体以后，须赴本境的城隍土地东岳等庙报到，这些庙宇在阴间，好比人间的各级公安局，经过几度侦查，始会集众鬼押解到十殿阎罗处去受最后裁判。

亡人到了黄泉，好像是从前的一艘民营货船，到处都有厘金卡子，经过一番搜检手续。活人看见了街头巷尾的冷庙，并不放在心上，人死以后，才知这些泥塑木雕都是阴曹的卡子，他们都是要靠亡人身上捞锡箔灰（★）的。

活人安分守己，所以终生不见官吏，人死以后，即成为当然囚犯，每过一庙，须受若干时日的留难，鬼为讼累，那有闲身？即使活在人世，享尽人间清闲之福的在野大亨，死后也成忙鬼，故上海俗语把忙得走头无路的活人，比作"新死亡人"。

活人打官司，不谙诉讼手续，有律师可为指导，阴世只有执行吏式的无常鬼，与包打听式的阴皂隶，阴间秀才倒听得人家说过，未闻有阴间律师也。故亡人初到阴间，茫无头绪，不知到那里去听审是好。故新死亡人又能比作没有目的的忙乱，情景与"掐掉头的苍蝇"相仿。

上海的亡人，据说断气以后，第一个应该押解报到的鬼署为钦赐仰殿，该殿远在浦东，距烂泥渡有五里之遥，还须渡过一道宽阔的黄浦，往来至为跋涉，故上海的新死亡人，比别处更忙。

据关亡婆说，欲关亡人，至早须在断七以后。新死亡人，忽而钦赐仰殿，忽而城隍庙，忽而广福寺，忽而关帝庙，身受阴法拘束，势虽潜逃出来帮关亡婆的忙，足证新死亡人的确很忙。

上海风俗，人死以后，每逢亡期，死者家属例须身穿重孝，到各庙去焚香礼拜，谓之"烧七香"。这好像是活人吃了官司，家属应至衙门打点，阴间究比阳世坦白，官吏贪贿赂也明目张胆，不像人间世的偷偷摸摸塞狗洞。不过还有一事弄不明白，烧过七香之后，还要到陈列棺材的殡舍中去请死人吃一顿酒饭，新死亡人究竟在那里呢？我看只有死人肚里明白。

（大学）"舅犯曰，亡人无以为宝，仁亲以为宝"。晋公子重耳，被迫出亡，周游列国，自称亡人，这是新鲜活亡人。亡人不幸得了急病，客死旅途，不能寿终正寝，如在举目无亲的异乡客地，身无余资，衣衾棺木，毫无着落，为他料理后事的朋友，也会慌得手忙足乱，目定口呆，以此形容上海俗语的新死亡人，亦颇恰当。

或云，亡人应作盲人，"盲人骑瞎马，夜半临深池"上海俗语亦称，"瞎乱撞"。盲人活着已无目的可循，死后当然更无秩序。

中国人过惯家庭生活，不很注意公共秩序，我们偶而出门，在轮船火车或长途汽车上，时常会发现许死新死亡人。

上海租界为特别区域，内地发生战事特别区内仍能安如磐石，那时就有盈千累万的新死亡人在租界马路上骚动，去年冬季好像也闹过这样一出活把戏。

活人死后变为亡人，这是一种虚无缥缈的玄学，玄学与科学是势不两立的东西。最新组织的工厂商店，有所谓科学管理法，就是要打倒新死亡人，使活人按步就班的工作。

一一五 马驴子

上海瘪三社会称和尚为"马驴子"。

(阅耕余录)"今人骂僧,辄云贼秃。按梁笋济表云,朝夕敬妖怪之胡鬼,曲躬供贪淫之贼秃。则此语自六朝时已有之"。

尊和尚为贼秃,此骂甚古,所谓始于六朝者,仅见于笔记耳,口语之传流,自必更古。或许与我佛如来同时传入中土,中国发现光头和尚后,贼秃尊号即随之俱来。

元曲与宋元人所著小说中,尝见詈僧人为"秃驴",这是进一阶段的骂法,"贼"还是人做的,"驴"便堕入畜生道了。

驴之所以异于马者,长耳固属第一特征,其次即为鬃毛。马鬃若不剪除,颈脊上尽是长毛,两耳之间,覆额蓬松,

有如时髦女郎之有前刘海。长耳公则鬃毛甚短,面前且无覆额之刘海,望之有如小癞痢,故以此比作大法师之光头,因曰"秃驴"。

上海人称比丘僧为马驴子,大概亦根据秃驴而来。然而驴字之上,又加一个马的尊姓,这是什么缘故?

上海俗音,呼驴为"狸子",呼骡为"逻子",故马驴子系"马骡子"之讹。

(汉书)"龟兹王数来朝贺,乐汉衣服制度,归其国,治宫室,作徼道周卫,出入传呼,撞钟鼓,如汉家仪。外国胡人皆曰,驴非驴,马非马,若龟兹王所谓骡也"。

(宋琐语)"宋书张畅传,又骡驴骆驼是北国所出,今遗送。按骡驴一兽之名,俗谓之四不相,其形似骡非骡,似驴非驴也,故以名焉"。

上海的马骡子,或指骡驴而言,亦即四不相也。中国不乏高僧,但在上海恐怕

寻大不出，因为上海是繁华世界，很像一具热燃的洪炉，道行极高的人，投入此中，也会被烈火炼成烂泥一团。上海的野鸡拉客，有如蚊虫吸血，决不因为客人吃素而放弃她们的权利。上海马路并不是什么深田巨壑，遇有女人上来诱惑，和尚也不会疑心她们是佛法幻化的魔鬼来试他们的心，不妨放胆尝试，免得非法出精。因此上海和尚能严守贞操者，颇不多见。

我有一个乩坛上的朋友，坛上常做佛事，与和尚颇有联络。据他告诉我说，住在上海弄堂里的和尚，几乎没有不弄女人的，住在小客栈里的和尚，几乎没有不抽雅片烟的。多数和尚除了做佛事，或到施主人家去开条斧以外，平时非万不得已都不肯穿僧衣。他们穿了僧衣，便似演员登台，就成一副正经孔面，他们的私生活与俗家人并不两样，家里照样阿大阿二养了一群小和尚。

本来，和尚与我们一样，同是须眉丈夫，除却头上烫几个香洞以外，并无别种特殊区别，不比前清时代，男人还须拖一条辫子，现代俗家人剃光头的也并不为奇，况且无论冬夏，头上都能顶一只帽子，把香洞也能掩护过去，时髦和尚更有穿西装的，那就越发漂亮了。

上海马骡子，即北国所产之骡驴，也即是非驴非马的四不相，言其非僧非俗，亦僧亦俗，似出家非出家的跨党份子。上海又有一句俗语，叫做"僧勿僧，道勿道，"堪为马骡子作注解。

亦有人说，马骡子的正字应作"马路子"。因为上海的和尚虽多，住在寺院里的却居少数，他们有的住在亭子间里，有的住在燕子窠里，有的住在小客栈里，都逃不出马路的范围。他们的做和尚并不想修行成佛，乃是以念经为职业，遇到死人众多日，生意大忙的日期，非但香伙能冒冲和尚，就是烟馆伙计也能拉来摆样子，这与小堂鸣军乐队一样，临时拉几个阿毛阿狗，穿一套制服，都能混在里面冲"像大"。最容易做的和尚，是披了袈裟在马路上送出丧，只要摆样，不必念经，比军乐队的像大更容易做。所以称和尚为马路子者，讥其仅能于大出丧时在马路上游街示众也。

又有人说，马驴子应作"木驴子"。有枝叶者为树，树秃为木，木驴即秃驴。

（涅般经）"出家人破毁禁戒，名秃居士，因饥饿而出家者，谓之秃人"。

（通鉴）"齐之萧鸾殂，太子宝卷立。大中大夫羊阐人临，无发，俯仰帻脱。宝卷辍哭大笑，谓左右曰，秃鹫啼来乎"。

俗家人称和尚为秃，和尚亦不自讳言，秃驴秃鹫，同是一秃，译成上海俗语，即为木驴子。

一一六 勿入调

上海俗语形容人之动态，共计有二十七种不同的式样，有的叫做"腔"，有的叫做"调"，腔有九种，调则倍之，谓之"九腔十八调"。

九腔十八调，如欲一一举名以实之，则人人各异其说，大概失传的居多，现在社会所公认的，腔则有"油腔"、"贼腔"、"虫腔"、"教化腔"、"娘娘腔"等几种，调则失传尤夥，凭余记忆力所及，仅存"滑调"、"胡调"、"老调"、"绍兴高调"、"勿入调"等四五调而已，斯亦古物，竟无有力者为之收藏保存，而坐令丧失于不知不觉之中，人心不古，大堪浩叹！

九腔十八调，隶于调门下的子目尤多，据说有"七更八十调"之众，传至今日，十八调的名称考据为难，欲搜集浩如烟海之八十调，更渺不可得咧。

我们且舍弃各种五花八门的腔调，单提出一种"勿入调"，来研究一下。

音乐家按的是F调歌谱，拔直了嗓门唱的乃是C调，胡琴拉的是正工调，伶工唱的乃是爬字调，我们听在耳朵里，都像骨鲠在喉一样难过。吃开口饭的专门术语，皆称此为"勿入调"。

勿入调的歌唱，内行听了果然不堪入耳，就是像我这样不懂音乐的人，听在耳中，也觉得有些"另有一张弓"。

调者，调也。"风调雨顺"，因时制宜，不使有反常的急风暴雨，四金刚弹琵琶，用以象征"调"，就是请风伯风姨不要勿入调。

（贾谊新书）"是故五声宫商角徵羽，倡和相应调而和"，乐律曰调，即取调和之意，使歌喉与乐器，相应而调和，此之谓入调，否则，就是勿入调。

上海的勿失那朋友很多,上海能歌唱入调的人却并不多见。拿上海的票房与新兴的歌唱社合并计算在内,如与各种勿入调机关,如咸肉庄活春宫等类相较,人数之多寡相差甚远。故上海人的勿入调,非专指歌唱而言,此语另有别解。

"大车无輗,小车无軏,其可以行之哉?"古代虽无车学,古人却早已发明行车须有持衡之道,古圣人以行车入轨比作人生的行为,到了上海人口中,便比作歌唱的"入调"。勿入调就是行车出轨,都是容易出毛病的事情。

怎么做勿入调?举数例以明之。

朋友交际,礼上往来,客气些的,请人喝酒,飨以盛肴,不客气的,敬以清茶一盏,香烟一支。勿入调朋友,便会努力劝朋友香一筒鸦片烟。更有勿入调的瘪三,竟会请人吃粪,他们叫做摆堆老(★)。

父兄拿出血汗金钱,命子弟出去求学,子弟不肯潜心学问,好像低音艺人,唱的虽是爬字调,总算还唱在弦内。如果将学费移充跳舞经费,赌博资本,那就唱得勿入调了。

男女交际公开,双方都在轨道上活动,这是很正当的。如果一见钟情,就想手搀手去开房间,那就是勿入调了,上海的勿入调,以男女问题占绝对多数,故勿入调又能代表性交,即使是花烛夫妻的琴瑟调和,也能说他们是勿入调。

梅龙镇的正德帝,双手将与李凤姐接触,就会把当中指头翘起来想搔李凤姐的手心,这就是表示皇帝的勿入调。现代男女交际,通行握手礼,有人能于握手时暗递消息,此亦勿入调朋友也。

凡事脱离了正常状态,皆能列入勿入调之类。东洋人是最著名的勿失调人种,他们嘴里尽管唱着仕字高调,琴弦却都永远定在爬字调上,最近华北的走私问题,就是勿入调之一种。

勿入调,一名"勿入味"。入调是听觉得着快感,入味是味觉得着快感,反之,即为勿入调与勿入味,都是使人不开心的东西。

正当事业,到了滑头麻子手里,也会弄得一塌糊涂(★)。鲜美的菜肴,到了蹩脚厨子手里,也会烧得淡而无味,宁式菜中之花生底煮白鹅,开水清炖鲜黄鱼,即使给禁食盐的臌胀病患者吃了,也无危险发生,以其淡而无味也。现代厨司,对于和合粉,味精,味素等调味品,已视为必需物,就是怕烹调勿失味。这种调味品是东洋人首先发明的,菜中加此,果蔬奇鲜,然而失却了菜的真味,食之有损无益,多吃且使喉燥口渴。毛子坚先生在杭州菜馆吃饭,亲入厨房监视厨司不准加味之素,可见其痛恨此物。据说东洋人发明味之素,就是为了要掩饰他们的勿入味。

(礼记)"乐正崇四术,立四教,顺诗书礼乐以教士"。

周官设大乐正，使掌大学，为乐官之长，掌小学者为小乐正。士将出学，小胥大胥小乐正，简不率教者，以告大乐正。古代以礼乐治国，乐有专司，大乐正如现代之乐部总长，可见重视。古政治家所以要教人民习乐，就是教他们不许勿入调。

蒋委员长的发明新生活运动，教我们守秩序，过纪律化的生活，也就是教大家不许勿入调。

新生活教人卫生，不许随便吐痰溲溺，假使有人走在路上，踏到一堆烂屙，弄龌龊了一双新鞋子，他就要骂太平山门道，"这是谁撒的烂屙？太勿入调！"可是勿入调，就是生活不上轨道，也就是违反新生活运动。

朋友们，请大家入调些罢，以后少撒烂屙！不要以为少数人的勿入调无关大局，请听多数人合唱的和声歌曲，一个人唱得勿入调，不但可以破坏全体的和谐，还能连累耳朵馋的朋友唱得黄腔走板勿入调咧。

一一七 热 昏

今年的夏季,好像是时髦人赴宴会,故意姗姗来迟。时至六月,我的一件破旧大衣犹舍不得卸下,苍天愦愦,看来把气候也忘记了。

像这样不冷不热,实在是最适的天气,但因长期如此,便觉得日子过得太也平凡,时常盼望热天早些到来。实则酷暑当真的加到我们身上,大家又要抱怨太阳太凶了。人心都是喜新厌故的,老是这样阴阳怪气(★)的天气,时髦人没有翻行头的机会,也会怨声载道,神仙境界,四时常春,上海时髦朋友大约是不愿去的了。

冬季是贵族的,夏季是平民的,只要看看马路上的现状就是证明,天气骤热,马路上的人口顿时就会增多起来,西北风一起,这许多人都不知刮到那里

去了。平民的活动都在夏季,贵族的活动却在冬季。五四运动,五卅惨案,都没有贵族参加,轰轰烈烈的历史,都在天气暴热时候策动。一二八战事发生冬季,帝国主义原是平民站在相反的地位。

"黄醅绿醑迎冬热,绛帐红炉逐夜开"。这是白居易度的贵族生活。江上清风,山间明月,取之不尽,用之不竭,无论贫富,皆能自由享受。在雪扇冷气没有发明以前,平民与贵族的夏季,都是一般受热,只有平民比贵族更写意些,因为我们不必衣冠楚楚的去侍候上司,尽管科头跣足,也无人说我们失仪不敬。

天气一热,人们好似打了吗啡针,都会兴奋起来,马路上的骚动混乱,好像与冬季换了个世界,人口也好像增多了好几倍,据社会学者的统计,夏季的犯罪,要比冬季增多数倍,尤以打架,仇杀,好淫,争风等案尤甚,原因就为夏季多在户外活动,接

触的机会增多，就容易造成犯罪行为了。无知识的人却称这种特殊情形为"热昏"，不自尤人，而归咎于天，天老爷也太难做了。

天热过甚，人的头脑易发生昏乱现象，热过了火，能猝然倒地，为是中暑，俗语也叫做"热昏"。伤寒症患者，体温过高，睡在床上，人事不知，口中胡言乱语，见神见鬼。上海俗语，对此病态，也叫做"热昏"，如请教西医，就要请病人睡冰枕头了。

上海俗语的热昏，即指病中的谵语而言。人的体温增高，神经失却主宰，受下意识的支配，嘴里虽在说话，好比是黄狗乱吠，连他本人也不知道说些什么。上海话的热昏，就是不负责任的言语，等于"胡说"。

俗语也有合于科学精神的，例如上海人说热昏过甚，谓之"热大头昏"。热涨冷缩，是有仪器可以证明的，脑壳因热度过高，势必涨大，故曰"大头"。

在热昏中再加形容词，有"热他娘的昏"，更进一步，则曰"热他娘的大头昏"。伤寒症的热昏，还是后天的病态。牵涉到娘身上去，便成为先天性的热昏。后天性热昏，病愈热退，脑筋即能恢复清醒原状，从娘胎里带来的热大头昏，那是终身不治之症，一辈子胡说八道。

明明是天晴，你偏说下雨，别人说你热昏，这是说谎的意思。买了一张航空奖券，便以为稳得头彩，别人也说你热昏，这是代表妄想。几分钱买一尺粗布，赠金元宝一只，人家也说这是"热昏"，这是指他夸人。花几毛钱去看戏，人家请你批评，你但说"热昏"二字，闻者便知是一场胡闹，沿街购物，小贩索价过高，你说"热昏"，这是说明他的虚伪。儿子打了父亲一记耳光，人家都说"这孩子热昏哉"，这是说他发疯。

热昏二字的解说极多，大概都不是好名辞，上海人都不愿接受热昏的批评，对于知交朋友，往往劝人"不要瞎热昏"！就是劝人莫吹牛皮（★），勿生妄念，不要做过份之事。我佛如来以杀盗淫妄酒为五戒，实□但能遏制热昏，就不会犯戒了。

人人皆不愿别人说他热昏，惟有一种露天唱时事新闻的大众艺术家却自称是"小热昏"。他们唱的是不用乐器的干板，术语叫做"赋"，每则皆以"说起新闻，啥格正经"为开场，大半扩拾时事，编成韵语，任意批评，因为所唱都是当时人物，不免有开罪人的地方，故意自称热昏，以图掩饰。在记事不能自由的现代，新闻记者的地位似乎还不及小热昏！

"热昏"还能当作极端的形容词解释。

"王先生的铜钿多得热昏"！言其多极。

"张先生的本领大得热昏"！言其大极。

"李先生的脾气大得热昏"！言其脾气坏极。

"赵先生今天的牌头，吃（★）得热昏"！言其备受责难。

热昏是极端,如说得再猴极些,便是"热昏搭子邪"。"搭子"是连语词,等于英文的 And,"邪"是"邪气"的简语,合起来便是"热昏与邪气",比新名词的"热"更厉害,如加以说明,就是推车撞壁,到了尽头,弄得无可形容了。

一一八 瘪三货

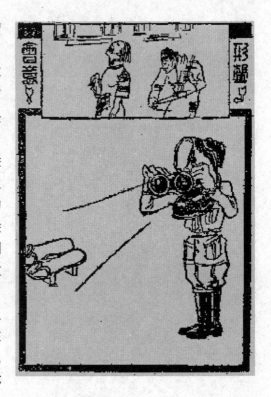

瘟生，厌生，土生，会集在一堆，谓之"三生有幸"，是皆上海之特产人物，有人说，土生应由瘪生补充，瘪生即瘪三也。盖瘪三原为"瘪的生司"之简语，"三""生"二字，仅一音之转，实是大家叫别的。（说明见本书前集）。

在瘪三之外，上海尚有一个"盎三"。如以瘪生为例，盎三也许是盎生的转音，其实不然。瘪三是某种人类的代表。这是名词，盎三是形容词。"盎三货"是丑恶，卑劣，下贱的货色。例如，不能耐久的东洋货，上海人都一致公认他们是"盎三货"。

凡能变换银钱之物，统称为货，上海人则称为"货色"。这货色二字，在上海人嘴里，不仅指物，并能代表女人。国语称物为东西，但是骂人也能称东西。

"你是什么东西？"

"他不是个东西！"

这两个东西，并非是物，乃指人类。古人骂山门曰，"何物老奴！"今人骂人为东西，大约即溯源于此。不过，东西是不分性别，男女通用，上海人的"货色"，虽与东西一样意义，却只能施之于女性，无骂男人为货色者。"格只货色"，即等于"这个贱人"。盎三货如指物，则为劣货，如指人，即为蹩脚女人。

"盎三"二字，殊属费解，说破之后，却也呒啥希奇。上海吃开口饭的人，皆称唱为"盎"，这是极普通的切口，欲究希根源，乃是一种反切。

反切，各处皆有，上海从前流行的"洞庭反"，近年来懂得的人已很少，现在通行于游艺界的是一种"字反",乃是由苏州输入的。洞庭反与字反,皆以两音切成一字,惟两种反的切音法不同。洞庭反,母音在上,子音在下,与注音之反切同,如"落端"为"乱","曲一"为"乞"。字反则子音在上,母音在下,须颠倒切音,较之洞庭反更为复杂,如"雅精"为"姐","乌根"为"哥"。把"上海俗语图说"六字译为字反,则成"杭仁,爱狠,或仁,雨银,胡腾,遏胜"。母音多半不出"人辰辙"。

唱字之反切为"盎趁",简单说一个"盎"字,亦能代表"唱"。唱申曲的先生们与同伴说"盎点啥",就是问他"唱些什么"?

"盎三"就是"盎生意"三字的谐音,称女人为"盎三货",就是说她以"盎生意"为活的东西。"盎生意"者,卖唱为生也。

用现代眼光看来,唱桃花江的女士们是新派歌星,唱哭七七的小姐姐们是旧派歌女,都是艺术家,但在二三十年前,依卖唱为活的妇女,最上等的是书寓妓,其次是弹琵琶唱故事的瞎妈妈,再下等些的便是拉胡琴跑弄堂的女老枪了。

"盎三货"大概是专指跑弄堂的歌女,因为书寓妓不专恃卖嘴,瞎妈妈仅有娘娘太太爱听,营业范围甚狭,惟有跑弄堂的女人则到处皆有,本地人能唱东乡调,客籍人能唱扬州调,每逢夏夜,便是她们出生意的季候。

凡是略微有一线生路的妇女,决不肯去做沿街卖唱的生意,女人沦落至此,非"盎"不活,乃成"盎生意",盎三即盎生意之转音,故以盎三为名词,亦无不可。

"盎三货"为下等女人之代表,流传日久,本义渐失,凡为下贱货品,皆称盎三,时至今日,人人皆知盎三货乃不是好东西的名称,然仅知其然而不知其所以然,欲其详为解释,皆瞠目不知所对。

盎三乃时代落伍的别名,盎三货亦即过时货,风行一时的东西,决不盎三。摩登姑娘,容貌纵然丑陋,只要衣饰入时,黄胭脂涂得像痨病鬼,长头发烫得好像落水鬼,我见了就有些可怕,但因市上通行,便没有人敢说她乃是盎三货。如果丝袜的后根发现一个窟窿,那就有些盎三了,时髦女人束性赤脚,倒又不是盎三。

或云,盎三应作"盎山",山者,山歌也,盎山者,唱山歌也。唱别种歌曲,多少总要下些学习的功夫,山歌乃是野调,无腔无板,信口可唱。女人堕落至沿街卖唱,而又无唱可卖,只能以盎山歌骗钱,真是凄惨之至!亦有人说,盎三的本身就是一个"唱"字的切音,这就不懂是甚反切了。我只晓得母音在一东二冬韵中的叫做"隆冬反",此用汪阳韵,或许是"郎当反"。

(孟子)"盎于背"注:其背盎盎然盛也。

人的脊骨弯曲,盎盎然凸起有如黄山之鳌鱼背,则其人不是好婆,即为老枪,能派用场者几希,盎三货者,盎背女人也。

（周礼）"酒止，辨五齐之名，一曰泛齐，二曰醴齐，三曰盎齐，四曰缇齐，五曰沈齐"。

盎齐适居行三，五齐皆古董酒名，味薄，饮之不能杀酒虫，举盎三以例其余，言其皆蹩脚货也。（周礼注）"盎，犹翁也"。

翁者，老蔬菜。盎三言其墓木已拱也。又翁与瓮谐音，瓮者，瓮中也，盎三者，瓮中人（见前）也如此注释，高雅之至，未免有些搅七廿三，然而古今考据大家，有几个不是牵强附会的呢？野合情歌，也能牵到先王德政身上去，我也学样，不妨牛牵马绷一会？

一一九 一落大派

方以类聚,物以群分。圆颅方趾者为人类,披毛戴角者为畜类,是为动物界之两大分类。人类因贵贱,贤愚,贫富,强弱之地位不同,再分成几千百种阶级,在同一阶级中的人类,因性情,知识,见解,嗜好之质地不同,又分成几千百种派别。

古代社会组织简单,仅将人类分成士农工商四大类,是为四民。后来又有所谓"九流三教"者,以儒家者流居第一流,未能归纳入流的遗民,俗语谓之"不入流品。"这些都是以职业为界限,将人民分门别类的区成流派。

谓之曰"流",曰"派",都是将人比水。人生呱呱堕地,譬如泉水在山,点点滴滴,不能成流,无所谓派。迨积泉成渠,始结伴出山,分头而下,那就要凭

水的命运如何了。有的流入清溪大川,受人们的赞美,有的派入污秽沟壑,被万人咒诅。人生的流派,又何尝不是如此?

同一地位,同一职业的人类,也会分出许多性质不同的派别来。唱戏的伶工,有京朝派与外江派,唱老生的,有汪孙谭三派,近年又多了一种别树一帜的麒派;唱旦角的,有梅尚程荀四派;唱武生的,又有什么黄派,俞派,杨派……派别之多,要以伶工为最甚。然而近年来的政治舞台上,也有什么改组派,西山会议派,大世界派,亲日派,欧美派,以及一切东西南北派,把整个儿的中华民国,派得七零八落,好像犯了千刀万剐之罪。我们被派得七荤八素,摸不清这许多纷乱的头脑!

上海人的派别,也就分得不少,资本家都列入总商会派,想过瘾的为马路政客派,闻人谓之大亨派,勿入调女人谓之僵子派,医生与律师也分英美德日派,下三烂

的人谓之瘪三派。无论在上中下各级派别中,能受人一致拥护者,则为新兴之"一落大派"。

大派何谓一落？染坊司务在同一染缸中取出来的布匹,赤则同赤,青则同青,断不会有一些浓淡深浅的杂色,上海俗语谓之"一落色",言其一齐落缸染色,并无丝毫□差也。"一落"就是"一落色"的简语,意思就是"一律","清一色",用两句成语注释,就是"一视同仁","不分轩轾"。

(俚言解)"谓人庸贱微薄为小家子"。

(汉书霍光传)"任宣谓霍禹曰,使乐成小家子,得幸将军□"。

小家子未见过大世面,常会弄得局促不安,贻笑大方。刘姥姥进大观园,闹了许多笑柄,即为一例。吃大菜将吃剩的半块猪排,用报纸包裹,带回去给黄脸婆子一尝外国排骨的异味,这种举动,上海人称为"小家败气"。阔气朋友,到处不肯做出小家败气的行为,花十大元点一样菜,用鼻尖闻一闻香味,就算吃过了,付的康密兴比正帐更多,是为一落大派;但是黄包车夫要求加一只铜板,却情愿打开骷髅头,原来坐黄包车根本就"勿落大派"。

大派贵乎一落,就是宜于内外一致,派头无住而不大。例如头顶巴那马帽,身穿法兰绒衣,脚踏大英皮鞋,如果穿一件中华国货的衬衫,则大派仅存"半落"。

又如:交友须交大亨,谈话须谈要人,不是蒋介石,便是宋子文,至少也须虞洽老杜先生之类;如果你的朋友中间有两位阿三阿四,或常与人论及阿毛阿狗的言行,那就见得你是小派了。

近朱者赤,近墨者黑,当与一落大派的朋友轧淘,久而久之,也会成功一个大亨。即使你无缘与大亨接近,只要嘴里常常提起大亨的大名,显得你与大亨十分亲热,则人家也会相信你是一个准大亨。此亦一一落大派也。

一落大派朋友,切忌鬼头关刀(★)。活着宁可天天出后门(★)借印子钱开伙仓,汤面则不得不撑得极大;死后宁可向亲友捐钱买棺材,却不能不有大出丧的拼场,派头做得不大,就有被人骂"小鬼头"的危险。欲求一落大派,不妨"死要面子活受罪"！

齐得管夷吾向霸诸侯,一匡天下。管子为自己捧场曰,"管仲者天下之贤人也,大器也"。这是管仲自称一落大派,偏偏孔老夫子定要说他"管仲之器小哉"！一落大派的人,宜乎度量宽宏,挥金如挥土,世界大亨都是金钱买来的地位,最忌是小器。孔子对于管仲没有好评,也许是不会敲到竹杠(★),所以说他小器,换一句上海话就是"勿大派"。

奉行一落大派主义者,要赚大钱而不贪小利,几只洋的斤头决不屑讲,起码要有十万八万的家产可分,他们才肯代你设计力争,他们爱唱大路歌,而不屑抄小路。

子游为武城宰,为孔子介绍一落大派朋友曰,"有澹台灭明者,行不由径,非公事,未尝至于偃之室也"。行不由径,即一落大派,他天天用四个橡皮轮在柏油马路上滚来滚去,忙着与官场接洽公事。已脱离了跑弄堂孵豆芽(★)生活了。

中华,老大国也,我们宜有堂堂大国风度,不必与小鬼头国争什么短长,如果损失几块土地,就与人家闹得面红耳赤,这就不像一落大派的国民了!

一落大派是上海近年来新发明的俗语,人人都信仰此派的庄严伟大,奉行者颇众,流氓瘪三受此教化,都规行矩步,像煞是个绅士,就是报馆先生也信奉此派甚广,我们且翻开报纸来看,所记载的新闻,都是冠冕堂皇,一落大派,充满了风调雨顺,国泰民安的升平气象,寻不出一条狗皮倒灶(★)的记事,这就是推行一落大派主义所收的良好效果。上海开风气之先,凡有发明,都能风行全国,所以现在全国上下一致,都实行一落大派起来了。强国之兆,其在此乎?猗欤盛哉!

一二○ 泥土气

"恻隐之心,人皆有之"。人之所以异于禽兽者,恻隐之心亦其一端也。因为人人怀有恻隐之心,故人死之后,不好意思用处理牛马畜生的方法去处理人的遗骸,既不忍剥皮抽筋变卖银钱,还须赔偿一口棺材本。蚀本生意,莫过于此,故掏腰包买棺材者,看见死尸装进棺材,未有不痛哭流涕者也。

最普通的处置死人方法,是为土葬。日本因地少死人多,虽风行火葬,但煅尸成灰后,像张天师捉住的妖怪,密封于胞油瓶中,仍须用土葬埋,不过占地较小罢了。故"入土为安"为人生(其实是人死)之最后归宿。

贾宝玉曰,"女子是水做的,男子是泥做的"。这是说的活人,至于死人,不论是男是女,入土以后,即与泥土同化,埋在高燥地中,即化为土,埋在卑湿地中,即化为泥。

红娘批评张君瑞曰,"有些土气息,泥滋味"。张秀才身上的泥土气味,不知红娘姐以何种方法辨别出来的?西厢记上却未说明,或许是张相公腋下有些狐骚气味,就是上海人的猪狗臭,所以红娘见了他觉得"泥土气"。

泥土气,除非是火葬、海葬、风葬,以及其他不入土为安的葬法以外,凡是人类皆不免一闻此气。不过闻到泥土气的人,大概在呼吸停止以后,嗅觉失却作用,纵有恶气侵入鼻孔,也是嗅而不知其气,除非是活葬。

泥土气有两种,一种是自己身上发出的泥土气,则此身已运出会馆殡舍,变成土馒头中的肉馅子了。一种是嗅到别人身上的泥土气,则遇见的不是古人,定是行尸,见者皆欲远而避之。上海俗语的"泥土气",皆指第二种,因为没有人甘认自身有泥土气的。

扬州人有三句口头禅的土语,叫做"晦乎,倒头,看见鬼"。上海人的泥土气,照理就是"看见鬼"的意思,"张三看见李四有些泥土气",就是张三把李四当作鬼魅,见了不愿理睬,颇有退避三舍之意。

鬼虽是人变的,然而人见了鬼都是十分害怕,即使是害重病的人,明知自身离鬼不远,论理应当多交几个鬼友,到了阴间好像是出门人请教旅会社,也能多个照应,岂知事实与此大谬,越是病入膏肓,怕鬼越是厉害,稍微闻到一些泥土气,就疑心是鬼来欢迎他了。

上海人看见惧怕的东西,也称泥土气,不吃腥气的人,看见满席海味,就会泥土气。秀才遇见兵,泥土气。租界工部局,狠天狠地,看见了东洋浪人,也会泥土气。

死人由土馒头中钻出来,沾染了满身泥土气,此为事实,而徽州人偏称坟墓为"风水"。按风水乃堪舆家的鬼话,郭璞葬经曰,"葬者,乘生气也,气乘风则散,界水则止,古人聚之使不散,行之使有止,故谓之风水"。徽州人称落葬为"做风水",可见阴阳先生的生意在徽州是特别发达。若无好风水,宁可暴棺露骨,死人永无尝泥土气的机会。

平生所见坟墩之多,以宁波为最。宁波坟墩,不筑□腔,植树者尤少,而墓碑□矗,皆大书深刻,每坟占地不多,故排列极密,有如上海会打算盘之二房东,不容有一些空隙。今春至镇海乡间,乘黄包车逾一小岭,路傍累累排列,尽是张阿才先生李阿岳先生之流,墓碑之多,似后马路弄堂口之字号招牌,车行其间,颇觉泥土气。前年又至姜山,山小如苏州之虎阜,满山全是坟头,大小高低不一,似开土馒头展览会,那就格外泥土气了。

苏州坟客,十年八年无子孙去扫祭,就将坟地刨平,另售新主,此虽残忍,却能减少许多泥土气。闻近来宁波亦因坟多妨碍耕种,有勒令掘祖坟之说,恐怕要引起人民的反响咧。

身上染有泥土气者,既非生人,亦非骷髅,他不是僵尸,定是木乃伊,活人看见,焉得不怕?生人之含有泥土气者,古人谓之"行尸走肉"。

凡遇不祥之兆,俗语亦称泥土气。例如,清晨看见尼姑,老鸦对人噪聒,静夜听见九头鸟叫,抬头看见老鼠脱脚,都能列入泥土气之类。

在公共小便处的墙壁上,除了"天皇皇地皇皇",与"出卖重伤风"等匿名招贴外,有时还能发现一种斜贴,红纸条,上面写道:

"昨夜一梦不祥,今朝说破即安康"。

这就是做恶梦的人想借此解除他的泥土气,他以为这样一写,就算消毒过了。人家门口贴的"百无禁忌",据说也是泥土气的消毒剂。

一二　肉麻当有趣

人身除毛发指甲以外，遍体满布神经，知觉甚是灵敏，稍受外力侵袭，立刻就知痛痿，这还是显而易见的状态。另外还有一种无形的刺激，我们感受到了，神经也会发生变态。

所谓无形的刺激，就是皮肤不必与某物接触，也会受到很强的感应，此中奥妙，颇与无线电相似。凡是视觉，听觉，嗅觉，想像等等，都能刺激皮肤而生异状，例如，身临危险境，目睹悲惨事，耳闻恐怖声，想起了"倒胃口"的故事，嗅着了泥土气的恶味，凡人遇到这种意外东西，背脊上自会凉飕飕的，全身汗毛孔都会根根竖起，表皮就像挦光毛的鸡鸭一般。这种情形，北语谓之鸡皮疙瘩，南方话谓之"肉麻"。

事实上的肉麻，只是神经受了意识的暗示，而影响到皮肤的独立运动，与肌肉毫无关系，谓之"皮麻"则可，若云"肉麻"，未免过甚其词了。

肉麻运动，是不可抗的势力，这好像"夹忙头里胖牵筋"一样，皮肤一旦发生肉

插图说明：

汪先生撰"肉麻当有趣"之文成，嘱附一图。以喧其意。苦未得有当。陡忆一近事，颇与此文情相吻合，亟绘之，并录其事如左。

日前在席间闻人言，某君年将知命，好色不衰。家蓄雏姬，爱好特甚。入晚尝以阿芙蓉助性。一夕，适有女友至其家，三人遂共榻作长谈。友亦黑藉同志，得烟岂肯遽别，渐达深宵，朦胧欲睡，俄为微声所醒，盖明灯净盘之侧楚襄王已上阳台矣。女主人以性史急掩面部，似恐被友窥见颜色，岂知全部丑态，尽映女友之眼帘。友在窘极无奈之时，脱口而出曰，此真"肉麻当有趣，阿要勿怕难为情"。（晓霞）

麻,即使是大力士用千筋力气,亦无法遏制他不麻。然而无事端端,你要想命令你的汗毛孔竖几根起来,臭皮囊虽然是你的,他也会不服王化。违抗你的非法命令,故肉麻亦"不随意动作"之一。

欣赏得意,俗语谓之"有趣"。人类因贤愚,贫富,知识,嗜好的阶级不同,欣赏的趣味也就因之大异。普通人皆怕见流血,人类中之"六杀星"则以杀人为有趣,如纣王之剖腹验孕是也。富人珍馐罗列满案,望之摇头,食之无趣,教化子吃死蟹(★)则甚觉有趣。我们游名山大川,淋得像落汤鸡般回来,心里十分有趣,乡下人却笑我们是疯子。

有趣与无趣之间,绝无标准。无趣到了极点,即能发生肉麻运动,故"有趣"与"肉麻",似太阳与太阴,乃是两个极端。

"独乐乐,不如与人乐乐"。这是圣人定的有趣的界限。与其个人有趣,不如使大家有趣,如果多数人皆以为无趣的东西,而你偏偏以此为有趣,便有人讥笑你是"肉麻当有趣"。

名伶登场,唱做得神,观众欣赏之余,精神上得到快感,大家都称赞一声"有趣"!外行看见有些眼红,花了许多金钱,费了许多功夫,学会了几句青衣花旦,也到台上去扭扭捏捏。他自己以为甚是有趣,别人看了,但见其"恶形"而已。恶形与肉麻,犹半斤与八两之比,这就是"肉麻当有趣"。

杠皮寡老(★)爱在大庭广众与男人争风吃醋,丑陋女子爱穿奇装异服,故意做出骚形怪状的身段出来,这是她们自知外貌有了缺点,而又不甘示弱于人,欲用出奇制胜的方法与人争一日短长,子曰,"晋文公谲而不正",这种寡老头子,其亦取法于重耳乎?她们自以为非常有趣,其实是万分肉麻。

"我的朋友胡适之"。写的人自以为不胜荣幸之至,读者对之则未必因此就能增重他几斤身价,论语徵文,特别提出此点。要求投稿人不必捐出牌头(★)来,就是要避免"肉麻当有趣",免得读者汗毛站班。

旧戏的"丑表功",表演妓院龟奴自诩有捞毛十大汗马功劳,这是一出描写"肉麻当有趣"的好戏。龟奴在娼门中是劳苦功高的元勋,但是特别褒奖须出于鸨母的自愿发心,方显得落落大方,如果将捞毛的功劳常常挂在嘴边,未免就犯了"肉麻当有趣"的毛病了。现代广告术,独多"自我捧场",吃人家一顿白食,而要将自己的大名与闻人并排站在宣传新闻中,他自有趣,别人觉得"肉也麻哉"!

(南史)"人笑褚公,至今齿冷"。笑必张口,久笑则齿冷,形容人之笑得合不拢嘴,像敲开木鱼一样。今人则以齿冷,对付肉麻当有趣。他自觉洋洋得意,你如说他肉麻,未免使他扫兴,唯一妙法,只有对他哈哈大笑。稍知自爱的人,见你大笑,便知敛迹,减少他的肉麻性;如遇莫知莫觉的厚皮人,你尽管笑断肚肠,他更加工精制的肉麻当有趣起来,你也奈何他不得。

皮肤上起的鸡皮疙瘩,上海俗语叫做"筋肉痱子"。人体受了剧热,皮肤上能发出一种自然的抵抗力,是为痱子。普通痱子仅暑季有之,若在冬天,即使穿了狐皮袍子,猞猁大衣,坐在水汀间里,也不容易乌出痱子来。筋肉痱子则一年四季,不限何时何地,皆能一触即发,可见肉麻当有趣,人人都吃勿消。普通痱子,有痱粉可以消除,筋肉痱子则中西医皆无专药发明,截止今日为止,尚属无法可治,为疯瘆膨膈以外之另一绝症。

能把肉麻当作有趣的朋友,大半都是皮肤坚韧,自己不容易起筋肉痱子的,俗语叫做"不怕难为情"。不怕难为情,就是不知耻。有人以为"孝弟忠信,礼义廉耻",八字为做人的必要条件,如果遗忘了第八个耻字,即为"忘八"。依据几何学的原理引证起来,肉麻当有趣也就等于忘八。

一二二 | **船到桥**

叫化子曰,"大阴功修桥补路,小阴功救济穷人。"

捕蛇丐曰,"大阴功修桥补路,小阴功买蛇放生。"

凡劝人为善之事,皆须引证修桥补路,可见修桥补路在中国,已被社会一致公认为莫大阴功。

人非两栖动物,遇有水道挡驾,不能游泳而渡,水面架桥,使人免走许多冤枉路,就算是阴功,天下事有一利必有一弊,步行人节省了脚步,果然应该感谢修桥人,但是坐船人见了桥梁,却很讨厌。

我们今年坐了乌篷船在宁波乡下旅行,正遇着顺风,船首张篷开驶,甚是迅速,但因修阴功的人太多,不到一二里路,沿河就造一条小桥,桥面甚低,船

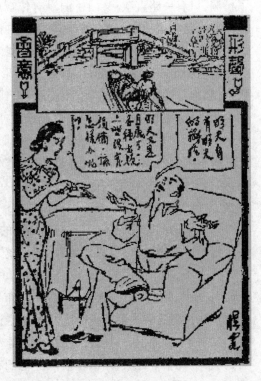

要过桥,必须落篷,落篷之后,如不将篷桅拆去,也无法通过,船夫一装一拆,费了许多力气,刚刚装好,前面的桥又在眼前了。借一些风力,这样麻烦,反不如摇两橹的爽快,我们坐在船中,人人嫌桥讨厌,怪那些花钱造桥的人,为什么这样多事?

船过桥,不但要落篷,还有许多随北伐军同来的"革命草"障碍行程。据船夫说,这种水草是近十年内新发现的,故名革命草,滋生极速,无法清除,并爱蔓延在桥梁附近,我们的船每过一桥,此草好似关卡,十分留难,必须搁浅几时,经过舟子的多方疏通,始容我们过去。因此三四十里的水程,行了靠十个钟头,坐得大家怨声载道,头上鬼火直冒!

"船到桥,直苗苗。"这是一句上海俗语。就像我们坐船,船底被革命草阻滞,

我们在船舱里帮同船夫用力气,用司的克拨开水草,想挣扎一条活路出来,往往将船身弄得像"野渡无人舟自横"的诗的景致,宛如不识相的抛锚汽车横亘在马路中心,但是等到船头钻进桥洞,船身自会不偏不倚的跟着进桥,决不会像螃蟹似的,横爬过去。

据摇船人说,船到桥而自直,乃风水关系。因桥洞如弄堂,不论东南西北风,进了桥洞,只有一路直吹;又因桥洞没有作螺施形,或曲尺湾式的,流水冲进了桥洞,也只有一路直流。风与水皆直来直往,故"船到桥,直苗苗"乃自然趋势,船身不由老大做主,欲中途变更方向,亦非人力所能为。

嫩苗初出土,皆梃立如针,故以"苗"形容其直。有人说,应作"直瞄瞄",射箭放枪,瞄准目的物时,眼光、靶子,与枪口,或箭头,必须连络在一道直线上,始有中的希望。"直瞄瞄"者,言如射击之瞄准也亦可通。

俗语云,"横理十八条,直理只有一条"。正似扁舟在水面徜徉,因无红绿灯或交通警察限制航线,不妨随波逐流,横七竖八的乱摇,惟有过桥的时节,只余一条直路,如再七歪八牵,便不许你通过,将你关在桥外,永远在急流涌湍中打盘旋,一个不当心,船就打翻了。

这句俗语的譬喻,是形容人们受环境的压迫,弄得走头无路,推车撞壁,即使是平生最不愿意做的事,也只好硬着头皮去忍痛干一下子。

大少爷,吃惯,用惯,穿惯,白相惯,一旦将父母的遗产败光,几年豆芽孵(★)不出世,也会一手拿棒,一手提个小布袋,到马路上去过捉蟋蟀(★)生活。他们那里愿意做这种失面子生涯呢?无非船到桥,直苗苗而已。

瘾君子,少抽了一口鸦片,便觉得浑身不舒服,不幸在燕子窠(★)里被巡捕捉去,拘禁了几十个钟头,始徼幸脱险。他们在押所中连笼头水都不得喝,倒也不会瘾死。这也是船到桥,直苗苗。

我们在雪宝寺度宿,清晨起来,看见一位高贵的西洋太太,提了一个中国旧马桶望楼上飞奔。我想她总是坐惯抽水马桶的,到了这荒僻的和尚寺里来,也只得将就些,亲手去提了那龌龊家伙来不算,难免还要亲屁股去与这家伙接触咧。船到桥,直苗苗!

人到了无可奈何的时候,用"船到桥直苗苗"一语,可以自慰,可以解嘲,否则惟有走上自杀之路,自杀送命的人,大半性情倔强,宁可湾湾曲曲过着一生,不肯挺直了脖子钻过桥洞,所以只得搁煞在桥外了。

无处投奔,挺而走险的人,亦似直苗苗的过桥。一百单八条梁山好汉,都半是过桥朋友,搁在桥内的,只有一个会头市内的史文公。

"狗急跳墙",是被人逼至退无可退,让无可让,为图活命起见,只得回头咬人一口。弱者被强徒逼得太凶,也想拼个你死我活。是皆船到桥直苗苗之类。

几里路长的桥洞,绝无仅有,故船到桥直苗苗乃短时间的动作,过桥以后,仍能横冲直撞。譬如上面举的例子,大少爷翻身,仍要吃喝嫖赌,瘾君子回到家里,立刻就想抽烟,西洋太太回到上海,决不高兴亲提马桶。故"船到桥直苗苗",仅暂时的变态,因为船不是长期滞留在桥洞内的东西。

一二三 六席柴

上海俗语称杂乱无章,秩序纷乱,谓之"六席柴"。这三个字的意义,即使请资格最老的老上海春申君黄歇先生来解释,只怕也讲不出什么所以然来。

有人说:"六,席,柴"是三种不同的声音,"六"应作"辘",辘轳声,或辘辘车声。"席"为"旋旋转"的声音。应作"旋",或云,乃秋虫纷扰之声,如纺织娘之澈夜叫个不休,其声即旋旋然,也许就是纺织声。"柴"者,落阵头雨的声音也。

邻居搬了一家小规模的织袜厂进来,机声轧轧,扰得大家不能安睡,弄堂里人已大喊吃勿消,要赶他搬场,何况三种扰乱的声音混合在一气,合奏着交响乐呢?从前的车轮织袜,都是不肯揩

油的,并且也没有什么胶皮轮,在工作时候,除了轰隆轱辘以外,还会发出各种教人听了牙齿软的怪声。这两种声浪送入耳鼓,已能使人的脑子像劈开般难过,再加进了□柴柴的大雨声,实较新年里听得的"席柴锣鼓"更闹猛些。三声合奏,当然不能有条不紊。

以上是"六席柴"之第一种解说,正字应作"辘旋柴"。

"六席柴",应是"露席柴"之讹,旧式床铺,被褥底下还须衬一条垫席,旧式长枕与椅垫,外面仅管盘金锦缕,里面塞的都是稻草,所谓"金玉其外,败絮其中"是也。破落户人家,被褥睡破了,非但败絮外露,并且在败絮的窟窿里露出了破席,椅垫坐破了,稻柴亦一齐外露。这等人家,一定弄得"扫帚颠倒竖",当然是杂乱无

章,故曰,"露席柴"。

此二解也,六席柴应作"露席柴"。

上海俗语之"六席柴",等于北方话之"乱七八糟",此语亦不可究诘,有人以为"乱"之下,宜加新式标点,应作"乱——七八糟",意思是"乱成什么模样? 有七八个糟糕之多"。"七八糟"乃"乱"的注解,"乱"字下加问号亦通。又有人说,实在是"乱肌巴,糟"!"乱肌巴"犹上海俗语之"乱触亲家母","糟"者一团糟,论断其乱后之结果也。若为"乱七八糟",则能增重其语气,谓之"炒韭菜","韭"谐音"九",言其超过了七八个糟糕了。如言"乱肌巴炒韭菜",那就越发乱得不可收拾。

苏州人之"六席柴",亦曰"七柴八桌"。八仙桌上坐了九位仁兄,即难维持良好秩序,"七柴"则又不知何解。据研究昆曲的老先生说,乃是"拾柴泼粥"之讹。这是演的吕蒙正孵豆芽(★)时代的故事,到吃十方的和尚寺中去"扛皮"(★),拾柴与泼粥,都是纷乱的状态。

如以"拾柴泼粥"为例,则"六席柴"应作"趄拾柴"。趄者,曲背而行也,登高必须伛偻,上海俗语称登高为"爬高趄上",上楼梯谓之"趄扶梯"。趄拾柴者,趄到山上去捡柴也。不曰砍柴,而曰拾柴,因砍来的柴是整齐的,随意拾取的,定是乱柴,我们看见江北孩子在马路上拾的柴,竹头,木屑,纸片,杂草,甚至烂草鞋都有,以此为燃料,自是杂乱无章,爬高趄上,则言其得来亦自不易。

此三解也,应作"趄拾柴"。

"乱席柴",席柴双声,为"乱"字之形容词,并无意义,随便写两个同音字都可以的。形容词加在下面,不乏先例,如"响丁东","苦伶仃","巧玲珑"等皆是。"乱席柴"亦属此类,"席柴"言其极乱,故乱敲锣鼓,谓之"席柴锣鼓"。禁止喧哗,在上海人说来,即为"勿许席柴"。

此四解也,应作"乱席柴"。

席,只能作平铺垫底的东西,除席店张挂席子为样子货以外,别外用席子为遮盖物,便觉得有些败兆。人家用席遮风挡雨,就像一间江北草棚,活人身上裹了席子御寒遮羞,便是一位三等乞丐,死人身上遮盖了席子,便是一个等候相验的路倒尸。无论是人物房屋,凡用几块破席胡乱的遮盖起来,内容定有不可见人的紊乱,故以"乱席遮"代表一切杂乱,有家丑不可外扬之意。

此五解也,六席柴应为"乱席遮"。

乱得无从下手整理的事物,俗语比作"乱柴把"。乱柴,只有一种柴,整理简易,假使几十种杂柴混合在一堆,有如江北小孩手中的柴。那就不易分清,惟有推在行灶肚里一烧了之。故六席柴乃"乱杂柴"之讹,比乱柴把更乱。

此六解也,应作"乱杂柴"。

清屠贤书著骠史:"狼起卧游戏多藉草,而草皆秽乱,故里语云狼藉。"史记即有"杯盘狼藉"之语。狼藉二字,由来已久。

上海俗语称暴殄天物为"狼藉"。狼藉亦即糟蹋的意思。屋子里弄得十分秽乱,上海话也说"这人家糟蹋来些",换一句话说,也能作"这人家弄得六席柴"。"六席"是"狼藉"读别的。"狼藉柴"就是屠贤书说的"狼藉草"。铁灶,煤炉,电灶等东西,都是近代发明的,从前上海人家,除了煨行灶的小户人家烧硬柴以外,普通大灶头烧的大半都是稻草,所谓卖柴人,不必说明何种柴类,皆指卖稻草而言。故"狼藉柴"在上海,就是"狼藉草。"

此七解也,应作"狼藉柴"。

空城计曰,"设下了空城计,我的心中不定"。此诸葛亮之心思六席柴也。旧剧中之"心猿意马","心如箭穿",都是形容心理的六席柴。

大块头中风,暑季突染虎烈拉,死得特别快,一切后事都未预备,家里一定弄得六席柴,有人再要去吃豆腐(★)胡调,未免心肠恐惧!

新死亡人,掐头苍蝇,热灶上蚂蚁。都是无目的地乱撞,少不得六席柴。

无组织的机关,做事不分缓急先后,有的急得像抢羹饭,有的慢得像老爷(★),全本六席柴。

我们的国家,六席柴了一二十年,近来好像有些纳入轨道的样子,忽然又不安份起来,揎拳捋臂,难免自家人吃斗(★)一回,结果又要弄得六席柴,看来我们的墓库运还要交几时咧!

一二四 光棍打九九

仲尼曰,"君子中庸,小人反中庸,君子之中庸也,君子而时中,小人之中庸也,小人而无忌惮也"。

子程子曰,"不偏之谓中,不易之谓庸"。圣人提倡中庸之道,放之则弥六合,卷之则退藏于密,把他当作一味能医百病的灵药。

药能医病,亦能杀人,全在用药份量之得乎其中,人参是补药,吃多了却能把人胀死,就是我们天天要吃着赖以活命的白米饭,多吃一两碗,也能致病,这就是跳出了中庸之道的范围。

我们有一句成语,叫做"过犹不及",翻过来说,就是"不及犹过"。做事过份与不及,皆非中庸之道,最适合一般人胃口的标准办法,就是不即不离,恰到好处,是即合乎中庸。

"光棍",我已经解说过,是一种毫无挂碍的人物,像棍子一样光滑,然而六亲无靠的和尚,却又不在光棍之列。普通人弄得家破人亡,孑然一身,也会变成光棍,在蜕化为光棍的过程中,总有人沾光着他的利益,自能念着他的恩德,翘起了大姆指称赞"某人真光棍"!这就是说"某人能挥金如土,仗义疏财,肯做利人损己的事"。等到某人造成了真正光棍的地位,想开口向人借钱的时候,大家就会翻过来说"某人近来不大光棍了"!

光棍在某种社会里所处的地位,好像是秀才先生眼中的圣贤。光棍过的是标准生活,他们的言行可为一般人的楷模,自己欲为光棍者,必然读光棍言行录,好像秀才先生必熟读四书五经是一般的道理。"光棍打九九",即光棍言行录中之一句重要格言,也就是仲尼的"君子之中庸。"

如绝对实行中庸之道,做事皆宜打一个对折,苏州人的"杀半价"是正合中庸之道的标准。譬如从前的犯人,应打屁股一百下的,问官若为中庸之道的信徒,只打五十记算了,问官若为光棍,就要打九十九记,但不能打满一百整数,以示特别大放盘。减少一记屁股与减少五十记屁股,一样能向囚犯示惠,光棍终究比圣人精明得多。

百是足数,凡事只宜适可而止,不能做得十足。故中国的银子以九十八作一百两,中国人活到五十九岁就能做花甲整寿,甚至于烧给死人用的锡箔,也只有九十几张算整百的一刀。凡此皆不悖于"光棍打九九"的原则。

我们通用有孔铜钱的时候,穿满一根草索谓之一贯。"满贯"在中国就不是好名词,韩非子曰,"有与悍者邻,欲卖宅以避之,曰,人是其贯将满也,子姑待之。答曰:"吾恐其以吾满贯也"。

贯即钱索,满贯即穿钱满一贯,言无可再增也,旧刑律,凡犯罪以贼之多寡,定罪之轻重者,其最高限度谓之满贯,俗语所谓"恶贯满盈"即指此。光棍打九九,也许是讳忌满贯。

月满则亏,花满则谢,酒满则溢,腹满则膨,汽满则爆,物极必反,盛极必衰。搓麻将,人人盼望赢钱,但是和了三元四喜,反而认为大触霉头(★),这也是光棍打九九的心理作用。

兵家围敌,必虚一面,使溃散的败兵有一条逃命的生路,如果当真的围得水泄不通,则困兽犹斗,必难制服。此亦光棍打九九也。

我们还有一句俗语,叫做"顺风篷不要扯得太足",人在得意的时候,目空一切,为所欲为,受他压迫的人慑于财势,无不低头。一朝满贯,便"墙倒众人推",一败涂地,不可收拾。此似船行顺风,张足跑帆,向前直驶,忽然风转方向,来不及收篷,全船就倾覆在狂风怒涛中了。光棍打九九,就是勿扯足顺风篷之意。

光棍打九九,下面还有一句是"勿打加一"。加一就是在满贯之外,再加十份之一,应打一百记的,要打人家一百零十记。杀了头,还要充军,手条子太辣了!

"打加一"谓之"过火",非但做人的行为不宜如此,就是艺术家的描写亦不宜过份,野叟曝言的文素臣,上知天文,下知地理,文武全才,六艺精通,并且生得美貌,还是一位玩弄女性的专家,这样的描写,未免令人看了肉麻。小达子派的戏剧,究竟难登大雅之堂,就是因为他们打了加一。

有人夺了我们的东北,还要占我们黄河以北的中国本部。打了加一,还想加二加三的打下去,是可忍孰不可忍?不能怪人家不光棍,只怪我们自己太也酥桃子(★)!

一二五　炒冷饭

饭,在上海人嘴里,乃专指干煮的米而言,多加水量而煮成的带汤饭,另有专名曰粥,所谓稀饭,并非上海土产,最先将稀饭名称输入上海滩者,似为姑苏之堂子帮。至今上海滩,仅有粥店,而无稀饭店。

饭,在北方人嘴里,更为广义的。普通吃饭,皆指面食,无论吃称条面,窝窝头,高装馒头,韭菜包饺子,牛肉锅贴等等麦制品,皆统称吃饭;南方人吃的干饭,则尊称"大米饭",以示与杂粮煮成的小米饭有别。

上海的饭,含义最狭。实则,凡是稻,粱,粟,麦,黍,稷等六谷,煮熟以后,不论干稀形式如何,皆能名之曰饭。不过,近年来上海饭的范围已特别扩大,君不见,新式大饭店,林立各马路,饭店

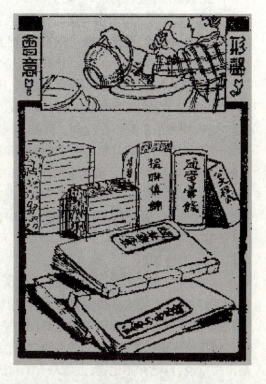

内除日夜常备中西熟食以外,连成熟的人肉都有得出卖,这不是洋洋大观吗?

据研究食品的专家说:中国食品的特长是在善于利用火功,故中国食品,上至山珍海味,下至家常便饭,以及一切糕饼点心,与驰誉中外的绍兴酒,绝对皆宜于熟食,尤其是饭菜,出锅即吃,愈烫愈好,一经风吹,或逾时较久,则佳味尽失。

日本怪语录中有名"便当"者,外貌似旧式月饼盒,裹西装的是半盒冷饭,两片荤腥,一撮素菜,一双短筷,小火车站上都有得叫卖,我见他们吃得很香,据说机关职员工人等,不及回家吃饭者,皆以便当充饥,大概日本国内是没有小饭店的了。

我们在日本在旅馆里吃的也是冷饭,问下女要热饭吃,她们好似诧为异闻,可见日本人已吃惯冷饭的。中国人则无饭吃则已,如捧到饭碗,非吃热饭不可,马路旁边摆的饭摊,出售的也是热气腾腾的热饭。"冷粥冷饭冷小菜",是上海乞丐喊的口号。

上海的湖丝阿姐，一辆独轮小车上能载十二位之多，她们每人手里都提着一个小饭篮，黎明出门，傍晚方归，她们是吃冷饭的，不过也要用开水泡热后，始送进肚皮去。普通人对于冷饭都有些吃勿消，勉强吃下去肚子里也会不舒服。

上海人家，每天大概都是吃一粥两饭，中下家庭，都在午餐时煮一次中饭，先吃一半新鲜饭，余留一半作晚餐，但是决不吃冷饭，须下锅重煮，叫做"炒冷饭"。

不论饭也罢，菜也罢，都要吃个新鲜，下锅重煮的东西，滋味总不见佳，四川菜馆的"回锅肉"，与上海沿街叫卖的"回汤豆腐干"，乃是例外。

冷饭下锅重炒，虽然也能一样果腹，但开锅饭的香喷喷味道业已消失，总嫌其不很新鲜，上海人因以"炒冷饭"比作陈旧的，或重复的东西。

煮新鲜饭，闷紧了锅盖，但见蒸气直冒，声息甚微，炒冷饭则如起油锅，须动铲刀。锅中发出的声音，像煎炒荤腥一样热闹。故"炒冷饭"所譬喻，仅限于言语文字之不能推陈出新，别种东西都不在此列。例如，唐朝夜壶，确是陈旧的古董，却不能称此为"炒冷饭"。又如，冬季时髦人穿了中国衣服入跳舞场，因嫌水汀太热，脱下狐皮袍子，里面还穿一件单薄大褂。虽然重复，却不能称为"炒冷饭"。至于昨天"罪孽深重，祸延显考"，今朝"寒门不幸，蹇及亡室"的重丧人家，更不能算"炒冷饭"了。

"炒冷饭"一语，据说是书场中发明的，说书先生重言复语。不厌求详，谓之"勒杀吊死"（★），简语即为"勒"，如果昨天出过的噱头，今天再来一个，老听客就要讥讽他"炒冷饭"。

名角登台，能戏不多，短期表演，在十天半月之内，将几出拿手好戏，翻来覆去，重演了好几次，上海人就要说他"专门炒冷饭"。

炒冷饭一语，用文言成语作注解，就是"老生常谈"。

像我这样记忆力极弱的人，写的文字，出门不认货，往往昨天说过的话，今天又翻出来重说，自己并不记得，读者却看了讨厌，谅必也在说我炒冷饭。

投稿先生将别人的文章，改头换面，在报上发表出来，被人撮破，弄得阿要难为情？这也是炒冷饭，不过这饭尚不是他自己的，是偷饭鬼（★）炒的冷饭。

中国发生的内乱很多，遭遇的国难也不少，每逢碰到一次，报纸上都有连篇累牍的冠冕文章出现，我们真不愧是文字国。这种救国的宏论，近来又热闹起来，有人说，秘书先生案头都预备着一册"通电救国文抄"，不必自动脑筋，只要炒炒冷饭，已足够慷慨激昂了。走马灯式的政变，又何尝不是炒冷饭呢？惟有外祸却很可怕，人家将我们的锅灶一齐拿去，纵有冷饭也炒不成了！

比炒冷饭更进一步的絮絮叨叨，上海俗语叫做"饭泡粥"，亦曰"翱粥"。最著名的焐粥专家，应推老太婆，限于篇幅，容后专说。

附　篇目笔画索引

一扫帚甩杀十八只蟑螂 17
一帖药 207
一落大派 299
上火山 37
大名件 87
大爷脾气 215
大英照会 82
马驴子 288
丹阳客人 149
六神无主 201
六席柴 310
勿入调 290
勿受触 239
勿搭界 255
手铳壳子 129
木龙头 40
毛手毛脚 198
火烛小心 3
牙签主义 94
长线放远鹞 276
出门勿认货 100
出头橼子 132
出松 194
另有一张弓 10
叫开 90
打杀老婆 283
打样 190

白相 45
白蜡烛拜堂 118
礼拜九 80
龙门要跳狗洞要钻 243
买司干 115
会捉老虫猫勿叫 141
光棍 160
光棍打九九 313
吃门枪 178
吃素碰着月大 245
吊儿郎当 228
夹忙头里胖牵筋 279
好酒量 165
当脱包脚布 226
扫帚颠倒竖 28
早兄 163
杀人勿怕血腥气 209
杀千刀 20
百爷种 234
老口失撇 270
老实三扁担 13
老蔬菜 281
肉麻当有趣 304
自痫不觉臭 106
阳春加二 8
冷水汏卵 211
告阴状 57

坑缸板上掷骰子 138
屁抓筋 192
忘记时辰八字 71
抖叉袋底 97
穷人大肚皮 213
花头 109
走油 171
阿洋哥 174
鸡毛报 184
呼幺喝六 152
和尚尼姑合板凳 249
拔蜡烛头 1
拣佛烧香 84
泥土气 302
炒冷饭 315
瓮中人 236
耶稣自有道理 186
冒认亲家公 168
垫刀头 146
姜太公钓鱼 31
揢卖私盐 251
派穿头与出环头 217
烂污三鲜汤 123
玻璃杯 5
香伙赶出和尚 112
鬼摸大蒜头 135
倒胃口 103

哭鬼 181	捧卵子过桥 92	痴子望天坍 42
唐娘娘 257	掉皮 253	蒲鞋出髭须 26
害乡邻吃薄粥 260	第八只 176	跳加官 34
徐大老爷 54	绵花里引线 158	慢爷面孔 155
捞毛 219	脱帽子 51	摘台形 66
烧路头 221	船到桥 307	熬鸾 262
热昏 293	骑两头马 74	鼻头朝北 231
盎三货 296	黄伯伯 205	撤松香 69
真生活 265	黄鱼头 48	熟皂隶打重板子 268
笋壳赌 224	搅七念三 143	踢飞脚过日脚 126
造屋请箍桶匠 241	搭小铜钱 272	鞋子勿落样 60
假鹞头 274	滑头麻子 63	避风头 203
偷冷饭 15	蛙割卵子筋 247	臂膊望外湾 188
崐山城隍 121	摸摸屁股 23	嚼蛆 77
悬空八只脚 196	新死亡人 286	